A.H.Studenmund
USING ECONOMETRICS

計量経済学の使い方
下［応用編］——実践的ガイド——

A.H.ストゥデムント［著］
髙橋青天［監訳］

ミネルヴァ書房

Authorized translation from the English language edition, entitled
USING ECONOMETRICS: A PRACTICAL GUIDE, 6th Edition,
ISBN: 9780131367739 by STUDENMUND, A. H.,
published by Pearson Education, Inc. Copyright© 2011 Pearson Education, Inc.

All rights reserved. No part of this book may be reproduced or transmitted
in any form or by any means, electronic or mechanical, including photocopying,
recording or by any information storage retrieval system,
without permission from Pearson Education, Inc.

JAPANESE language edition published by MINERVA SHOBO CO LTD, Copyright© 2018.

JAPANESE translation rights arranged with PEARSON EDUCATION, INC.
through JAPAN UNI AGENCY, INC., TOKYO, JAPAN

無断複製禁止。本書のすべての部分は，いかなる形式・手段によっても
Pearson Education Inc.の許可なく複製や頒布を行うことはできません。

計量経済学の使い方 下 [応用編]
——実践的ガイド——

【目 次】

第8章　多重共線性 ... 1

8.1 完全多重共線性 vs. 不完全多重共線性 ... 2
完全多重共線性／不完全多重共線性

8.2 多重共線性の帰結 ... 6
多重共線性の帰結は何か？／多重共線性の帰結の2つの事例

8.3 多重共線性の検出 ... 12
高い単相関係数／高い分散膨張要因

8.4 多重共線性への対処 ... 16
何もしない／余分な変数を落とす／サンプルサイズを増やす

8.5 具体例：なぜ多重共線性は，しばしば未調整のままが最善なのか ... 20

8.6 まとめと練習問題 ... 22

8.7 付録：SATデータを使った双方向回帰学習問題 ... 24
SATの点数モデルの構築／SATの点数に関する双方向回帰分析問題／双方向回帰学習から得られた結果の評価

第9章　系列相関 ... 57

9.1 真正系列相関 vs. 疑似系列相関 ... 58
真正系列相関／疑似系列相関

9.2 系列相関の帰結 ... 65

9.3 ダービン＝ワトソンd検定 ... 68
ダービン＝ワトソンd統計量／ダービン＝ワトソンd統計量の使用法／ダービン＝ワトソンd統計量の利用例

9.4 系列相関への対処 ... 72
一般化最小二乗法／ニューウィー＝ウェストの標準誤差

9.5 まとめと練習問題 ... 79

第10章　不均一分散 ... 83

10.1 真正不均一分散 vs. 疑似不均一分散 ... 84
真正不均一分散／疑似不均一分散

10.2 不均一分散の帰結 ... 89

10.3 不均一分散の検定 ... 91
パーク検定／パーク検定の使い方の実例／ホワイト検定

	10.4	不均一分散への対処 ··· 98
		不均一分散修正標準誤差／変数を再定義する
	10.5	より完璧な事例 ··· 102
	10.6	まとめと練習問題 ··· 108

第11章　回帰分析プロジェクトの実行 ··· 113

	11.1	課題を選択する ··· 114
	11.2	データを収集する ··· 116
		どんなデータを探すのか／どこで経済データを探すのか／データの欠損
	11.3	高度なデータの出所 ··· 121
		調査／パネルデータ
	11.4	プロジェクトのための実践的アドバイス ······················· 123
		応用計量経済学の十戒／予想しなかった符号を得た場合にチェックすること／繰り返すに値する12の実践的ヒント／倫理的な計量経済学者
	11.5	研究報告を執筆する ··· 135
	11.6	回帰分析のためのチェックリストとガイド ····················· 136
	11.7	まとめ ··· 141
	11.8	付録：住宅価格データを使った双方向回帰学習問題 ··············· 141
		住宅価格のヘドニックモデルの構築／住宅価格の双方向回帰分析練習

第12章　時系列モデル ··· 149

	12.1	動学モデル ··· 150
		分布ラグモデル／動学モデルとは／動学モデルの例
	12.2	系列相関と動学モデル ······································· 156
		動学モデルで系列相関がバイアスを引き起こす／動学モデルにおける系列相関の検定／動学モデルにおける系列相関の補正
	12.3	グレンジャー因果性 ··· 160
	12.4	見せかけの相関と非定常性 ··································· 163
		定常・非定常な時系列／見せかけの回帰／ディッキー＝フラー検定／共和分／非定常時系列に対処するための標準的なステップ

12.5 まとめと練習問題 ……………………………………………… 173

第13章 ダミー従属変数の使い方 …………………………………… 177

13.1 線形確率モデル …………………………………………………… 177
線形確率モデルとは何か？／線形確率モデルの問題／線形確率モデルの例

13.2 二項ロジット・モデル …………………………………………… 183
二項ロジットとは何か？／推定されたロジット係数の解釈／二項ロジットの利用に関するより完全な例

13.3 他のダミー従属変数の使い方 …………………………………… 192
二項プロビット・モデル／多項ロジット・モデル

13.4 まとめと練習問題 ………………………………………………… 195

第14章 同時方程式 …………………………………………………… 199

14.1 構造方程式と誘導型方程式 ……………………………………… 200
同時方程式システムの特徴／同時方程式体系は古典的仮定Ⅲを破る／誘導型方程式

14.2 最小二乗法（OLS）のバイアス ………………………………… 206
同時性バイアスの理解／同時性バイアスの例

14.3 二段階最小二乗法（2SLS） ……………………………………… 209
二段階最小二乗法とは何か？／二段階最小二乗法の特徴／二段階最小二乗法の例

14.4 識別問題 …………………………………………………………… 219
識別問題とは何か？／識別の次数条件／次数条件の適用の2つの事例

14.5 まとめと練習問題 ………………………………………………… 224

14.6 付録：変数における測定誤差 …………………………………… 226
従属変数のデータにおける測定誤差／独立変数のデータにおける測定誤差

第15章 予測について ………………………………………………… 231

15.1 予測とは何か？ …………………………………………………… 232

15.2 より複雑な予測の問題 ……………………………………………………… 237
条件つき予測（予測期間に対する未知の X の値）／誤差項に系列相関があるもとでの予測／信頼区間の予測／同時方程式システムでの予測

15.3 ARIMA モデル ………………………………………………………………… 245

15.4 まとめと練習問題 …………………………………………………………… 248

第16章　実験データとパネルデータ ……………………………………… 251

16.1 経済学における実験的手法 ………………………………………………… 252
無作為割り当て実験／自然実験／自然実験の一例

16.2 パネルデータ ………………………………………………………………… 259
パネルデータとは何か？／固定効果モデル／固定効果推定の例

16.3 固定効果 vs. 変量効果 ……………………………………………………… 269
変量効果モデル／固定効果と変量効果の選択

16.4 まとめと練習問題 …………………………………………………………… 270

練習問題解答　273

巻末統計表　279

索　引　295

上巻［基礎編］ 目次

訳者まえがき

まえがき

第0章 統計的作法
0.1 確率分布 0.2 標本抽出 0.3 推定 0.4 まとめと練習問題

第1章 回帰分析の概要
1.1 計量経済学とは何か？ 1.2 回帰分析とは何か？ 1.3 推定回帰式 1.4 回帰分析の簡単な例 1.5 住宅価格説明のために回帰分析を使う 1.6 まとめと練習問題

第2章 最小二乗法について
2.1 最小二乗法による単回帰モデルの推定 2.2 最小二乗法による重回帰モデルの推定 2.3 回帰式の質の評価 2.4 推定モデルの全体的な当てはまりの説明 2.5 自由度修正済み決定係数 $\bar{R}^2$ の誤用の例 2.6 まとめと練習問題

第3章 回帰分析の使い方を学ぶ
3.1 応用回帰分析の各ステップ 3.2 回帰分析を使ってレストランの出店場所を決定する 3.3 まとめと練習問題

第4章 古典的モデルについて
4.1 古典的仮定 4.2 $\hat{\beta}$ の標本分布 4.3 ガウス=マルコフ定理と OLS 推定量の性質 4.4 計量経済学の標準的表記法 4.5 まとめと練習問題

第5章 仮説検定
5.1 仮説検定とは何か？ 5.2 t 検定 5.3 t 検定の例 5.4 t 検定の限界 5.5 まとめと練習問題 5.6 付録：F 検定

第6章 定式化：独立変数の選択
6.1 除外変数 6.2 無関係変数 6.3 定式化基準の誤った実例 6.4 定式化の探索 6.5 独立変数の選び方の実例 6.6 まとめと練習問題 6.7 付録：追加的な定式化基準

第7章 定式化：関数型の選択
7.1 定数項の利用とその解釈 7.2 他の関数型 7.3 ラグつき独立変数 7.4 ダミー変数の利用 7.5 係数ダミー変数 7.6 間違った関数型の問題点 7.7 まとめと練習問題

練習問題解答／巻末統計表／索　引

第8章　多重共線性

8.1 完全多重共線性 vs. 不完全多重共線性
8.2 多重共線性の帰結
8.3 多重共線性の検出
8.4 多重共線性への対処
8.5 具体例：なぜ多重共線性は，しばしば未調整のままが最善なのか
8.6 まとめと練習問題
8.7 付録：SATデータを使った双方向回帰学習問題

　次の3つの章では，回帰分析の古典的諸仮定が満たされないケースと，そうしたケースの救済策を扱う．本章では多重共線性の問題を取り上げる．次いで，後の2つの章は，系列相関と分散不均一の問題を扱う．こうした3つの問題の各々に対して，我々は以下の問題に答えることにする．

1. 問題の本質は何か？
2. 問題の帰結は何か？
3. 問題はどのように診断されるか？
4. 問題に対していかなる対処が可能か？

　厳密に言えば，**完全多重共線性**（perfect multicollinearity）とは古典的仮定Ⅵが満たされない場合である．ここで，古典的仮定Ⅵは，「いかなる任意の独立変数も，1つあるいはそれ以上の他の独立変数の完全な線形関数ではない」とする仮定である．完全な多重共線性は稀である．しかし，不完全な多重共線性の場合でも，変数間の相関がかなり強いものなら，たとえ古典的仮定Ⅳを満たさなくとも重大な問題を引き起こす．

　回帰式の係数 $β_k$ は，回帰式における他の独立変数を一定として，独立変数 X_k の1単位の増加の従属変数に及ぼす効果であると解釈されることを思い出

してもらいたい．しかし，もしも2つの独立変数が有意に相関しているとすれば，OLSのコンピュータプログラムは，1つの変数の効果を他の変数の効果と区別することが困難であると告げるだろう．

要するに，2つの独立変数が高い相関関係にあればあるほど，真のモデルの係数を正確に推定することが困難となる．2つの変数が同じように動くならば，その時は，2つの変数の効果を区別することは不可能である．しかし，変数が少し相関している程度ならば，たいていの場合，それでも2つの変数の効果を正確に推定できるだろう．

8.1 完全多重共線性 vs. 不完全多重共線性

完全多重共線性

完全多重共線性（perfect multicollinearity）[1]は古典的仮定Ⅵを満たさない．古典的仮定Ⅵとは，いかなる説明変数も任意の他の説明変数の完全な線形関数ではないとする仮定である．この文脈における完全（perfect）という言葉は，1つの説明変数の変動が別の説明変数の動きによって余すところなく（completely）説明されるということを意味する．2つの独立変数間のこのような完全な線形関数は，以下の通りである．

$$X_{1i} = \alpha_0 + \alpha_1 X_{2i} \tag{8.1}$$

ここで，α_0, α_1 は定数で，X_{1i}, X_{2i} は次式の独立変数である．

$$Y_i = \beta_0 + \beta_1 X_{1i} + \beta_2 X_{2i} + \varepsilon_i \tag{8.2}$$

(8.1)式には誤差項がないということに注意してもらいたい．これは，X_{2i} と方程式が与えられると，X_{1i} が正確に計算されることを意味する．このような完全な線形関係の例は以下の通りである．

$$X_{1i} = 3X_{2i} \tag{8.3}$$

---

[1] 共線性（collinearity）という言葉は2つの独立変数間の線形相関を述べており，多重共線性（multicollinearity）は2つ以上の独立変数が関係しているということを示している．共通の使い方として，多重共線性は両方のケースに適用されるように使われる．そこで，以下で議論される例と方法の多くが，厳密に言えば共線性に関係しているとしても，本書では慣例的に多重共線性の用語を使うだろう．

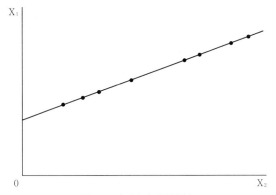

図 8.1 完全な多重共線性

完全な多重共線性の場合，独立変数は1つあるいはそれ以上の他の独立変数の動きによって完全に説明される．完全な多重共線性は，回帰分析を行う前に独立変数を注意深く調べることによって避けることができる．

$$X_{1i} = 2 + 4X_{2i} \tag{8.4}$$

図 8.1 は完全に相関している説明変数のグラフを示している．図 8.1 でみられるように，完全な線形関数はすべてのデータが同じ直線上にある．通常の回帰式からデータを乖離させる変化は1つもない．

完全な多重共線性が存在する場合，計量経済方程式の推定に何が起こるだろうか．OLS は回帰係数の推定値を生成できない．そして，たいていの OLS コンピュータプログラムは，このような状況においてはエラーメッセージをプリントアウトするだろう．(8.2)式を例として使うと，理論的に以下の推定係数と標準誤差を得るだろう．

$$\hat{\beta}_1 = 不決定 \quad SE(\hat{\beta}_1) = \infty \tag{8.5}$$
$$\hat{\beta}_2 = 不決定 \quad SE(\hat{\beta}_2) = \infty \tag{8.6}$$

完全な多重共線性は，2つの変数が区別されえないから，係数の推定を不可能にしてしまう．どのような時でも1つの変数が変化し，同じように別の変数も変化するならば，「方程式において他の独立変数を一定に保つ」ことができない．

幸いなことに，1つの説明変数が別の説明変数の完全な線形関数であるケースはきわめて稀である．より重要なことに，回帰を行う前に，完全な多重共線

性を見つけることはかなり容易である．1つの変数が別の変数の倍数に等しいかどうか，1つの変数が別の変数に定数項を加えることによって導出され得るかどうか，1つの変数が2つの他の変数の合計に等しいかどうかを問うことによって，完全な多重共線性を見つけることができる．もしそうならば，2つの変数に本質的な違いは存在しないので，変数の1つは回帰式から落とされるべきである．

完全な多重共線性に関係する特別なケースは，定義上，従属変数と関係のある変数が回帰方程式に独立変数として含まれるケースである．このような**支配変数**（dominant variable）は，定義によって従属変数と非常に高い相関をもっているので，方程式におけるすべての他の独立変数の効果をおおい隠す．ある意味で，これは従属変数と独立変数の完全な共線性の例である．

たとえば，靴産業の生産関数に，靴産業によって使われる原材料の量を測る変数を含むならば，原材料の変数は極端に高いt値をもつだろうが，労働と資本のようなそれ以外の重要な変数はまったく有意でないt値をもつだろう．これはなぜだろうか．要するに，靴工場においてどれくらいの量の皮が使われるかをあなたが知っているとすれば，労働や資本について*何も*（anything）知らなくとも，生産される一足の靴の数を予測することができるだろう．（原材料と靴の生産量）の関係は定義的であり，他の変数の係数の理にかなった推定値を得るためには，（原材料の）支配変数は方程式から落とされるべきである．

もっとも注意してもらいたい．支配変数は，非常に有意な説明変数，あるいは重要な説明変数と混同されるべきではない．その代わりに，支配変数は事実上従属変数と同じであると認識されるべきである．2変数間の当てはまりがすばらしいものなら，その当てはまりの知見は，計量経済学での推定を行わずに変数の定義から得られたものであろう．

不完全多重共線性

完全多重共線性は回避するのがかなり容易なので，計量経済学者はそれについて問題にすることはほとんどない．ふつう，多重共線性という言葉が使われる時は，深刻な不完全な多重共線性を問題にしている．**不完全多重共線性**（imperfect multicollinearity）は，変数の係数推定に有意に影響を及ぼすほど強い，2つあるいはそれ以上の独立変数間の線形関数関係として定義される．

言い換えれば，不完全多重共線性は2つあるいはそれ以上の説明変数が不完

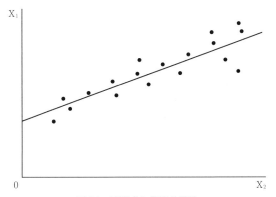

図 8.2 不完全な多重共線性

不完全な多重共線性の場合,独立変数は1つあるいはそれ以上の他の独立変数の強いが完全な線形関数ではない.不完全な多重共線性はサンプルごとに程度が異なる.

全な線形関係にある時に生ずる.すなわち,

$$X_{1i} = \alpha_0 + \alpha_1 X_{2i} + u_i \tag{8.7}$$

(8.7)式と (8.1)式を比較してもらいたい.(8.7)式は確率的誤差項を含むことに注意する必要がある.これは X_1 と X_2 の関係がかなり強いけれども,X_1 が X_2 によって完全に説明されうるほど十分に強くなく,説明されない変動が今なお残っている.図 8.2 は不完全に多重共線性の関係にあると考えられる2つの説明変数のグラフを表している.サンプルのすべての観察値はかなり直線に近いけれども,X_2 によって説明されない X_1 の変動が今なお存在する.

不完全多重共線性は説明変数間の強い線形関係である.2つ(あるいはそれ以上の数の)説明変数間の関係が強ければ強いほど,有意に多重共線性の関係の可能性が高くなる.あるサンプルに関してほんのわずかに関係している2つの変数が,別のサンプルでは強く関係して,不完全多重共線性にあることも考えられる.この意味において,不完全多重共線性は理論的な関係だけではなく,サンプル現象であるといえる.これは完全多重共線性と対照的である.なぜなら,完全な線形関係にある2つの変数は,(サンプル現象ではなく)論理的な根拠にもとづいてのみ検出することができるからである.多重共線性の検出は 8.3 節でより詳細に議論される.

8.2 多重共線性の帰結

特定のサンプルでの多重共線性が強い場合，そのサンプルから計算される推定値に何が起こるであろうか．この節の目的は多重共線性の帰結を説明し，そのような結果を生むいくつかの事例を調べることである．

ただし最小二乗推定量の性質は，この問題や他の計量経済学的問題により影響されることに注意しよう．上巻4章では，もし古典的仮定が満たされるならば，OLS推定量はBLUE（あるいは，MvLUE）であることが述べられた．このことは，OLS推定値は不偏であり，不偏線形推定量の中で最小分散をもつことを意味する．

多重共線性の帰結は何か？

多重共線性の主要な帰結は次である．

1. *推定値の不偏性は保たれる．* 方程式が有意な多重共線性を有しているとしても，正確に定式化された方程式に対して古典的諸仮定のすべてが満たされるならば，係数βの推定値は母集団の真の値βのまわりに集中するだろう．

2. *推定値の分散と標準誤差は大きくなる．* これが多重共線性の主要な帰結である．2つあるいはそれ以上の説明変数が有意に関係しているので，多重共線性の関係にある変数の個別の効果を正確に識別することは困難になる．1つの変数の効果を別の変数の効果から区別することが難しくなる時，係数βの推定において大きな誤差が生ずる可能性は，多重共線性のない場合よりもはるかに大きくなるだろう．その結果，なお不偏性を保つものの，推定係数は，はるかに大きな分散と，したがってより大きな標準誤差をもった分布から生成されることになる[2]．

---

[2] 分散と標準誤差は多重共線性がない場合よりもある場合の方が大きい．すなわち，多重共線性が存在する場合でさえ，いかなる他の線形不偏推定方法も，OLSより低い分散を得ることはできない．このように，多重共線性の効果は推定係数の分散を大きくすることであるけれども，OLSは今なお最小分散の性質をもっている．ただし，↗

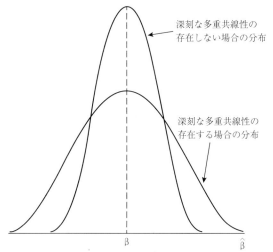

図 8.3 深刻な多重共線性は $\hat{\beta}$ の分散を増加させる

深刻な多重共線性は真の β のまわりに集中する $\hat{\beta}$ の分布を与えるが,その分布はかなり広い分散を有する.このように,多重共線性の存在する場合の $\hat{\beta}$ の分布は,そうでない場合よりもはるかに広がっている.

図 8.3 は,深刻な多重共線性をもったサンプルからの $\hat{\beta}$ の分布と,独立変数のどの間にも事実上何の相関も存在しない場合の分布を比較したものである.2 つの分布は同じ平均をもっていることに注意してもらいたい.これは,多重共線性が偏りをもたらさないことを示唆している.また,多重共線性が深刻な場合に,$\hat{\beta}$ の分布がどの程度より広がったものになるかに注意する必要がある.分布の大きな広がりは多重共線性によって引き起こされる $\hat{\beta}$ の標準誤差の増加の結果である.

上で述べたように,多重共線性は何ら偏りをもたらさないけれども,より大きな分散のために,係数に対して予想に反する符号[3]をとる可能性が高くなる.

3. *計算された t 値は低下する.* 多重共線性は,主として t 統計量の式から

↘こうした「最小分散」は,当然かなり大きい.
(3) こうした予想に反した符号は,多重共線性の存在する場合の $\hat{\beta}$ の分布が,存在しない場合の $\hat{\beta}$ 分布よりもより広がった分布になり,特定の観測された $\hat{\beta}$ がゼロを起点として真の β の側とは反対側に位置する可能性を高めることから生ずるものである.

推定された係数のｔ値を減少させる傾向にある．

$$t_k = \frac{(\hat{\beta}_k - \hat{\beta}_{H_0})}{SE(\hat{\beta}_k)} \tag{8.8}$$

この式は，推定係数の標準誤差で割っていることに注意せよ．多重共線性は推定係数の標準誤差を増加させる．標準誤差が増加するならば，(8.8)式からわかるように，ｔ値は低下する．驚くことではないが，深刻な多重共線性を持った方程式においては，低いｔ値を観察することはまったくよくあることだ．

4. *推定値は定式化の変化に非常に敏感になるだろう*．説明変数の追加や除去，あるいはいくつかの観察値の追加や除去は，有意な多重共線性が存在する時には，しばしば推定値に大きな変化を引き起こす．もしも１つの変数が除外されるならば，たとえそれが統計的に有意でないと思われる変数でさえ，方程式に残っている変数の係数は，時として劇的に変化するだろう．

　こうした大きな変化は，OLS 推定が多重共線関係にある１つの変数を別の変数と区別するために，変数間のわずかな相違を大きく捉えようとすることから生ずる．２つの変数が多くのサンプルを通して事実上同じであるならば，推定手順はそれら２つの変数を区別するために，変数が異なって動く観察値に依存する．結果として，こうした決定的な観測値の１つに対して異常値をもつ変数を除外する定式化の変化は，多重共線性の関係にある変数の係数推定値の劇的な変化をもたらす．

5. *(深刻な多重共線性によって) 方程式の全般的な当てはまりと多重共線性の変数の係数の推定はおおむね影響を受けないだろう*．多重共線性が存在する方程式において，個々のｔ値はしばしばかなり低いけれども，有意な多重共線性に直面しても，$\overline{R}^2$ で測った全般的な当てはまりは，かりに低くなるとしてもたいして低くはならないだろう．この点を踏まえると，深刻な多重共線性の帰結として最初に言えることの１つは，高い $\overline{R}^2$ と統計的に有意でない個々の回帰係数の組み合わせである．同様に，方程式の説明変数が他の変数と多重共線性の関係にないならば，係数の推

定と標準誤差は通常は影響を受けないだろう.

多重共線性は方程式の全般的な当てはまりにほとんど影響を与えない. したがって，予測期間において，サンプルで示したのと同じ独立変数の多重共線性のパターンがみられるとしても，予想あるいは予測のためにその方程式を使うことに関しては，ほとんど影響を与えないだろう.

多重共線性の帰結の2つの事例

深刻な多重共線性が推定方程式にどのような影響を及ぼすかを見るために，仮説的な例を見てみよう．あなたはいま，「学生の消費関数（student consumption function）」を推定していると想定しよう．適切な準備作業の後に，あなたは以下の仮説的な方程式を思いつく．

$$CO_i = f(\overset{+}{Yd_i}, \overset{+}{LA_i}) + \varepsilon_i = \beta_0 + \beta_1 Yd_i + \beta_2 LA_i + \varepsilon_i \tag{8.9}$$

ここで,

CO_i = 授業料，住居・食事代以外の項目に関する i 番目の学生の年間消費支出
Yd_i = i 番目の学生の年間の可処分所得（贈与を含む）
LA_i = i 番目の学生の流動性資産（貯蓄等）
ε_i = 確率誤差項

次に，クラスであなたの近くにすわっている人々から少しばかりのデータを収集する．

学生	CO_i	Yd_i	LA_i
メアリー	$2000	$2500	$25000
ロビー	2300	3000	31000
ジム	2800	3500	33000
レスリー	3800	4000	39000
シータ	3500	4500	48000
ジェリー	5000	5000	54000
ハーウッド	4500	5500	55000

(Datafile＝CON58)

上のデータセットを使って (8.9) 式に OLS 回帰を実行すると，以下の推定結果を得る．

$$\widehat{CO}_i = -367.83 + 0.5113 Yd_i + 0.0427 LA_i \qquad (8.10)$$
$$(1.0307) \quad (0.0942)$$
$$t = \quad 0.496 \quad\quad 0.453$$
$$\overline{R}^2 = 0.835$$

他方，消費を可処分所得のみの関数とするならば，以下の推定結果が得られただろう．

$$\widehat{CO}_i = -471.43 + 0.9714 Yd_i \qquad (8.11)$$
$$(0.157)$$
$$t = \quad 6.187$$
$$\overline{R}^2 = 0.861$$

(8.10)式と (8.11)式から，流動性資産の変数が方程式から落とされると，可処分所得の t 値は10倍以上大きくなることに注意してもらいたい．なぜこのようなことが起きるのだろうか．第 1 に，Yd と LA の単相関係数は非常に高い．すなわち，$r_{Yd,LA} = 0.986$ である．両変数が含まれるとき，Yd と LA の高い相関によって推定係数の標準誤差はかなり大きな値になる．$\hat{\beta}_{Yd}$ の場合，LA を含むと，標準誤差はなんと 0.157 から 1.03 になる！　加えて，係数の推定値自身も幾分か変化する．さらに，2 つの式における説明変数の大きな違いにもかかわらず，$\overline{R}^2$ はほとんど同じであるということに注意してもらいたい．多重共線性の関係にある変数が落とされるとき，$\overline{R}^2$ が事実上変わらないままであるということはかなり一般的なことである．こうした結果のすべては，多重共線性の関係にある方程式に典型的にみられる現象である．

どちらの式がよいだろうか．流動性資産の変数が理論的に方程式に含まれるものなら，それを除外することは除外変数バイアスのリスクを抱えることになるだろう．しかし，一方で，流動性資産の変数を含めば確実に多重共線性の問題を抱えることになろう．多重共線性を扱う場合に，機械的な答えは存在しない．我々はこの問題を8.4節と8.5節でより詳しく議論するだろう．

多重共線性の帰結の第 2 の例は，仮説的なデータよりも現実的なデータにもとづいている．あなたはいま，州ごとのガソリン需要のクロスセクション・モデルを構築することを決めたとしよう．

$$\text{PCON}_i = f(\overset{+}{\text{UHM}_i}, \overset{-}{\text{TAX}_i}, \overset{+}{\text{REG}_i}) + \varepsilon_i \tag{8.12}$$

ここで，

　　PCON$_i$＝i番目の州の石油消費量（単位：BTU，1兆英熱量）
　　UHM$_i$＝i番目の州の都市幹線道路のマイル数
　　TAX$_i$＝i番目の州のガソリンの税率（1ガロン当たり，単位：セント）
　　REG$_i$＝i番目の州の自動車登録数（単位：1000台）

　こうした変数の定義を与えて，線形関数型を使って (8.12)式の推定に移ろう（誤差項は古典的仮定を満たしていると仮定する）．

$$\widehat{\text{PCON}_i} = 389.6 + 60.8\text{UHM}_i - 36.51\text{TAX}_i - 0.061\text{REG}_i \tag{8.13}$$
$$\phantom{\widehat{\text{PCON}_i} = 389.6 + }(10.3)\phantom{\text{UHM}_i - }(13.2)\phantom{\text{TAX}_i - }(0.043)$$
$$t = 5.92 \phantom{\text{UHM}_i}-2.77 \phantom{\text{TAX}_i}-1.43$$
$$N = 50 \quad \overline{R}^2 = 0.919$$

　この方程式のどこが問題だろうか．自動車登録台数の変数は，予想に反する符号とともに有意でない係数を与えるが，この変数が重要ではないということは信じがたい．除外変数バイアスが生じているのか？　可能性はあるが，変数を加えることが問題を解決するとは思えない．REGとUHMの変数の単相関係数が0.98であるということを踏まえることは，問題の解決の助けになるのではないか．こうした高い相関のもとでは，2つの変数の1つが余分であると主張することは正しいように思われる．両変数は，実際には，ともに州の*規模* (size) を測っている．したがって，多重共線性が存在する．

　多重共線性の方程式に与える影響に注意してもらいたい．石油消費量と理論的に強い関係にある自動車登録台数のような変数の係数は，統計的に有意ではなく，我々の予想に反する符号を与える．これは主として，多重共線性が推定された$\hat{\beta}$の分布の分散を大きくしたからである．

　多重共線性の関係にある変数の1つを落とすとすればどうなるだろうか？

$$\widehat{\text{PCON}_i} = 551.7 - 53.6\text{TAX}_i + 0.186\text{REG}_i \tag{8.14}$$
$$\phantom{\widehat{\text{PCON}_i} = 551.7 - }(16.9)\phantom{\text{TAX}_i + }(0.012)$$
$$t = -3.18 \phantom{\text{TAX}_i +\;}15.88$$

$$N=50 \quad \bar{R}^2=0.861$$

　UHM の変数を落とすと，REG の変数は極端に統計的に有意となった．どうしてこうなったのだろうか？　答えは，多重共線性が方程式から取り除かれたので，REG の係数の標準誤差がかなり低下したことにある（0.043 から 0.012）．また，推定された係数の符号は仮説通りプラスになったことにも注意してもらいたい．理由は，REG と UHM は，実証分析の観点からすれば，区別できないからであり，OLS プログラムは，PCON の動きを説明するために，変数間のわずかな違いを見逃さないのである．多重共線性が取り除かれると，REG と PCON の直接的な正の関係は明らかなものとなった．

　2 つの変数は，量的な意味において事実上同じなので，同じ結果をもたらす UHM あるいは REG のどちらかの変数を落とすことができるだろう．このケースでは，REG は理論的に UHM よりも優れていると判断された．UHM が落とされたときに $\bar{R}^2$ がたとえ低下したとしても，(8.14)式は (8.13)式よりも優れていると考えられる．これは，上巻 3 章で指摘した点の例である．すなわち，回帰式の当てはまりは，全般的な質を決める上で使われる最も重要な基準ではないという点である．

8.3　多重共線性の検出

　方程式が深刻な多重共線性の問題を抱えているかどうかをどのように判定するのか？　最初の手順は，どの方程式にも，ある程度の多重共線性は存在するということを認めることである．現実世界の例では，互いにまったく相関の無い 1 組の説明変数を見つけることは不可能である（デザインされた実験を除いて）．この節での我々の主要な目的は，方程式にどの程度の多重共線性が存在するかの判定方法を学ぶことである．多重共線性そのものが存在するかどうかの判定方法を学ぶことではない．

　第 2 のキーポイントは，与えられた方程式における多重共線性の深刻さはサンプルの特性に依存し，サンプルが変われば変わるという点である．結果として，方程式の理論的根拠は，除外変数や不正確な関数型を見つけるのと同様に，多重共線性を見つける上ではさほど重要ではない．それよりも，与えられたサンプルにおける多重共線性の深刻さを判定するためのデータ指向的な方法に頼

ることが多い．もちろん，我々は方程式の背後にある理論を決して無視することはできない．方法としては，（意味のある解釈が可能な）理論的に関連する変数を見つけることであり，そしてまた，統計的に多重共線性の関係にない変数を見つけることである（意味のある推測のために）．

多重共線性はサンプルの現象であり，そして，その影響の大きさは程度の問題であるために，多重共線性を見つけるために使われる方法の多くは，臨界値あるいは有意水準を使うことのない非公式の検定である．事実，多重共線性に関して一般的に認められている真の統計的検定は存在しない．多くの研究者は，推定された方程式の多重共線性の深刻さに対して，方程式の多くの特性を見ることによって一般的な感覚を培っているのである．そうした特性をもったものから最もよく使われるもの2つを調べてみよう．

高い単相関係数

深刻な多重共線性を見つける1つの方法は，説明変数間の単相関係数を調べることである．もしも単相関係数が絶対値で高ければ，これら2つの特定の説明変数Xはかなり相関しており，多重共線性が潜在的な問題であることがわかる．たとえば，(8.10)式において，可処分所得と流動性資産の単相関係数は0.986である．このような高い単相関係数は，特に2つの独立変数のみの方程式においては，多重共線性の問題が深刻であることの確かな兆候である．

単相関係数が高いといってもどのくらい高ければ問題なのか．ある研究者は，0.80のような恣意的な数字をピックアップし，単相関係数の絶対値の値が0.80を超えるときに，多重共線性の問題に注意するようにしている．おそらくよりよい答えとしては，我々が関心のある係数推定値の分散が許容できないほど大きな値をとるならば，その原因は単相関係数 r が高いということであろう．

ここで，注意してもらいたい．多重共線性の可能性が2つ以上の変数にまたがっているならば，多重共線性の程度を示唆するものとして単相関係数を使うことには大きな限界がある．事実，独立変数のグループの任意の2つの変数の単相関係数は深刻なほど高い値を示さないが，グループ全体として一緒に動いて多重共線性の問題を引き起こす可能性は，十分あり得ることだ．結果として，多重共線性にとっての単相関係数は，必要なテストといえるが十分なテストとはいえない．高い単相関係数 r は深刻な多重共線性の可能性を示唆するが，低い r は決して問題がないということを証明するものではない[4]．

高い分散膨張要因

特定のサンプルにおいて，多重共線性の深刻さを測るテストの使用は議論のあるところである．主として前述した限界のために，計量経済学者の中には，以前に述べた簡単な指標でさえ拒否する人もいれば，さまざまなより形式的なテストを積極的に使用する人もいる[5]．

平易でかつよく使われている多重共線性の深刻さを測る尺度は，分散膨張要因である．**分散膨張要因**（Variance Inflation Factor, VIF）は，与えられた説明変数が方程式の他のすべての説明変数によってどの程度説明されるか，この点を見ることによって，多重共線性の深刻さを検出する方法である．方程式の各々の説明変数に対して VIF が存在する．VIF は多重共線性がどの程度推定係数の分散を増加させたかを見る指標である．高い VIF は，多重共線性がかなりの程度推定係数の推定分散を増加させ，したがって t 値を減少させるということを意味する．

VIF を使って，以下の K 個の独立変数をもった方程式における多重共線性を見つけるものとしよう．

$$Y = \beta_0 + \beta_1 X_1 + \beta_2 X_2 + \cdots + \beta_K X_K + \varepsilon$$

そのためには，各々の X_i に対して合計 K 個の異なった VIF を計算する必要がある．与えられた X_i に対応する VIF の計算は次の2つの手順を踏むことになる．

1. *X_i を方程式のすべての他の説明変数の関数として OLS 回帰を実行する*．たとえば，i=1 について回帰方程式は次の通りである．

$$X_1 = \alpha_1 + \alpha_2 X_2 + \alpha_3 X_3 + \cdots + \alpha_K X_K + v \tag{8.15}$$

ここで，v は古典的な確率誤差項である．(8.15)式の右辺において，X_1 は含

---

(4) たいていのテキストの著者は，多くの説明変数をもった方程式において多重共線性を見つけるための単相関係数の使用を批判しているが，多くの研究者は単相関係数を使い続けている．なぜなら，単相関係数のチェックは方程式における多重共線性の程度を感じ取るための「大ざっぱだが，手っ取り早い」方法なのである．

(5) おそらくこうしたテストのうち最善のものは，条件数（Condition number）であろう．条件数は方程式全般の多重共線性の程度の単一の指標である．より詳しくは D. A. Berkley, *Conditioning Diagnostics* (New York: Wiley, 1991) を参照．

まれないことに注意しよう．(8.15)式は，補助回帰あるいは第2の回帰として言及される式である．このようにして，もとの方程式の独立変数各々に対して1つの補助回帰が得られ，合計 K 個の補助回帰が存在することになる．

2. 以下の $\hat{\beta}_i$ の分散膨張要因を計算する．

$$\mathrm{VIF}(\hat{\beta}_i) = \frac{1}{(1-R_i^2)} \tag{8.16}$$

ここで，R_i^2 は手順1における補助回帰の決定係数（自由度で調整されない R_i^2）である．もとの方程式の独立変数ごとの別々の補助回帰なので，各々の X_i に対して，R_i^2 と $\mathrm{VIF}(\hat{\beta}_i)$ が存在する．VIF が大きければ大きいほど多重共線性はより深刻な問題となる．

では $\mathrm{VIF}(\hat{\beta}_i)$ が大きいとはどれくらいの大きさを意味するのか．R_i^2 が1ということは VIF が無限大となり，完全な多重共線性の関係を意味する．他方，R_i^2 が0ということは VIF が1となり，この場合は多重共線性の関係はまったく存在しないことを意味する．形式上の VIF の臨界値の表は存在しないが，共通の経験則は，$\mathrm{VIF}(\hat{\beta}_i)>5$ ならば多重共線性は深刻であるというものである．独立変数の数が増加するにつれて，この数字が少しずつ増えることは当然である．

たとえば，(8.10)式に戻って，2つの独立変数に対応する VIF を計算しよう．両 VIF の値はともに36で，この数字は周知のようにかなりの多重共線性が存在することを確認するものである．2つの独立変数の VIF が等しいと言うことは決して偶然の一致ではない．正確に2つの独立変数をもった方程式において，2つの補助回帰方程式が同じ R_i^2 をもっていることを意味している．それが同じ VIF の値をもたらしているわけである[6]．

計量経済学のテキストや統計的ソフトウェアプログラムの中には，VIF の代わりにその逆数である $1-R_i^2$ を，寛容 (tolerance) 指数あるいは TOL とよんで使っているものもある．VIF にせよ TOL にせよ，どちらを使うかは個人

---

[6] これら補助回帰の R^2 の他の利用法は，それらを本来の回帰式の R^2 と比較することである．もし補助回帰の R^2 がそれよりも高ければ，多重共線性のもう1つの兆候である．

の好みの問題だが，いずれにしても，本書で議論してきたのが一般的なアプローチで，最も包括的な多重共線性の検出方法である．

残念ながら，VIFを使うことに関していくつかの問題がある．第1に，すでに言及したように，厳密なVIFの判定ルールは存在しない．第2に，VIFがそう大きくない方程式においても多重共線性の問題が存在する可能性がある．たとえば，X_1とX_2の単相関係数が0.88であるならば，多重共線性はかなりありそうだが，VIFはほんの4.4である（X_1とX_2以外のXには多重相関性が存在しないと仮定）．

要するに，そのケースでは，VIFが多重共線性にとって十分だが必要ではないテストである．ちょうど，この節で述べた他のテストと同様である．事実，今までの議論からおそらく読者にとって明らかなように，研究者が100％の確実性をもって多重共線性の可能性を棄却するテストは存在しないのである．

8.4 多重共線性への対処

深刻な多重共線性が生じているとすれば，その影響を最小限に抑えるために何がなされうるか．この問題に対する自動的な答えは存在しない．なぜなら，多重共線性は，回帰方程式の同じ定式化に対してさえ，サンプルが変われば変化する現象だからである．この節の目的は，ある状況のもとで適正であろうと思われるいくつかの多重共線性の代替的救済策の概要を説明することである．

何もしない

深刻な多重共線性が存在すると診断されたなら，とるべき最初の手順は，一体全体どんな救済策をとるべきかを決めることである．読者も理解しているように，多重共線性のどのような救済策もある種の欠点をもっている．そのことから，何もしないことが正しい行動指針であるとの結論に達するケースがしばしば存在する．

何もしないことの1つの理由は，方程式における多重共線性は，必ずしも有意性を失わせるほどt値を低下させるとは限らない，あるいは，必ずしも予想と異なるほど$\hat{\beta}_s$を変化させるとは限らないという点である．言い換えれば，わずかに多重共線性がみられるということだけでは，必ずしも何らかの対策の必要性を意味するものではない．多重共線性が有意でないt値や，あるいは信

頼できない推定係数の結果をもたらした場合にのみ，その救済策を考えるべきである．たとえば，2変数間に0.97の単相関係数を観測するとしても，各々の変数のt値が統計的に有意であるケースは十分にあり得る．このような場合には，救済策を考えることは意味がない．なぜなら，多重共線性の救済策をとれば，おそらく方程式の他の問題を引き起こすことになると思われるからである．ある意味では，多重共線性は，生命の危険性はないが，手術をするとすればリスクのある全身麻酔を必要とする人の病気と同じである．病気が生命に関わる重大な問題を引き起こしているならば，その場合にのみ全身麻酔という手術のリスクをとるべきであろう．

何もしないことの第2の理由は，方程式に属する多重共線性の検出は定式化のバイアスを引き起こすだろうということである．多重共線性に関わる変数を落とすならば，*意図的に*バイアスを生み出すことになる．除外変数のバイアスを避けるために払われるあらゆる努力を考えると，わざとそのリスクをとることを考えるのは馬鹿らしいように思われる．結果として，経験のある計量経済学者なら，しばしば，低いt値にもかかわらず，多重共線関係にある変数をそのままに残しておくだろう．

多重共線性の問題を扱う上で何もしないことが考慮に値すると考える最後の理由は，除外変数のバイアスに対処するために回帰が何度も実行されると，たまたま当てはまる定式化に出くわすリスクに直面する．それは，たまたま特定のデータに対してうまくいっているだけで，その定式化が正しいというわけでない．回帰の数が増えれば増えるほど，偶然によい結果を得る可能性は大きくなる．事態をさらに悪くさせるのは，サンプルにおいて有意な多重共線性が存在するときに，妙な結果の出る確率は急速に高まる．なぜなら，わずかな定式化の変化に対して係数の推定値が敏感に影響を受けるからである．

要約すると，極端な多重共線性の場合を除くあらゆる局面において，しばしば，方程式をそのままにしておくことが最善である．しかし，初学者が，試行を重ねた後の最後の回帰式において有意でないt値の変数を報告することを恥ずかしいと思うなら，このようなアドバイスに従うには抵抗があるのかもしれない．起こりうる除外変数バイアスの代替案や，あるいは偶然に得られる統計的有意な回帰式の結果の問題と比較すれば，低いt値はマイナーな問題のように思われる．なお，深刻な多重共線性に直面して，「何もしない」ことの事例については，8.5節を参照されたい．

余分な変数を落とす

　多重共線関係にある変数の1つを落とすという簡単な解決策は，場合によってはよい策である．たとえば，経験のない研究者の中には，除外変数のバイアスを避けたいために，回帰式に非常に多くの変数を含ませる人がいる．その結果，回帰式に同じ内容のものを測る変数を2つあるいはそれ以上入れることになる．もっとも，多重共線性の関係にある変数のどれもが多分に理論的にそして統計的にも妥当なものなので，それらの変数は無関係なものとはいえない．その代わりに，それらの変数は**余分な**（redundant）**変数**とよばれるかもしれない．すなわち，それら余分な変数のすべてが従属変数に及ぼす効果は，余分な変数の1つだけで十分である．たとえば，総需要関数において，可処分所得とGDPを同時に回帰式に含むことは意味のないことである．なぜなら，両変数ともに同じ内容のもの，すなわち，ともに所得を測る変数だからである．人口と可処分所得に関して，ともに同じ総需要関数に含めるべきではないとする推測は，可処分所得とGDPよりかは少し微妙だが，それらの変数も，ふたたび同じ内容のもの，すなわち，1国の市場全体の大きさを測定している．人口が上昇すると所得もまた増加する．こうした種類の多重共線性にある余分な変数を落とすことは，定式化の誤りを補正していることに他ならない．余分な変数は，最初のところで含んではいけない変数なのである．

　この解決策がどのように機能するかを見るために，(8.10)式の学生の消費関数の例に戻ろう．

$$\widehat{CO}_i = -367.83 + 0.5113 Yd_i + 0.0427 LA_i \tag{8.10}$$
$$(1.0307) \quad (0.0942)$$
$$t = \quad 0.496 \quad\quad 0.453 \quad\quad \bar{R}^2 = 0.835$$

ここで，$CO_i=$ 消費，$Yd_i=$ 可処分所得，そして$LA_i=$ 流動性資産である．最初にこの例を議論したときは，この結果と流動性資産の変数のない以下の式を比較した．

$$\widehat{CO}_i = -471.43 + 0.9714 Yd_i \tag{8.11}$$
$$(0.157)$$
$$t = \quad 6.187 \quad\quad \bar{R}^2 = 0.861$$

流動性資産の代わりに可処分所得を落としたとすると，以下の式を得る．

$$\widehat{CO}_i = -199.44 + 0.08876 LA_i \tag{8.17}$$
$$(0.01443)$$
$$t = \quad 6.153 \qquad \overline{R}^2 = 0.860$$

多重共線性の関係にある変数の1つを落とすことは，2変数間の多重共線性の問題と，落とさなかったもう1つの変数の係数の低いt値の問題の両方を解決したことになる．この点に注意が必要である．Ydを落とすことによって，LAのt値を0.453から6.153に増やすことができた．変数を落とすことは，残っている変数の係数の意味を変えるので（なぜなら，落とされた変数はもはや一定とはみなされないので），このようなt値の劇的な変化は異常ではない．方程式に残っている変数は，新たに，多重共線性の関係にある変数の従属変数に及ぼす結合効果のほとんどすべてを測ることになる．

変数を落としたいなら，落とす変数をどのようにして決めるのか？　深刻な多重共線性の場合，どの変数を落とすかに関して統計的な違いはまったくない．結果として，どちらを残せば当てはまりがよくなるか，あるいは，もともとの方程式においてどちらの変数がより有意か（あるいは，予想される符号を満たしているか）にもとづいて，落とすべき変数を選択するのは意味がない．むしろ，モデルの理論的な基礎がこのような決定のベースにあるべきである．学生の消費関数の例では，可処分所得が消費を決定するという仮説の方が，流動性資産が消費を決定するという仮説よりも理論的に支持される．したがって，(8.11)式は (8.17)式よりも望ましいといえる．

サンプルサイズを増やす

多重共線性の問題を扱うもう1つの方法は，多重共線性の程度を小さくするために，サンプルサイズを増やす試みである．一般にサンプルサイズを増やすことは不可能かもしれないが，それが可能な場合は，考慮されるべき有益な代替的解決策である．サンプルサイズを増やすことの背後にある考えは，より多くのデータセットは少ない場合よりもより正確な推定をもたらすという考えである．なぜなら，サンプルの数が多いということは，通常，係数の推定値の分散を低下させ，多重共線性の影響を小さくするからである．

しかしながら，たいていの時系列のデータセットにとって，この解決策は実行可能ではない．結局，サンプルは，典型的には同じタイプのデータの中から

利用可能なすべてのデータを収集することによって得られる．結果として，新しいデータを見つけることは，一般に不可能かまったく労力と時間のかかるものである．外に出て新しいデータを収集することは，クロスセクション・データや実験データに関してははるかに容易なことだが，観測値が時間の経過とともに生成される時系列データの場合はそう簡単ではない．

8.5 具体例：なぜ多重共線性は，しばしば未調整のままが最善なのか

多重共線性はしばしば未調整のままにしておくべきであるとする考えを，具体例を挙げて説明する．あなたは仮想のソフトドリンク会社のマーケティング部門で働いているとしよう．今，以下のように広告の売上への影響をみるモデルを構築する．

$$\hat{S}_t = 3080 - 75{,}000 P_t + 4.23 A_t - 1.04 B_t \tag{8.18}$$

$$(25{,}000) \quad (1.06) \quad (0.51)$$

$$t = \quad -3.00 \quad\quad 3.99 \quad -2.04$$

$$\bar{R}^2 = 0.825 \quad N = 28$$

ここで，

$S_t = t$ 年のソフトドリンクの売上高
$P_t = t$ 年のソフトドリンクの平均的相対価格
$A_t = t$ 年のソフトドリンクの会社の広告支出
$B_t = t$ 年のソフトドリンク会社のライバル会社の広告支出

方程式には何の除外変数も存在しないと仮定しよう．すべての変数は実質値（実質ドル）で測られている．すなわち，ドルで測った名目値を価格指数で割っている，あるいはデフレートしている．

見たところ，(8.18)式は予想通りの結果である．係数の推定値は基礎となる理論に合致して統計的に有意である．そして，全般的な方程式の当てはまりも推定係数の大きさも受容できよう．ここで，「ソフトドリンク産業における広告費は性質上大変重要で，軽視すると命取りになる．したがって，各会社は主要なライバル企業の広告費に合わせる傾向にある」と告げられたとしよう．これは変数間の多重共線性の問題を疑うことになる．さらに，広告支出の2変数

間の単相関係数が0.974で，広告変数のVIFはどちらもはるかに5を超えているとしよう．このような相関係数は方程式における多重共線性の深刻さを示す証拠となるが，それについて救済策を考えなければならない理由では決してない．なぜなら，深刻な多重共線性に直面しているにもかかわらず，係数の説明力は高く，それらのt値は有意だからである．多重共線性は方程式において問題を引き起こさない限り，調整せずにそのままにしておくべきだ．方程式の定式化を変えることは統計上見栄えのよい結果を得ることができるかもしれないが，係数の真の値に関して，最良の推定値を得ることの可能性を減ずることになると思われる．この例において，多重共線性による主要な問題がまったく存在しないことは確かに幸運なことではあるが，その幸運とは，何か壊れていないものを修理しようとする理由では決してない．

　ある変数が方程式から落とされる時，その効果は，新たに落とされた変数と相関している程度において他の説明変数によって吸収されるだろう．変数同士が非常に相関しているので，方程式に残った変数がバイアスをすべて吸収するだろう．このバイアスは，変数が落とされる前に推定値がもっていたよい性質のすべてを台無しにしてしまうだろう．

　ある変数，たとえばBが，多重共線性の問題を解決するために方程式から落とされたとすると，そのとき以下のようになる．

$$\widehat{S}_t = 2586 - 78{,}000 P_t + 0.52 A_t \qquad (8.19)$$
$$\phantom{\widehat{S}_t = 2586 - } (24{,}000) \quad (4.32)$$
$$\phantom{\widehat{S}_t = 2586 } t = \ -3.25 \quad\ \ 0.12$$
$$\overline{R}^2 = 0.531 \quad N = 28$$

ここで何が起きているのだろうか．多重共線関係にある変数の1つを落とすと，その会社の広告費の変数の係数は，統計的により有意にならずに係数の値が小さくなっている．その理由を見るために，最初に以下の点に注意しよう．すなわち，$\widehat{\beta}_A$の予想されるバイアスは負（マイナス）であるということである．なぜなら，Bの係数の予想される符号とAとBの相関係数の符号の積は，

$$\text{Bias} = \beta_B \cdot f(r_{A,B}) = (-) \cdot (+) = - \qquad (8.20)$$

となる．第2に，この負のバイアスは，Aの係数の推定値を減少させるほど十分強いもので，その結果，係数の推定値は統計的に有意でない．この問題は，

相対的な広告費の変数（たとえば，Aの広告費をBの広告費で割る）を使うことによって避けられたかもしれないが，その場合，Aと1/Bの係数の絶対値が同じであることを仮定することになろう．このような係数の同等性は，時には理論的に予想されるか，統計的に適正であろうが，たいていのケースでは，こうした種類の制約は，制約のない場合の方程式にバイアスを与えることになるだろう．

　この例は単純化したものであるが，前述の結果は，変数の除去の影響を考えずに単純に変数を落とせばどうなるかを示す典型的なケースである．ポイントは，方程式から変数を落とすことは，理論的にも技術的にも賢明な方法ではないということであり，このようなケースでの多重共線性は調整せずにそのままにしておくのが最善だということである．

8.6 まとめと練習問題

1. 完全な多重共線性は，どの説明変数も他の説明変数の完全な線形関数にはならないとの仮定が成立しないケースである．完全な多重共線性のもとでは，回帰係数の推定値が不決定となり，そうした推定値の標準誤差が無限大となる．

2. 「多重共線性」の言葉が使われる場合，典型的には不完全な多重共線性を意味する．不完全な多重共線性は，方程式の推定に有意に影響を及ぼすほど強い2つあるいはそれ以上の変数間の線形関係である．多重共線性は，理論的な現象だけでなくサンプル現象でもある．サンプルが異なれば，多重共線性の程度も異なる．

3. 深刻な多重共線性がもたらす問題は，回帰係数の推定値の分散を増加させ，したがって，そうした係数のt値を減少させる．多重共線性は，推定係数のバイアスを引き起こさない（不偏性は維持される）．また，回帰式の全般的な有意性や多重共線関係にない他の説明変数の係数の推定値にはほとんど影響を及ぼさない．

4. 多重共線性は，程度の差こそあれ，事実上どのデータセットにも存在す

る．したがって，多重共線性が疑われる場合に確認しなければならないのは，特定のサンプルにおいて多重共線性がどの程度深刻かという点である．

5. 深刻な多重共線性を判定する上で有用な2つの方法は以下の通りである．
   a．説明変数間の単相関係数は高いか？
   b．分散膨張要因 VIF は高いか？
   こうした答えのいずれかが「はい」であるならば，そのときはたしかに多重共線性が存在する．しかし，多重共線性はまた，答えが「いいえ」であっても存在し得る．

6. 多重共線性の3つの一般的な救済策は以下の通りである．
   a．何もしないこと（そうすることによって，定式化のバイアスを避ける）．
   b．余分な変数を落とすこと．
   c．サンプルの数を増やすこと．

7. 多くの場合，何もしないということが多重共線性の最良の救済策である．多重共線性が t 値を統計的に有意でないレベルまで減少させないとすれば，そのときはいかなる救済策も考える必要はない．また，t 値が統計的に有意でないとしても，救済策は慎重にとられるべきである．なぜなら，すべての救済策は，おそらく方程式から多重共線性を取り除くことの潜在的なベネフィット以上の推定上のコストを課すことになるからである．

練習問題

　北カリフォルニアの小学区における小学校教員の給与に関する最近の研究では，以下の推定方程式が使われた（括弧の中は t 値）．

$$\widehat{\ln SAL}_i = 10.5 - 0.006 EMP_i + 0.002 UNITS_i + 0.079 LANG_i + 0.020 EXP_i$$
$$(-0.98) \qquad (2.39) \qquad (2.08) \qquad (4.97)$$
$$\overline{R}^2 = 0.866 \quad N = 25 \qquad\qquad (8.21)$$

ここで，

 SAL$_i$ ＝i番目の教員の給与（単位：ドル）
 EMP$_i$ ＝この小学区でのi番目の教員の勤続年数
 UNITS$_i$＝i番目の教員の卒業単位数
 LANG$_i$ ＝ダミー変数：i番目の教員が2か国語を話すならば1，
   そうでなければ0
 EXP$_i$ ＝i番目の教員の教員年数

a．この方程式の係数に関する仮説を設定し，5％の有意水準で検定しなさい．
b．この方程式の関数型は何か．その関数型は適正であると思われるか．説明しなさい．
c．無関係変数，除外変数そして多重共線性のうち，この方程式はどのような計量経済学的問題をもっていると思われるか？ 説明しなさい．
d．EMPとEXPの単相関係数が0.89で，EMPとEXPの変数のVIFはかろうじてちょうど5を超えているとしよう．多重共線性に関するこれらの数値を踏まえて，あなたは上のcの解答を変えるか？ 変えるとすればどのように変えるか？
e．dにおいてあなたが認めた問題に対してどのような救済策を薦めるか．説明しなさい．
f．方程式からEMPを落とすとすれば，推定方程式は(8.22)式になる．あなたは，上巻6章の4つの定式化基準を使って，(8.21)式と(8.22)式のどちらを選択するかを決めなさい．

$$\widehat{\ln SAL_i}=10.5+0.002UNITS_i+0.081LANG_i+0.015EXP_i \quad (8.22)$$
$$\quad\quad\quad\quad\quad (2.47)\quad\quad\quad (2.09)\quad\quad (8.65)$$
$$\bar{R}^2=0.871 \quad N=25$$

8.7　付録：SATデータを使った双方向回帰学習問題

計量経済学は例題がどんなによくとも，それを読むだけで学習するのは困難である．著者自身も含めてたいていの計量経済学者は，自分自身で実際に回帰

分析をやってみるまでは，計量経済学の使い方を理解するのに苦労した経験がある．特に，回帰方程式の定式化のやり方は，実際に自身で回帰分析を行うまでわからないであろう．これは，計量経済学が他人のやっていることを読むことよりも，実際に自分自身でやってみることによってより理解が深まる実践的な学問だからである．残念ながら，何のフィードバックもなしに，自分自身の回帰分析を行うことだけでは計量経済学の技能を習得することは困難である．なぜなら，あるとても単純なミスを避けることを学ぶだけでも非常に時間がかかるからである．

上述したように，計量経済学の最良の学習方法は，あなた自身が回帰分析のプロジェクトを手掛け，あなた自身で問題点を分析し，あなた自身が決定することである．同時にあなたの近くに，あなたのどの決定がよくて，どれが間違いか（また，その理由）について的確に逐一指摘してくれる計量経済分析の経験者がいれば安心である．

本節は，あなたに回帰方程式の定式化問題を自身で考えてもらい，1つひとつの決定のどこがよくてどこが問題かのフィードバックを行ってもらう機会を与えることにしよう．ただし，以下の対話式学習問題では，コンピュータを使うこともないし，チューターのような先達も必要としない．もちろんそのどちらもたしかに有用であるが，本節ではその代わりに，典型的な計量経済学の例題（まったく意思決定を必要としない）と典型的な計量経済学のプロジェクト（ほとんどフィードバックを必要としない）の間のギャップを埋める練習問題を工夫した．なお，追加的な対話式学習問題は11章でも扱う．

小休止！

練習問題から多くを学ぶためには，注意深く，以下での指示に従うことが肝要である．他の本の例題と同じように順番に読んでいくことは，ある意味では時間の浪費である．ほんの2，3の結果であってもあらかじめ見てしまえば，本節での学習メリットは減少する．さらに，最初の回帰式の定式化を終えるまでは，決して回帰分析のどの結果も見てはいけない．

SATの点数モデルの構築

対話式学習問題の従属変数は，アルカディア高校の3年生のクラスの生徒の「2教科」SAT (Scholastic Aptitude Test, 大学進学適性試験) の数学と言語の点数である．アルカディアは，カリフォルニア，ロサンゼルス近くに位置する上位中間所得層 (upper-middle) のコミュニティである．卒業した約640のクラスから，SATを受験した合計65名の学生がランダムに選ばれ，データが集められた．1度以上SATを受験した場合は，その中で最も高い点数をSATの点数とした．

SATに関する文献を検討すると，計量経済分析よりも心理学の研究や一般の新聞記事が多い．多くの文献は，SATには，とりわけ女性やマイノリティに不利になるような偏りがあると批判している．近年，女性やマイノリティのSATの点数の全国平均は，白人の男性の全国平均よりも統計的に有意に低いことがその批判の裏づけとなっている．この点に興味のある読者は，事前に該当する文献の検討をお薦めする[7]．

SATの点数についての単一方程式の線形モデルを構築するにあたって，いかなる要因を考慮するべきだろうか？　第1に，生徒の学力の尺度となる変数を方程式に含みたいと考えるだろう．このような変数として，高校の累積的成績評価である評定平均値 (GPA)，数学と英語の飛び級クラスへの参加 (AP-MATHは数学，APENGは英語) である．飛び級 (AP) のクラスは，レベルの高いコースであり，そのコースは生徒がSATのよい点数を取る上でプラスとなるコースである．より重要なことは，潜在的な学力をベースに，優秀な生徒がAPクラスに招待される．そして，APコースを取る生徒は，コースの学問的な内容に興味を示している．そのどちらも，高いSATの点数を示唆するものである．アルカディア高校のGPAはウエイトづけられたGPAで，APクラスをとる生徒は，生徒の全評価値に1ポイントが加えられる（たとえば，APの数学クラスで「A」の成績は，通常の4ポイントに対して，5ポイントが与えられる）．

考慮するべき第2の点は，SATの成績に影響を及ぼすかもしれない質的要

---

[7] たとえば，James Fallowsによる，"The Tests and the 'Brightest': How Fair Are the College Boards?", *The Atlantic*, Vol. 245, No. 2, pp. 37-48. を参照のこと．また，この対話型学習の準備を手伝ってくれたOccidental大学の卒業生，Bob Segoに感謝する．

因である．このカテゴリーにおける利用可能なダミー変数は，生徒の性別（GEND），人種（RACE），そして母国語（ESL）である．サンプルの生徒のすべては，アジア人か白人である．RACE は，生徒がアジア人であれば 1，そうでなければ 0 の値をとる．アジア人の学生は，アルカディア高校の生徒の母集団のかなりの部分を占める．EST ダミー変数は，英語が生徒の第 2 外国語であれば 1 の値をとる．そうでなければ 0 の値をとる．さらに，テストのために勉強することは重要で，生徒が SAT の準備クラス（PREP）に出席したかどうかを示すダミー変数もまたデータセットに含まれる．

まとめると，モデルの特定化のためにあなたが選ぶことのできる利用可能な説明変数は以下の通りである．

GPA_i ＝ i 番目の生徒のウエイトつきの GPA
$APMATH_i$＝ ダミー変数：i 番目の生徒が AP の数学クラスをとっていたら 1，そうでなければ 0．
$APENG_i$ ＝ ダミー変数：i 番目の生徒が AP の英語のクラスをとっていたら 1，そうでなければ 0．
AP_i ＝ ダミー変数：i 番目の学生が AP の数学クラスか AP の英語クラスのどちらか 1 つ，あるいは両方とっていたら 1，どちらもとっていなければ 0．
ESL_i ＝ ダミー変数：英語が i 番目の学生の母国語なら 1，そうでなければ 0．
$RACE_i$ ＝ ダミー変数：i 番目の学生がアジア人の学生なら 1，白人の学生なら 0．
$GEND_i$ ＝ ダミー変数：i 番目の学生が男性なら 1，女性なら 0．
$PREP_i$ ＝ ダミー変数：i 番目の学生が SAT 準備コースに出席していたら 1，そうでなければ 0．

こうした変数のデータは表 **8.1** で与えられる．
そこで，以下の問題に答えなさい．

1. i 番目の生徒の SAT の点数の方程式において，説明変数の係数の符号条件に関する仮説を立てなさい．各々の変数について慎重に調べなさい．すなわち，あなたの仮説の理論的な内容は何か．

表 8.1　SAT 対話式学習問題のデータ

SAT	GPA	APMATH	APENG	AP	ESL	GEND	PREP	RACE
1060	3.74	0	1	1	0	0	0	0
740	2.71	0	0	0	0	0	1	0
1070	3.92	0	1	1	0	0	1	0
1070	3.43	0	1	1	0	0	1	0
1330	4.35	1	1	1	0	0	1	0
1220	3.02	0	1	1	0	1	1	0
1130	3.98	1	1	1	1	0	1	0
770	2.94	0	0	0	0	0	1	0
1050	3.49	0	1	1	0	0	1	0
1250	3.87	1	1	1	0	1	1	0
1000	3.49	0	0	0	0	0	1	0
1010	3.24	0	1	1	0	0	1	0
1320	4.22	1	1	1	1	1	0	1
1230	3.61	1	1	1	1	1	1	1
840	2.48	1	0	1	1	1	0	1
940	2.26	1	0	1	1	0	0	1
910	2.32	0	0	0	1	1	1	1
1240	3.89	1	1	1	0	1	1	0
1020	3.67	0	0	0	0	1	0	0
630	2.54	0	0	0	0	0	1	0
850	3.16	0	0	0	0	0	1	0
1300	4.16	1	1	1	1	1	1	0
950	2.94	0	0	0	0	1	1	0
1350	3.79	1	1	1	0	1	1	0
1070	2.56	0	0	0	0	1	0	0
1000	3.00	0	0	0	0	1	1	0
770	2.79	0	0	0	0	0	1	0
1280	3.70	1	0	1	1	0	1	1
590	3.23	0	0	0	1	0	1	1
1060	3.98	1	1	1	1	1	0	1
1050	2.64	1	0	1	0	0	0	0
1220	4.15	1	1	1	1	1	1	1
930	2.73	0	0	0	0	1	1	0
940	3.10	1	1	1	1	0	0	1
980	2.70	0	0	0	1	1	1	1
1280	3.73	1	1	1	0	1	1	0
700	1.64	0	0	0	1	0	1	1
1040	4.03	1	1	1	1	0	1	1
1070	3.24	0	1	1	0	1	1	0
900	3.42	0	0	0	0	1	1	0
1430	4.29	1	1	1	0	1	0	0

SAT	GPA	APMATH	APENG	AP	ESL	GEND	PREP	RACE
1290	3.33	0	0	0	0	1	0	0
1070	3.61	1	0	1	1	0	1	1
1100	3.58	1	1	1	0	0	1	0
1030	3.52	0	1	1	0	0	1	0
1070	2.94	0	0	0	0	1	1	0
1170	3.98	1	1	1	1	1	1	0
1300	3.89	1	1	1	0	1	0	0
1410	4.34	1	1	1	1	0	1	1
1160	3.43	1	1	1	0	1	1	0
1170	3.56	1	1	1	0	0	0	0
1280	4.11	1	1	1	0	0	1	0
1060	3.58	1	1	1	1	0	1	0
1250	3.47	1	1	1	0	1	1	0
1020	2.92	1	0	1	1	1	1	1
1000	4.05	0	1	1	1	0	0	1
1090	3.24	1	1	1	1	1	1	1
1430	4.38	1	1	1	1	0	0	1
860	2.62	1	0	1	1	0	0	1
1050	2.37	0	0	0	0	1	0	0
920	2.77	0	0	0	0	0	1	0
1100	2.54	0	0	0	0	1	1	0
1160	3.55	1	0	1	1	1	1	1
1360	2.98	0	1	1	1	0	1	0
970	3.64	1	0	1	1	0	1	0

(Datafile=SAT8)

2. 説明変数の最良の組み合わせを慎重に選択しなさい．GPA，APMATH，そして，APENG の変数を含むことから始めなさい．他にいかなる変数を追加的に加えるべきか．有意でない変数を省くように心がけ，不用意にすべての変数を含まないようにしなさい．問題がないかを徹底的に考え，考えられる中で最良の方程式を見つけなさい．

回帰方程式の特定化が終わると，次の手順に進む．あなたの方程式が完全に定式化されるまで練習問題の指示に従って進みなさい．ときには問題を熟考したり，あるいは休憩をとったりするかもしれないが，対話式練習問題に戻るときには，ふたたび最初から始めるのではなく，休憩前の問題に戻って再開すること．全プロジェクトを完了し終えるまで，できるだけヒントを見ないように

すること．あなたが袋小路に陥って，どんな決定についてもチェックできなくなったときには，ヒントを使いなさい．

最後のアドバイスとして一言述べておく．どの回帰分析の結果も問題がないものはない．こうした問題に答えるのには時間がかかる．もし可能なら時間をとってそうした問題を書き出すこと．対話式練習問題を大急ぎでやることは，その効果を小さくすることになる．

SATの点数に関する双方向回帰分析問題

まず，推定したいと思う回帰方程式の定式化を選び，以下のリストからその回帰方程式の定式化の番号[8]を見つけ，対応する8.1から8.16の番号の回帰式に進みなさい．なお，回帰式の定式化の選択にあたって，表 **8.2** の変数間の単相関係数行列を参考にすること．

すべての回帰方程式は，SATを従属変数とし，GPA，APMATH，APENGを説明変数としている．さらに，追加的な説明変数を（ESL，GEND，PREPそしてRACE）の中から選んで，回帰分析に進みなさい．

どれも含めない場合は回帰分析の結果8.1に進みなさい．
ESLだけを含める場合は，回帰分析の結果8.2に進みなさい．
GENDだけを含める場合は，回帰分析の結果8.3に進みなさい．
PREPだけを含める場合は，回帰分析の結果8.4に進みなさい．
RACEだけを含める場合は，回帰分析の結果8.5に進みなさい．
ESLとGENDを含める場合は，回帰分析の結果8.6に進みなさい．
ESLとPREPを含める場合は，回帰分析の結果8.7に進みなさい．
ESLとRACEを含める場合は，回帰分析の結果8.8に進みなさい．
GENDとPREPを含める場合は，回帰分析の結果8.9に進みなさい．
GENDとRACEを含める場合は，回帰分析の結果8.10に進みなさい．
PREPとRACEを含める場合は，回帰分析の結果8.11に進みなさい．
ESL，GENDとPREPを含める場合は，回帰分析の結果8.12に進みなさい．
ESL，GENDとRACEを含める場合は，回帰分析の結果8.13に進みなさい．
ESL，PREPとRACEを含める場合は，回帰分析の結果8.14に進みなさい．
GEND，PREPとRACEを含める場合は，回帰分析の結果8.15に進みなさ

---

[8] すべての回帰分析結果は，計量ソフトEViewsで出力されたまま掲載されている．

い.
すべての4つの変数を含む場合は，回帰分析の結果 8.16 に進みなさい.

表 8.2 SAT 対話型回帰分析学習問題における平均，標準偏差，単相関係数

変数名	平均	標準偏差
SAT	1075.538	191.3605
GPA	3.362308	0.612739
APMATH	0.523077	0.503354
APENG	0.553846	0.500961
AP	0.676923	0.471291
ESL	0.400000	0.493710
GEND	0.492308	0.503831
PREP	0.738462	0.442893
RACE	0.323077	0.471291

	相関係数		相関係数
APMATH, GPA	0.497	GPA, SAT	0.678
APENG, SAT	0.608	APMATH, SAT	0.512
APENG, APMATH	0.444	APENG, GPA	0.709
AP, SAT	0.579	AP, GPA	0.585
AP, APMATH	0.723	AP, APENG	0.769
ESL, GPA	0.071	ESL, SAT	0.024
ESL, APENG	0.037	ESL, APMATH	0.402
GEND, GPA	−0.008	ESL, AP	0.295
GEND, APENG	−0.044	GEND, SAT	0.293
GEND, ESL	−0.050	GEND, APMATH	0.077
PREP, SAT	−0.100	GEND, AP	−0.109
PREP, APMATH	−0.147	PREP, GPA	0.001
PREP, AP	−0.111	PREP, APENG	0.029
PREP, GEND	−0.044	PREP, ESL	−0.085
RACE, SAT	−0.085	RACE, GPA	−0.025
RACE, APMATH	0.330	RACE, APENG	−0.107
RACE, AP	0.195	RACE, ESL	0.846
RACE, GEND	−0.022	RACE, PREP	−0.187

回帰分析の結果 8.1

```
Dependent Variable: SAT
Method: Least Squares
Date: 02/29/00   Time: 15:05
Sample: 1 65
Included observations: 65
```

Variable	Coefficient	Std. Error	t-Statistic	Prob.
C	545.2537	117.8141	4.628086	0.0000
GPA	131.8512	40.86212	3.226735	0.0020
APMATH	78.60445	39.13018	2.008793	0.0490
APENG	82.77424	48.40687	1.709969	0.0924

R-squared	0.524341	Mean dependent var	1075.538
Adjusted R-squared	0.500948	S.D. dependent var	191.3605
S.E. of regression	135.1840	Akaike info criterion	12.71071
Sum squared resid	1114757.	Schwarz criterion	12.84452
Log likelihood	-409.0982	F-statistic	22.41440
Durbin-Watson stat	1.998585	Prob(F-statistic)	0.000000

この回帰分析の結果に対して以下の問題に答えなさい．

a．経済的意味，全般的な当てはまりの程度，個々の係数の符号条件と統計的有意性を評価しなさい．

b．この回帰分析はいかなる計量経済学的問題（除外変数，無関係変数，あるいは多重共線性）をもっているか．その理由は？　あなたの解答に関してフィードバックを必要とするなら，章末のヒント2を参照しなさい．

c．この方程式の推定結果を踏まえ，あなたの改善策は以下のどの意見に最も近いか？

　i．いかなるいっそうの特定化の変更も望ましいものではない（52ページに進みなさい）．
　ii．方程式にESLをつけ加えたい（8.2の回帰分析の結果に進みなさい）．
　iii．方程式にGENDをつけ加えたい（8.3の回帰分析の結果に進みなさい）．
　iv．方程式にPREPをつけ加えたい（8.4の回帰分析の結果に進みなさい）．
　v．方程式にRACEをつけ加えたい（8.5の回帰分析の結果に進みなさい）．

あなたの答えにフィードバックを必要とするなら，章末のヒント6を参照しなさい．

回帰分析の結果 8.2

```
Dependent Variable: SAT
Method: Least Squares
Date: 02/29/00   Time: 15:06
Sample: 1 65
Included observations: 65
```

Variable	Coefficient	Std. Error	t-Statistic	Prob.
C	566.7551	118.6016	4.778644	0.0000
GPA	128.3402	40.78800	3.146519	0.0026
APMATH	101.5886	43.19023	2.352121	0.0220
APENG	77.30713	48.40462	1.597102	0.1155
ESL	-46.72721	37.88203	-1.233493	0.2222

R-squared	0.536105	Mean dependent var	1075.538
Adjusted R-squared	0.505179	S.D. dependent var	191.3605
S.E. of regression	134.6098	Akaike info criterion	12.71644
Sum squared resid	1087187.	Schwarz criterion	12.88370
Log likelihood	-408.2843	F-statistic	17.33489
Durbin-Watson stat	2.027210	Prob(F-statistic)	0.000000

この回帰分析の結果に対して以下の問題に答えなさい．

a．経済的意味，全般的な当てはまりの程度，個々の係数の符号条件と統計的有意性を評価しなさい．

b．この回帰分析はいかなる計量経済学的問題（除外変数，無関係変数，あるいは多重共線性）をもっているか．その理由は？ あなたの解答に関してフィードバックを必要とするなら，章末のヒント3を参照しなさい．

c．この方程式の推定結果を踏まえ，あなたの改善策は以下のどの意見に最も近いか？

　i．いかなるいっそうの特定化の変更も望ましいものではない（52ページに進みなさい）．
　ii．方程式からESLを省きたい（8.1の回帰分析の結果に進みなさい）．
　iii．方程式にGENDをつけ加えたい（8.6の回帰分析の結果に進みなさい）．
　iv．方程式にRACEをつけ加えたい（8.8の回帰分析の結果に進みなさい）．
　v．方程式にPREPを付け加えた（8.7の回帰分析の結果に進みなさい）．

あなたの答えにフィードバックを必要とするなら，章末のヒント6を参照しなさい．

回帰分析の結果 8.3

```
Dependent Variable: SAT
Method: Least Squares
Date: 02/29/00   Time: 15:07
Sample: 1 65
Included observations: 65
```

Variable	Coefficient	Std. Error	t-Statistic	Prob.
C	491.8225	108.5429	4.531135	0.0000
GPA	131.5798	37.29970	3.527638	0.0008
APMATH	65.04046	35.91313	1.811049	0.0751
APENG	94.10841	44.29652	2.124510	0.0378
GEND	112.0465	30.82961	3.634379	0.0006

R-squared	0.610162	Mean dependent var	1075.538
Adjusted R-squared	0.584173	S.D. dependent var	191.3605
S.E. of regression	123.3982	Akaike info criterion	12.54251
Sum squared resid	913626.4	Schwarz criterion	12.70977
Log likelihood	-402.6317	F-statistic	23.47754
Durbin-Watson stat	2.104997	Prob(F-statistic)	0.000000

この回帰分析の結果に対して以下の問題に答えなさい.

a. 経済的意味,全般的な当てはまりの程度,個々の係数の符号条件と統計的有意性を評価しなさい.

b. この回帰分析はいかなる計量経済学的問題(除外変数,無関係変数,あるいは多重共線性)をもっているか.その理由は? あなたの解答に関してフィードバックを必要とするなら,章末のヒント5を参照しなさい.

c. この方程式の推定結果を踏まえ,あなたの改善策は以下のどの意見に最も近いか?

　i. いかなるいっそうの特定化の変更も望ましいものではない(52ページに進みなさい).
　ii. 方程式にESLをつけ加えたい(8.6の回帰分析の結果に進みなさい).
　iii. 方程式にPREPをつけ加えたい(8.9の回帰分析の結果に進みなさい).
　iv. 方程式にRACEをつけ加えたい(8.10の回帰分析の結果に進みなさい).

あなたの答えにフィードバックを必要とするなら,章末のヒント19を参照しなさい.

回帰分析の結果 8.4

```
Dependent Variable: SAT
Method: Least Squares
Date: 02/29/00   Time: 15:07
Sample: 1 65
Included observations: 65
```

Variable	Coefficient	Std. Error	t-Statistic	Prob.
C	569.2532	121.1058	4.700463	0.0000
GPA	132.7666	40.94846	3.242287	0.0019
APMATH	72.29444	39.84456	1.814412	0.0746
APENG	85.68562	48.60529	1.762887	0.0830
PREP	-34.38129	38.88201	-0.884247	0.3801

R-squared	0.530460	Mean dependent var		1075.538
Adjusted R-squared	0.499157	S.D. dependent var		191.3605
S.E. of regression	135.4263	Akaike info criterion		12.72854
Sum squared resid	1100417.	Schwarz criterion		12.89580
Log likelihood	-408.6774	F-statistic		16.94616
Durbin-Watson stat	1.976378	Prob(F-statistic)		0.000000

この回帰分析の結果に対して以下の問題に答えなさい．

a．経済的意味，全般的な当てはまりの程度，個々の係数の符号条件と統計的有意性を評価しなさい．

b．この回帰分析はいかなる計量経済学的問題（除外変数，無関係変数，あるいは多重共線性）をもっているか．その理由は？ あなたの解答に関してフィードバックを必要とするなら，章末のヒント8を参照しなさい．

c．この方程式の推定結果を踏まえ，あなたの改善策は以下のどの意見に最も近いか？

　i．いかなるいっそうの特定化の変更も望ましいものではない（52ページに進みなさい）．
　ii．方程式からPREPを省きたい（8.1の回帰分析の結果に進みなさい）．
　iii．方程式にESLをつけ加えたい（8.7の回帰分析の結果に進みなさい）．
　iv．方程式にCENDをつけ加えたい（8.9の回帰分析の結果に進みなさい）．
　v．APMATHとAPENGを，2つの変数の線形結合であるAPで置き換えたい（8.17の回帰分析の結果に進みなさい）．

あなたの答えにフィードバックを必要とするなら，章末のヒント12を参照しなさい．

回帰分析の結果 8.5

```
Dependent Variable: SAT
Method: Least Squares
Date: 02/29/00   Time: 15:08
Sample: 1 65
Included observations: 65
```

Variable	Coefficient	Std. Error	t-Statistic	Prob.
C	570.8148	117.7382	4.848172	0.0000
GPA	128.2798	40.48924	3.168244	0.0024
APMATH	106.2137	42.71559	2.486533	0.0157
APENG	67.42362	48.92704	1.378044	0.1733
RACE	-60.33471	39.47330	-1.528494	0.1316

R-squared	0.542168	Mean dependent var	1075.538
Adjusted R-squared	0.511646	S.D. dependent var	191.3605
S.E. of regression	133.7271	Akaike info criterion	12.70328
Sum squared resid	1072977.	Schwarz criterion	12.87054
Log likelihood	-407.8567	F-statistic	17.76314
Durbin-Watson stat	2.033014	Prob(F-statistic)	0.000000

この回帰分析の結果に対して以下の問題に答えなさい．

a．経済的意味，全般的な当てはまりの程度，個々の係数の符号条件と統計的有意性を評価しなさい．

b．この回帰分析はいかなる計量経済学的問題（除外変数，無関係変数，あるいは多重共線性）をもっているか．その理由は？　あなたの解答に関してフィードバックを必要とするなら，章末のヒント3を参照しなさい．

c．この方程式の推定結果を踏まえ，あなたの改善策は以下のどの意見に最も近いか？

 i．いかなるいっそうの特定化の変更も望ましいものではない（52ページに進みなさい）．
 ii．方程式から RACE を省きたい（8.1 の回帰分析の結果に進みなさい）．
 iii．方程式に ESL をつけ加えたい（8.8 の回帰分析の結果に進みなさい）．
 iv．方程式に GEND をつけ加えたい（8.10 の回帰分析の結果に進みなさい）．
 v．方程式に PREP をつけ加えたい（8.11 の回帰分析の結果に進みなさい）．

あなたの答えにフィードバックを必要とするなら，章末のヒント14を参照しなさい．

回帰分析の結果 8.6

```
Dependent Variable: SAT
Method: Least Squares
Date: 02/29/00   Time: 15:08
Sample: 1 65
Included observations: 65
```

Variable	Coefficient	Std. Error	t-Statistic	Prob.
C	508.8237	110.0355	4.624179	0.0000
GPA	129.0595	37.41416	3.449484	0.0010
APMATH	81.97538	40.00950	2.048898	0.0449
APENG	89.84960	44.54376	2.017109	0.0482
ESL	-33.64469	34.94751	-0.962721	0.3396
GEND	108.8598	31.02552	3.508717	0.0009

R-squared	0.616191	Mean dependent var	1075.538
Adjusted R-squared	0.583665	S.D. dependent var	191.3605
S.E. of regression	123.4735	Akaike info criterion	12.55770
Sum squared resid	899496.2	Schwarz criterion	12.75841
Log likelihood	-402.1251	F-statistic	18.94449
Durbin-Watson stat	2.142956	Prob(F-statistic)	0.000000

この回帰分析の結果に対して以下の問題に答えなさい．

a．経済的意味，全般的な当てはまりの程度，個々の係数の符号条件と統計的有意性を評価しなさい．

b．この回帰分析はいかなる計量経済学的問題（除外変数，無関係変数，あるいは多重共線性）をもっているか．その理由は？　あなたの解答に関してフィードバックを必要とするなら，章末のヒント7を参照しなさい．

c．この方程式の推定結果を踏まえ，あなたの改善策は以下のどの意見に最も近いか？

　　i．いかなるいっそうの特定化の変更も望ましいものではない（52ページに進みなさい）．
　　ii．方程式からESLを省きたい（8.3の回帰分析の結果に進みなさい）．
　　iii．方程式にPREFをつけ加えたい（8.12の回帰分析の結果に進みなさい）．
　　iv．方程式にRACEをつけ加えたい（8.13の回帰分析の結果に進みなさい）．

あなたの答えにフィードバックを必要とするなら，章末のヒント4を参照しなさい．

回帰分析の結果 8.7

```
Dependent Variable: SAT
Method: Least Squares
Date: 02/29/00   Time: 15:09
Sample: 1 65
Included observations: 65
```

Variable	Coefficient	Std. Error	t-Statistic	Prob.
C	591.2047	121.8609	4.851472	0.0000
GPA	129.2439	40.86539	3.162673	0.0025
APMATH	95.35163	43.81128	2.176417	0.0335
APENG	80.21916	48.58978	1.650947	0.1041
ESL	-47.03944	37.94402	-1.239706	0.2200
PREP	-34.82031	38.71083	-0.899498	0.3720

R-squared	0.542380	Mean dependent var	1075.538
Adjusted R-squared	0.503599	S.D. dependent var	191.3605
S.E. of regression	134.8244	Akaike info criterion	12.73359
Sum squared resid	1072480.	Schwarz criterion	12.93430
Log likelihood	-407.8417	F-statistic	13.98561
Durbin-Watson stat	2.008613	Prob(F-statistic)	0.000000

この回帰分析の結果に対して以下の問題に答えなさい.

a. 経済的意味,全般的な当てはまりの程度,個々の係数の符号条件と統計的有意性を評価しなさい.

b. この回帰分析はいかなる計量経済学的問題(除外変数,無関係変数,あるいは多重共線性)をもっているか.その理由は? あなたの解答に関してフィードバックを必要とするなら,章末のヒント8を参照しなさい.

c. この方程式の推定結果を踏まえ,あなたの改善策は以下のどの意見に最も近いか?

  i. いかなるいっそうの特定化の変更も望ましいものではない(52ページに進みなさい).

  ii. 方程式からESLを省きたい(8.4の回帰分析の結果に進みなさい).

  iii. 方程式からPREPを省きたい(8.2の回帰分析の結果に進みなさい).

  iv. 方程式にGENDをつけ加えたい(8.12の回帰分析の結果に進みなさい).

  v. 方程式にRACEをつけ加えたい(8.14の回帰分析の結果に進みなさい).

あなたの答えにフィードバックを必要とするなら,章末のヒント18を参照しなさい.

回帰分析の結果 8.8

```
Dependent Variable: SAT
Method: Least Squares
Date: 02/29/00   Time: 15:10
Sample: 1 65
Included observations: 65
```

Variable	Coefficient	Std. Error	t-Statistic	Prob.
C	570.6367	118.8985	4.799359	0.0000
GPA	128.3251	40.86223	3.140434	0.0026
APMATH	106.0310	43.55940	2.434170	0.0180
APENG	67.23015	49.81328	1.349643	0.1823
ESL	1.885689	66.79448	0.028231	0.9776
RACE	-61.96231	70.05962	-0.884423	0.3801

R-squared	0.542175	Mean dependent var	1075.538
Adjusted R-squared	0.503376	S.D. dependent var	191.3605
S.E. of regression	134.8548	Akaike info criterion	12.73404
Sum squared resid	1072962.	Schwarz criterion	12.93475
Log likelihood	-407.8563	F-statistic	13.97402
Durbin-Watson stat	2.032924	Prob(F-statistic)	0.000000

この回帰分析の結果に対して以下の問題に答えなさい．

a．経済的意味，全般的な当てはまりの程度，個々の係数の符号条件と統計的有意性を評価しなさい．

b．この回帰分析はいかなる計量経済学的問題（除外変数，無関係変数，あるいは多重共線性）をもっているか．その理由は？ あなたの解答に関してフィードバックを必要とするなら，章末のヒント9を参照しなさい．

c．この方程式の推定結果を踏まえ，あなたの改善策は以下のどの意見に最も近いか？

   ⅰ．いかなるいっそうの特定化の変更も望ましいものではない（52ページに進みなさい）．

   ⅱ．方程式からESLを省きたい（8.5の回帰分析の結果に進みなさい）．

   ⅲ．方程式からRACEを省きたい（8.2の回帰分析の結果に進みなさい）．

   ⅳ．方程式にGENDをつけ加えたい（8.13の回帰分析の結果に進みなさい）．

   ⅴ．方程式にPREPをつけ加えたい（8.14の回帰分析の結果に進みなさい）．

あなたの答えにフィードバックを必要とするなら，章末のヒント15を参照しなさい．

回帰分析の結果 8.9

```
Dependent Variable: SAT
Method: Least Squares
Date: 02/29/00   Time: 15:11
Sample: 1 65
Included observations: 65
```

Variable	Coefficient	Std. Error	t-Statistic	Prob.
C	513.9945	111.6115	4.605210	0.0000
GPA	132.4152	37.38088	3.542326	0.0008
APMATH	59.37168	36.54919	1.624432	0.1096
APENG	96.69438	44.47540	2.174109	0.0337
GEND	111.3943	30.89564	3.605501	0.0006
PREP	-31.31762	35.50451	-0.882074	0.3813

R-squared	0.615236	Mean dependent var	1075.538
Adjusted R-squared	0.582629	S.D. dependent var	191.3605
S.E. of regression	123.6270	Akaike info criterion	12.56018
Sum squared resid	901734.9	Schwarz criterion	12.76089
Log likelihood	-402.2059	F-statistic	18.86816
Durbin-Watson stat	2.065021	Prob(F-statistic)	0.000000

この回帰分析の結果に対して以下の問題に答えなさい．

a．経済的意味，全般的な当てはまりの程度，個々の係数の符号条件と統計的有意性を評価しなさい．

b．この回帰分析はいかなる計量経済学的問題（除外変数，無関係変数，あるいは多重共線性）をもっているか．その理由は？　あなたの解答に関してフィードバックを必要とするなら，章末のヒント8を参照しなさい．

c．この方程式の推定結果を踏まえ，あなたの改善策は以下のどの意見に最も近いか？

　i．いかなるいっそうの特定化の変更も望ましいものではない（52ページに進みなさい）．
　ii．方程式から PREP を省きたい（8.3の回帰分析の結果に進みなさい）．
　iii．方程式に ESL をつけ加えたい（8.12の回帰分析の結果に進みなさい）．
　iv．方程式に RACE をつけ加えたい（8.15の回帰分析の結果に進みなさい）．

あなたの答えにフィードバックを必要とするなら，章末のヒント17を参照しなさい．

回帰分析の結果 **8.10**

```
Dependent Variable: SAT
Method: Least Squares
Date: 02/29/00   Time: 15:11
Sample: 1 65
Included observations: 65
```

Variable	Coefficient	Std. Error	t-Statistic	Prob.
C	514.5822	109.0157	4.720259	0.0000
GPA	128.6381	37.08886	3.468376	0.0010
APMATH	88.26401	39.45591	2.237029	0.0291
APENG	81.07941	44.98391	1.802409	0.0766
GEND	108.5953	30.70716	3.536482	0.0008
RACE	-49.83756	36.27973	-1.373703	0.1747

R-squared	0.622244	Mean dependent var	1075.538
Adjusted R-squared	0.590231	S.D. dependent var	191.3605
S.E. of regression	122.4960	Akaike info criterion	12.54180
Sum squared resid	885310.6	Schwarz criterion	12.74251
Log likelihood	-401.6085	F-statistic	19.43712
Durbin-Watson stat	2.148211	Prob(F-statistic)	0.000000

この回帰分析の結果に対して以下の問題に答えなさい．

a．経済的意味，全般的な当てはまりの程度，個々の係数の符号条件と統計的有意性を評価しなさい．

b．この回帰分析はいかなる計量経済学的問題（除外変数，無関係変数，あるいは多重共線性）をもっているか．その理由は？　あなたの解答に関してフィードバックを必要とするなら，章末のヒント10を参照しなさい．

c．この方程式の推定結果を踏まえ，あなたの改善策は以下のどの意見に最も近いか？

  i．いかなるいっそうの特定化の変更も望ましいものではない（52ページに進みなさい）．
  ii．方程式から RACE を省きたい（8.3 の回帰分析の結果に進みなさい）．
  iii．方程式に ESL をつけ加えたい（8.13 の回帰分析の結果に進みなさい）．
  iv．方程式に PREP をつけ加えたい（8.15 の回帰分析の結果に進みなさい）．

あなたの答えにフィードバックを必要とするなら，章末のヒント 4 を参照しなさい．

回帰分析の結果 8.11

```
Dependent Variable: SAT
Method: Least Squares
Date: 02/29/00   Time: 15:12
Sample: 1 65
Included observations: 65
```

Variable	Coefficient	Std. Error	t-Statistic	Prob.
C	602.4718	121.0769	4.975943	0.0000
GPA	129.0898	40.43172	3.192785	0.0023
APMATH	100.8919	42.92558	2.350391	0.0221
APENG	69.65070	48.89190	1.424586	0.1595
PREP	-42.14969	38.62038	-1.091385	0.2795
RACE	-65.60984	39.70586	-1.652397	0.1038

R-squared	0.551228	Mean dependent var	1075.538
Adjusted R-squared	0.513197	S.D. dependent var	191.3605
S.E. of regression	133.5147	Akaike info criterion	12.71407
Sum squared resid	1051744.	Schwarz criterion	12.91478
Log likelihood	-407.2071	F-statistic	14.49400
Durbin-Watson stat	2.020544	Prob(F-statistic)	0.000000

この回帰分析の結果に対して以下の問題に答えなさい．

a．経済的意味，全般的な当てはまりの程度，個々の係数の符号条件と統計的有意性を評価しなさい．

b．この回帰分析はいかなる計量経済学的問題（除外変数，無関係変数，あるいは多重共線性）をもっているか．その理由は？　あなたの解答に関してフィードバックを必要とするなら，章末のヒント8を参照しなさい．

c．この方程式の推定結果を踏まえ，あなたの改善策は以下のどの意見に最も近いか？

  i．いかなるいっそうの特定化の変更も望ましいものではない（52ページに進みなさい）．
  ii．方程式からPREPを省きたい（8.5の回帰分析の結果に進みなさい）．
  iii．方程式からRACEを省きたい（8.4の回帰分析の結果に進みなさい）．
  iv．方程式にGENDをつけ加えたい（8.15の回帰分析の結果に進みなさい）．
  v．APMATHとAPENGを，2つの変数の線形結合であるAPで置き換えたい（8.18の回帰分析の結果に進みなさい）．

あなたの答えにフィードバックを必要とするなら，章末のヒント18を参照しなさい．

回帰分析の結果 8.12

```
Dependent Variable: SAT
Method: Least Squares
Date: 02/29/00   Time: 15:14
Sample: 1 65
Included observations: 65
```

Variable	Coefficient	Std. Error	t-Statistic	Prob.
C	531.4692	113.1041	4.698939	0.0000
GPA	129.8782	37.48974	3.464368	0.0010
APMATH	76.41832	40.55854	1.884149	0.0646
APENG	92.42253	44.71331	2.067002	0.0432
ESL	-34.01275	35.01006	-0.971513	0.3353
GEND	108.1642	31.08865	3.479219	0.0010
PREP	-31.72391	35.52388	-0.893030	0.3755

R-squared	0.621397	Mean dependent var	1075.538
Adjusted R-squared	0.582231	S.D. dependent var	191.3605
S.E. of regression	123.6859	Akaike info criterion	12.57481
Sum squared resid	887295.9	Schwarz criterion	12.80897
Log likelihood	-401.6813	F-statistic	15.86581
Durbin-Watson stat	2.106229	Prob(F-statistic)	0.000000

この回帰分析の結果に対して以下の問題に答えなさい.

a．経済的意味，全般的な当てはまりの程度，個々の係数の符号条件と統計的有意性を評価しなさい．

b．この回帰分析はいかなる計量経済学的問題（除外変数，無関係変数，あるいは多重共線性）をもっているか．その理由は？　あなたの解答に関してフィードバックを必要とするなら，章末のヒント8を参照しなさい．

c．この方程式の推定結果を踏まえ，あなたの改善策は以下のどの意見に最も近いか？

  i．いかなるいっそうの特定化の変更も望ましいものではない（52ページに進みなさい）．

  ii．方程式からESLを省きたい（8.9の回帰分析の結果に進みなさい）．

  iii．方程式からPREPを省きたい（8.6の回帰分析の結果に進みなさい）．

  iv．方程式にRACEをつけ加えたい（8.16の回帰分析の結果に進みなさい）．

あなたの答えにフィードバックを必要とするなら，章末のヒント17を参照しなさい．

回帰分析の結果 8.13

```
Dependent Variable: SAT
Method: Least Squares
Date: 02/29/00   Time: 15:14
Sample: 1 65
Included observations: 65

Variable      Coefficient   Std. Error    t-Statistic   Prob.

C             512.6796      110.0966      4.656635      0.0000
GPA           129.0460      37.41213      3.449311      0.0011
APMATH        86.52973      40.26408      2.149055      0.0358
APENG         79.42187      45.73811      1.736449      0.0878
ESL           16.88299      61.30223      0.275406      0.7840
GEND          109.1893      31.02557      3.519333      0.0008
RACE          -64.35243     64.14694      -1.003204     0.3199

R-squared           0.622738    Mean dependent var    1075.538
Adjusted R-squared  0.583711    S.D. dependent var    191.3605
S.E. of regression  123.4668    Akaike info criterion 12.57126
Sum squared resid   884154.4    Schwarz criterion     12.80543
Log likelihood      -401.5660   F-statistic           15.95653
Durbin-Watson stat  2.143234    Prob(F-statistic)     0.000000
```

この回帰分析の結果に対して以下の問題に答えなさい．

　a．経済的意味，全般的な当てはまりの程度，個々の係数の符号条件と統計的有意性を評価しなさい．

　b．この回帰分析はいかなる計量経済学的問題（除外変数，無関係変数，あるいは多重共線性）をもっているか．その理由は？　あなたの解答に関してフィードバックを必要とするなら，章末のヒント9を参照しなさい．

　c．この方程式の推定結果を踏まえ，あなたの改善策は以下のどの意見に最も近いか？

　　ⅰ．いかなるいっそうの特定化の変更も望ましいものではない（52ページに進みなさい）．
　　ⅱ．方程式から ESL を省きたい（8.10 の回帰分析の結果に進みなさい）．
　　ⅲ．方程式から RACE を省きたい（8.6 の回帰分析の結果に進みなさい）．
　　ⅳ．方程式に PREP をつけ加えたい（8.16 の回帰分析の結果に進みなさい）．

あなたの答えにフィードバックを必要とするなら，章末のヒント15を参照しなさい．

回帰分析の結果 8.14

```
Dependent Variable: SAT
Method: Least Squares
Date: 02/29/00   Time: 15:15
Sample: 1 65
Included observations: 65
```

Variable	Coefficient	Std. Error	t-Statistic	Prob.
C	602.1427	122.0822	4.932274	0.0000
GPA	129.4491	40.80133	3.172669	0.0024
APMATH	99.37976	43.89816	2.263871	0.0273
APENG	68.29405	49.73286	1.373218	0.1750
ESL	13.89708	67.55991	0.205700	0.8377
PREP	-43.45964	39.45502	-1.101498	0.2752
RACE	-77.76882	71.39042	-1.089345	0.2805

R-squared	0.551556	Mean dependent var	1075.538
Adjusted R-squared	0.505165	S.D. dependent var	191.3605
S.E. of regression	134.6116	Akaike info criterion	12.74411
Sum squared resid	1050977.	Schwarz criterion	12.97827
Log likelihood	-407.1834	F-statistic	11.88933
Durbin-Watson stat	2.020634	Prob(F-statistic)	0.000000

この回帰分析の結果に対して以下の問題に答えなさい．

a．経済的意味，全般的な当てはまりの程度，個々の係数の符号条件と統計的有意性を評価しなさい．

b．この回帰分析はいかなる計量経済学的問題（除外変数，無関係変数，あるいは多重共線性）をもっているか．その理由は？　あなたの解答に関してフィードバックを必要とするなら，章末のヒント9を参照しなさい．

c．この方程式の推定結果を踏まえ，あなたの改善策は以下のどの意見に最も近いか？

  i．いかなるいっそうの特定化の変更も望ましいものではない（52ページに進みなさい）．
  ii．方程式から ESL を省きたい（8.11 の回帰分析の結果に進みなさい）．
  iii．方程式から PREP を省きたい（8.8 の回帰分析の結果に進みなさい）．
  iv．方程式に GEND をつけ加えたい（8.16 の回帰分析の結果に進みなさい）．
  v．APMATH と APENG を，2つの変数の線形結合である AP で置き換えたい（8.19 の回帰分析の結果に進みなさい）．

あなたの答えにフィードバックを必要とするなら，章末のヒント15を参照しなさい．

回帰分析の結果 8.15

```
Dependent Variable: SAT
Method: Least Squares
Date: 02/29/00   Time: 15:15
Sample: 1 65
Included observations: 65

Variable        Coefficient   Std. Error    t-Statistic    Prob.

C               543.6309      112.2128      4.844641       0.0000
GPA             129.3628      37.04936      3.491632       0.0009
APMATH          83.66463      39.64091      2.110563       0.0391
APENG           82.94048      44.96213      1.844674       0.0702
GEND            107.4700      30.68735      3.502094       0.0009
PREP            -37.90098     35.41026      -1.070339      0.2889
RACE            -54.68974     36.51752      -1.497630      0.1397

R-squared            0.629561   Mean dependent var      1075.538
Adjusted R-squared   0.591240   S.D. dependent var      191.3605
S.E. of regression   122.3451   Akaike info criterion   12.55301
Sum squared resid    868162.5   Schwarz criterion       12.78717
Log likelihood       -400.9728  F-statistic             16.42852
Durbin-Watson stat   2.114836   Prob(F-statistic)       0.000000
```

この回帰分析の結果に対して以下の問題に答えなさい．

a．経済的意味，全般的な当てはまりの程度，個々の係数の符号条件と統計的有意性を評価しなさい．

b．この回帰分析はいかなる計量経済学的問題（除外変数，無関係変数，あるいは多重共線性）をもっているか．その理由は？ あなたの解答に関してフィードバックを必要とするなら，章末のヒント8を参照しなさい．

c．この方程式の推定結果を踏まえ，あなたの改善策は以下のどの意見に最も近いか？

   i．いかなるいっそうの特定化の変更も望ましいものではない（52ページに進みなさい）．
   ii．方程式から PREP を省きたい（8.10 の回帰分析の結果に進みなさい）．
   iii．方程式から RACE を省きたい（8.9 の回帰分析の結果に進みなさい）．
   iv．方程式に ESL をつけ加えたい（8.16 の回帰分析の結果に進みなさい）．

あなたの答えにフィードバックを必要とするなら，章末のヒント17を参照しなさい．

回帰分析の結果 **8.16**

```
Dependent Variable: SAT
Method: Least Squares
Date: 02/29/00   Time: 15:16
Sample: 1 65
Included observations: 65
```

Variable	Coefficient	Std. Error	t-Statistic	Prob.
C	542.4723	113.0203	4.799777	0.0000
GPA	130.0882	37.34094	3.483794	0.0010
APMATH	80.47642	40.53608	1.985303	0.0519
APENG	80.32262	45.64401	1.759762	0.0838
ESL	27.96510	61.95989	0.451342	0.6535
GEND	108.3766	30.96543	3.499924	0.0009
PREP	-40.50116	36.11828	-1.121348	0.2668
RACE	-79.06514	65.33603	-1.210131	0.2312

R-squared	0.630880	Mean dependent var	1075.538
Adjusted R-squared	0.585550	S.D. dependent var	191.3605
S.E. of regression	123.1937	Akaike info criterion	12.58021
Sum squared resid	865070.9	Schwarz criterion	12.84783
Log likelihood	-400.8568	F-statistic	13.91736
Durbin-Watson stat	2.106524	Prob(F-statistic)	0.000000

この回帰分析の結果に対して以下の問題に答えなさい．

a．経済的意味，全般的な当てはまりの程度，個々の係数の符号条件と統計的有意性を評価しなさい．

b．この回帰分析はいかなる計量経済学的問題（除外変数，無関係変数，あるいは多重共線性）をもっているか．その理由は？ あなたの解答に関してフィードバックを必要とするなら，章末のヒント9を参照しなさい．

c．この方程式の推定結果を踏まえ，あなたの改善策は以下のどの意見に最も近いか？

　i．いかなるいっそうの特定化の変更も望ましいものではない（52ページに進みなさい）．
　ii．方程式から ESL を省きたい（8.15 の回帰分析の結果に進みなさい）．
　iii．方程式から PREP を省きたい（8.13 の回帰分析の結果に進みなさい）．
　iv．方程式から RACE を省きたい（8.12 の回帰分析の結果に進みなさい）．

あなたの答えにフィードバックを必要とするなら，章末のヒント15を参照しなさい．

回帰分析の結果 8.17

```
Dependent Variable: SAT
Method: Least Squares
Date: 02/29/00   Time: 15:17
Sample: 1 65
Included observations: 65
```

Variable	Coefficient	Std. Error	t-Statistic	Prob.
C	475.7963	104.7275	4.543185	0.0000
GPA	163.4716	34.41783	4.749619	0.0000
AP	107.7460	45.02942	2.392790	0.0198
PREP	-30.92277	38.84976	-0.795958	0.4291

R-squared	0.516299	Mean dependent var		1075.538
Adjusted R-squared	0.492511	S.D. dependent var		191.3605
S.E. of regression	136.3219	Akaike info criterion		12.72748
Sum squared resid	1133604.	Schwarz criterion		12.86129
Log likelihood	-409.6431	F-statistic		21.70368
Durbin-Watson stat	1.912398	Prob(F-statistic)		0.000000

この回帰分析の結果に対して以下の問題に答えなさい．

a．経済的意味，全般的な当てはまりの程度，個々の係数の符号条件と統計的有意性を評価しなさい．

b．この回帰分析はいかなる計量経済学的問題（除外変数，無関係変数，あるいは多重共線性）をもっているか．その理由は？ あなたの解答に関してフィードバックを必要とするなら，章末のヒント11を参照しなさい．

c．この方程式の推定結果を踏まえ，あなたの改善策は以下のどの意見に最も近いか？

  i．いかなるいっそうの特定化の変更も望ましいものではない（52ページに進みなさい）．

  ii．方程式からPREPを省きたい（8.20の回帰分析の結果に進みなさい）．

  iii．方程式にRACEをつけ加えたい（8.18の回帰分析の結果に進みなさい）．

  iv．方程式の線形結合変数APをAPMATHとAPENGに置き換えたい（8.4の回帰分析の結果に進みなさい）．

あなたの答えにフィードバックを必要とするなら，章末のヒント16を参照しなさい．

第8章 多重共線性

回帰分析の結果 8.18

```
Dependent Variable: SAT
Method: Least Squares
Date: 02/29/00   Time: 15:17
Sample: 1 65
Included observations: 65

Variable       Coefficient   Std. Error   t-Statistic   Prob.

C              522.4920      107.1073     4.878210     0.0000
GPA            154.0768      34.42039     4.476323     0.0000
AP             125.9048      45.75812     2.751529     0.0078
PREP           -41.06153     38.80679     -1.058102    0.2943
RACE           -61.63421     37.41938     -1.647120    0.1048

R-squared             0.537225    Mean dependent var      1075.538
Adjusted R-squared    0.506373    S.D. dependent var      191.3605
S.E. of regression    134.4472    Akaike info criterion   12.71402
Sum squared resid     1084563.    Schwarz criterion       12.88128
Log likelihood        -408.2058   F-statistic             17.41313
Durbin-Watson stat    1.887634    Prob(F-statistic)       0.000000
```

この回帰分析の結果に対して以下の問題に答えなさい．

a．経済的意味，全般的な当てはまりの程度，個々の係数の符号条件と統計的有意性を評価しなさい．

b．この回帰分析はいかなる計量経済学的問題（除外変数，無関係変数，あるいは多重共線性）をもっているか．その理由は？　あなたの解答に関してフィードバックを必要とするなら，章末のヒント11を参照しなさい．

c．この方程式の推定結果を踏まえ，あなたの改善策は以下のどの意見に最も近いか？

  i．いかなるいっそうの特定化の変更も望ましいものではない（52ページに進みなさい）．
  ii．方程式から RACE を省きたい（8.17の回帰分析の結果に進みなさい）．
  iii．方程式に ESL をつけ加えたい（8.19の回帰分析の結果に進みなさい）．
  iv．方程式の線形結合変数 ΛP を $\Lambda PMATH$ と $\Lambda PENC$ に置き換えたい（8.11の回帰分析の結果に進みなさい）．

あなたの答えにフィードバックを必要とするなら，章末のヒント16を参照しなさい．

回帰分析の結果 8.19

```
Dependent Variable: SAT
Method: Least Squares
Date: 02/29/00   Time: 15:18
Sample: 1 65
Included observations: 65
```

Variable	Coefficient	Std. Error	t-Statistic	Prob.
C	524.8762	108.0514	4.857655	0.0000
GPA	153.7341	34.67841	4.433136	0.0000
AP	122.3201	47.01130	2.601930	0.0117
ESL	26.00898	67.33954	0.386236	0.7007
PREP	-43.55594	39.61588	-1.099484	0.2760
RACE	-84.43699	70.04203	-1.205519	0.2328

R-squared	0.538392	Mean dependent var	1075.538
Adjusted R-squared	0.499272	S.D. dependent var	191.3605
S.E. of regression	135.4107	Akaike info criterion	12.74227
Sum squared resid	1081828.	Schwarz criterion	12.94298
Log likelihood	-408.1237	F-statistic	13.76280
Durbin-Watson stat	1.894863	Prob(F-statistic)	0.000000

この回帰分析の結果に対して以下の問題に答えなさい.

a. 経済的意味, 全般的な当てはまりの程度, 個々の係数の符号条件と統計的有意性を評価しなさい.

b. この回帰分析はいかなる計量経済学的問題（除外変数, 無関係変数, あるいは多重共線性）をもっているか. その理由は？ あなたの解答に関してフィードバックを必要とするなら, 章末のヒント11を参照しなさい.

c. この方程式の推定結果を踏まえ, あなたの改善策は以下のどの意見に最も近いか？

　i. いかなるいっそうの特定化の変更も望ましいものではない（52ページに進みなさい）.

　ii. 方程式から ESL を省きたい（8.18 の回帰分析の結果に進みなさい）.

　iii. 方程式の線形結合変数 AP を APMATH と APENG に置き換えたい（8.14 の回帰分析の結果に進みなさい）.

あなたの答えにフィードバックを必要とするなら, 章末のヒント16を参照しなさい.

第8章　多重共線性　51

回帰分析の結果 8.20

```
Dependent Variable: SAT
Method: Least Squares
Date: 02/29/00   Time: 15:19
Sample: 1 65
Included observations: 65
```

Variable	Coefficient	Std. Error	t-Statistic	Prob.
C	457.2010	101.7863	4.491773	0.0000
GPA	161.2106	34.19889	4.713912	0.0000
AP	112.7129	44.46296	2.534985	0.0138

R-squared	0.511276	Mean dependent var		1075.538
Adjusted R-squared	0.495510	S.D. dependent var		191.3605
S.E. of regression	135.9185	Akaike info criterion		12.70704
Sum squared resid	1145378.	Schwarz criterion		12.80740
Log likelihood	-409.9789	F-statistic		32.43043
Durbin-Watson stat	1.917047	Prob(F-statistic)		0.000000

この回帰分析の結果に対して以下の問題に答えなさい．
　a．経済的意味，全般的な当てはまりの程度，個々の係数の符号条件と統計的有意性を評価しなさい．
　b．この回帰分析はいかなる計量経済学的問題（除外変数，無関係変数，あるいは多重共線性）をもっているか．その理由は？　あなたの解答に関してフィードバックを必要とするなら，章末のヒント13を参照しなさい．
　c．この方程式の推定結果を踏まえ，あなたの改善策は以下のどの意見に最も近いか？
　　 i．いかなるいっそうの特定化の変更も望ましいものではない（52ページに進みなさい）．
　　ii．方程式にPREPをつけ加えたい（8.17の回帰分析の結果に進みなさい）．
　　iii．方程式の線形結合変数APをAPMATHとAPENGに置き換えたい（8.1の回帰分析の結果に進みなさい）．

あなたの答えにフィードバックを必要とするなら，章末のヒント13を参照しなさい．

双方向回帰学習から得られた結果の評価

おめでとう！ あなたがこの節に辿り着いたとするならば，理論上および計量経済学上の目的に合致した定式化を見つけたに違いない．あなたは，どの定式化を選択したのか？ 我々の経験からすれば，たいていの計量経済学初心者は，8.3，8.6 あるいは 8.10 のいずれかの回帰分析になったのではないかと推測する．しかし，その選択で決着をつける前に，3 つあるいはそれ以上の回帰分析の結果（あるいは，1 つまたは 2 つのヒント）を見た後で決めてもらいたい．

計量経済学初心者とは対照的に，たいていの経験のある計量経済学者なら，おそらくはもう1つ別の定式化である 8.6 の回帰分析に注目すると思う．この違いからどのような教訓を学ぶことができるだろうか．

1. *変数は，単に t 値が低いからという理由だけで意味のないものだとは言えないということを知ってもらいたい*．我々の意見では，ESL は強固な理論的理由のために方程式に入っている．そして，ESL の符号条件は予想された通りだが，t 値がわずかに有意ではない．しかし，この点は，ESL の根拠となる理論を考え直すほどの十分な証拠とは言えない．
2. *多重共線関係にある余分な変数に注目するようにしてほしい*．ESL と RACE は，普通は余分な変数であるとは思われないが，この高校では，特定の人種の多様性を考えると，余分な変数である．その1つが方程式に含まれると，他は考慮する必要さえない．
3. *偽りの変数に注目するようにしてもらいたい*．一見すると，PREP は方程式に含む誘惑にかられる変数である．なぜなら，準備のためのコースは，そのコースをとった学生の SAT の点数をほぼ確実に改善するからである．問題は，準備のコースをとろうとする学生の決意は彼あるいは彼女の SAT の点数（あるいは予想される点数）と無関係ではないという点である．我々は，準備コースの必要性を感じている学生の判断を信じている．準備コースがはたす役割は，コースの必要性を感じなかった同僚のレベルまでコースをとった学生のレベルを上げることである．結果として，我々はいずれの方向でも有意な効果は期待しないであろう．

あなたがこの対話式回帰分析の学習問題を楽しみ学んだとするならば，11 章において，もう1つの学習問題のあることを知って大いに興味をもつことだろう．

頑張ろう！

◇ SAT 双方向回帰学習へのヒント ◇

1. 変数 APMATH と変数 APENG 間の強い多重共線性が唯一この回帰で起こりそうな問題である．したがって，すぐに変数 AP の線形結合に変更すべきである．
2. 除外変数の可能性が明らかにあるが，理論にもとづいて，追加する変数を選択するようにしよう．
3. 除外変数，あるいは無関係変数の問題の可能性がある．このような場合，統計的有意性の弱さよりも，理論がより重要であるように思える．
4. 結局，これは納得のいく回帰となっている．予想された符号をもち，統計的有意性はすこし弱いが，理論的に正しい変数に関しては悩む必要はない．変数 GEND の係数が，文献等で報告されているものよりも絶対的に大きいかどうか，ということに我々は関心があり，どのような代わりの定式化もこの問題を少しも改善しない．
5. 除外変数の問題の可能性はあるが，バイアスの兆候がないので，すでに十分意味のある回帰となっている．
6. 第 1 回目の SAT 試験でうまくいかなかった多くの学生は準備クラス (prep course) を取り，さらに，変数 RACE は変数 ESL と重複する——実際，アルカディア高校では人種的多様性を欠いている——ので，変数 PREP や変数 RACE を追加したいとは思わないだろう．
7. 変数 GEND は，理論的にも統計的にも強力に見えるにもかかわらず，除外変数か無関係変数の問題の可能性がある．
8. 予想に反する符号から，除外変数によるバイアスが生じている可能性か，あるいは変数 PREP が無関係である可能性がある．もし変数 PREP が関係しているとすれば，どの変数の無視がこの結果の原因となっているのか．さらに，変数 PREP を支える理論は，どれほど強力であろうか．
9. これは不完全多重共線性のケースである．VIF の値は，明らかに 3.8 と 4.0 の間にあるが，変数 ESL と変数 RACE の定義——両変数間の高い単相関係数——から，これら変数は余分な変数になっているように思える．ここで，どちらの変数を落とすべきかは——統計的な当てはまりではな

く——理論を使うことを思い出そう．
10. 除外変数か無関係変数の問題の可能性があるが，バイアスの兆候がまったくなく，これは十分意味のある回帰式となっている．
11. 変数APの線形結合へ変えたにもかかわらず，まだ，予想に反した符号をもっているので，除外変数のためにバイアスが生じたか，あるいは変数PREPが無関係である可能性を考慮する必要がある．
12. 変数APの線形結合への変更を除いて，すべての選択はこの回帰式を改善する．もし定式化の変更を行った場合，我々の4つの定式化基準（上巻6.2節）を使い，それらの変更を評価するようにしよう．
13. この結果を得るため，少なくとも3回，これはと思う定式化の決定を行わねばならなかったために，一連の定式化探査によるバイアスの危険を冒すことになる．我々のアドバイスは，ここで止め，少し休み，6章から8章を復習し，そうしてこの双方向学習をふたたび試すことである．
14. 第1回目のSAT試験でうまくいかなかった多くの学生は準備クラスを取り，さらに，変数RACEは変数ESLと重複している——実際，アルカディア高校では人種的多様性を欠いている——ので，変数PREPや変数RACEを追加したいとは思わないだろう．もし定式化の変更を行うのであれば，我々の4つの定式化基準を使い，それら変更を評価するようにしよう．
15. 余分な変数の1つを落とさない限り，強い多重共線性をもつことになるだろう．
16. 理論と計測結果から，変数APの線形結合への変更の決断は，まるで無駄な回帰であったように思えるかもしれない．変数APMATHと，変数APENG——この回帰には存在しないが——の間に万が一相当強い共線性があったとしても，得られた係数は，どんな多重共線性も相殺する行動をとらないという規定方針を促すに十分な統計的有意性をもっている．
17. 振り返ってみると，変数PREPはたぶん最初から選択すべきではなかった．多くの学生は，第1回のSAT試験でうまくいかなかったか，あるいは，うまくいかないかもしれないと思ったときにのみ準備クラスを受講する．したがって，準備クラスがSATの点数を改善したとしても，たぶんそうなるだろうが，準備クラスを受講する必要があると考え

る学生は，そうしなければ——回帰式に含まれる他の変数を一定として——同期学生よりも悪い点数を取ったかもしれない．これら2つの効果はお互いに相殺するように思え，変数PREPを無関係変数とする．もし定式化の変更を考えるのであれば，我々の4つの定式化基準に照らし合わせて評価するようにしよう．

18. 変数GENDを追加するか，変数PREPを落とすことはよい選択であり，これら2者から1つを選ぶことは難しい．もし定式化の変更をするのであれば，我々の4つの定式化基準に照らし合わせて評価するようにしよう．

19. 結局，これは納得のいく回帰となっている．多くの学生が，第1回のSAT試験でうまくいかなかったという理由で準備クラスを受講するので，変数PREPを追加したいとは思わないが，変数ESL（あるいは変数RACE）に関する理論的な要請は強いように思われる．変数GENDの係数は，文献等で報告されているよりも絶対的に大きいように思われるが，代わりのどの定式化もこの問題の修正には程遠いように思われる．もし定式化の変更を考えるのであれば，我々の4つの定式化基準に照らし合わせて評価するようにしよう．

第9章　系列相関

9.1　真正系列相関 vs. 疑似系列相関
9.2　系列相関の帰結
9.3　ダービン゠ワトソン d 検定
9.4　系列相関への対処
9.5　まとめと練習問題

　次の2章では，確率的誤差項の正しい形を選ぶという，回帰方程式の定式化の最終的な構成要素を検討する．最初のトピックである系列相関は誤差項の観測値は互いに相関がないという古典的仮定Ⅳに違反する．系列相関はまた，自己相関ともよばれ，観測値の順番が意味をもつあらゆる調査研究において存在しうる．要するに，ある時点の誤差項の値が，他の時点の誤差項の値に，なんらかの系統的な方法で依存していることを意味する．時系列データは多くの計量経済学の応用で利用されるので，系列相関とその OLS 推定量の帰結を理解することは重要である．

　系列相関の問題に対する本章でのアプローチは，前章において用いられた方法と似ているだろう．したがって，前章と同様の4つの質問に答えることを試みる．

1. 問題の本質は何か？
2. 問題の帰結は何か？
3. 問題はどのように診断されるか？
4. 問題に関していかなる対処が可能か？

(9.1) 真正系列相関 vs. 疑似系列相関

真正系列相関

真正系列相関 (pure serial correlation) は，*正しく定式化された* (correctly specified) 方程式において，誤差項間に相関がないと仮定する古典的仮定Ⅳが満たされないときに生じる．古典的仮定Ⅳは次のことを意味する．

$$E(r_{\varepsilon_i \varepsilon_j}) = 0 \quad (i \neq j)$$

もし誤差項の2つの観測値の間の単相関係数の期待値がゼロでないならば，誤差項は系列相関をもつと言われる．計量経済学者が何の修正もなしに系列相関という専門用語を用いるとき，それは真正系列相関のことを言っている．

多くの共通に仮定されている系列相関は，誤差項の今期の値が誤差項の前期の値の関数である，**1階の系列相関** (first-order serial correlation) である．

$$\varepsilon_t = \rho \varepsilon_{t-1} + u_t \tag{9.1}$$

ただし，

$$\varepsilon = \text{問題の方程式の誤差項}$$
$$\rho = \text{1階の自己相関係数}$$
$$u = \text{古典的（系列相関のない）誤差項}$$

(9.1)式の関数型は1階のマルコフ過程とよばれている．新しい記号 ρ（"ロー"と発音する）は**1階の自己相関係数** (first-order autocorrelation coefficient) とよばれるが，誤差項のある観測値とその誤差項の前期の観測値の間の関数関係を測るものである．

ρ の大きさは方程式における系列相関の強さを示している．もし ρ がゼロであれば，(ε が u に等しいので）系列相関はない．ρ が絶対値で1に近づくにつれて，ε_t の今期の観測値を決める上で，誤差項の前期の観測値の値がより重要になる．そして，高い系列相関が存在することになる．ρ が絶対値で1より大きくなることは理屈に合わない．その場合，誤差項は時間とともに絶対値で増加し続ける傾向（「発散」）にあることを意味するからである．この結果から次の関係を示すことができる．

$$-1 < \rho < +1 \tag{9.2}$$

ρ の符号はある方程式における系列相関の本質を示している．ρ の符号が正であることは，誤差項がある時点から次の時点へと同じ符号をもつ傾向にあることを示している．これは，**正の系列相関**（positive serial correlation）とよばれる．そのような傾向は，もしある時点で偶然大きな値を取るならば，引き続く観測値はこのもとの大きな値の一部を保持し続ける傾向があり，もとの値と同じ符号をもつだろうということを意味する．たとえば，時系列のモデルにおいて，（地震のような）ある時点での経済に対する大きな外生的ショックは，何期間かにわたり残るかもしれない．誤差項は長期にわたりプラスであり続け，その後数期間マイナスになり，そしてもとに戻る傾向にあるだろう．

図 9.1 は正の系列相関の 2 つの例を示している．図 9.1 に描かれている誤差項の観測値では，1 番目の観測値はデータが利用可能な最初の時点であり，2 番目の観測値は 2 番目の時点というように，年代順に並べられている．正の系列相関の有無を確認するために，図 9.1 と，系列相関がない場合（$\rho=0$）を描いた図 9.2 を比較してみよう．

ρ の負の値は，連続的な観測値である誤差項がマイナスからプラスへ，そしてまたマイナスへと符号が交互に変わる傾向をもつ．これは**負の系列相関**（negative serial correlation）とよばれる．それは，確率的攪乱項の図の背景に（振り子のような）ある種の循環が存在することを意味している．図 9.3 は負の系列相関の 2 つの例を示している．たとえば，1 回階差をもつ方程式の誤差項に負の系列相関が生じるかもしれない．なぜなら，変数の「変化（change）」はしばしば循環的なパターンに従うからである．しかしながら，多くの時系列への適用において，負の真正系列相関は正の真正系列相関ほど多くない．したがって，真正系列相関を分析する多くの計量経済学者自身，主に正の系列相関に関心があるのである．

系列相関は 1 階の系列相関以外に多くの形をとることができる．たとえば，四半期のモデルにおいて，今期四半期の誤差項の観測値は基本的に，前年の同じ四半期の誤差項の観測値と関係している．これは季節変動にもとづく系列相関とよばれている．

$$\varepsilon_t = \rho \varepsilon_{t-4} + u_t$$

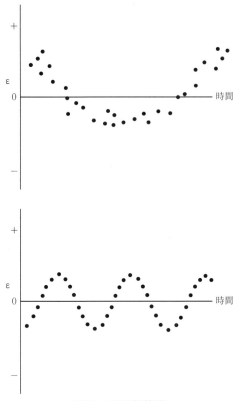

図 9.1　正の系列相関

もし正の1階の系列相関があれば,誤差項の今期の観測値は誤差項の前期の観測値と同じ符号をもつ傾向がある.その体系を通して1時点より長く完全に働く経済に対する外生的ショックが,正の系列相関の例である.

同様に,ある方程式の誤差項が誤差項の前期だけでなく過去のいくつかの観測値の関数であることは可能である.

$$\varepsilon_t = \rho_1 \varepsilon_{t-1} + \rho_2 \varepsilon_{t-2} + u_t$$

このような定式化は *2階の*（second-order）系列相関とよばれる.

疑似系列相関

疑似系列相関（impure serial correlation）は,除外変数または正しくない関数型のような定式化の誤りによって生じる系列相関のことである.真正系列相関

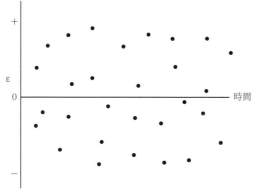

図 9.2　系列相関のない場合
系列相関のない場合には，誤差項の異なる観測値は互いに完全に相関がない．そのような誤差項は古典的仮定IVに従う．

が（研究者によって変えることのできない）方程式の真の定式化の誤差項に内在する分布によって生じるのに対して，疑似系列相関はしばしば修正可能な定式化の誤りによって生じる．

　定式化の誤りが系列相関を生じさせることはどのようにして可能なのだろうか？　誤差項は除外変数，非線形性，測定誤差，そして従属変数に対する純粋な確率的攪乱項の効果と考えられることを思い起こそう．このことは，たとえば，もし適切な変数を除外するか，または間違った関数型を用いるならば，含まれている説明変数によってあらわすことができない除外変数の効果の部分が誤差項によって吸収されなければならないことを意味する．間違って定式化された方程式の誤差項は，あらゆる除外変数の効果の部分，そして（または），適切な関数型と研究者によって選ばれた関数型との違いの効果の部分を含んでいる．この新しい誤差項は真の誤差項に系列相関がない場合でさえ，系列相関を発生させるかもしれない．そのような場合には，系列相関は定式化についての研究者の選択によって生じるのであって，正しい定式化に従う真の誤差項によって生じるのではない．

　9.4節からわかるように，系列相関の適切な対処法は系列相関が真正か，疑似であるかに依存する．当然，疑似系列相関の最良の対処法はその方程式の除外変数（または，少なくともよい代理変数），または正しい関数型を見つけようとすることである．もし定式化が正しければ，バイアスと疑似系列相関はと

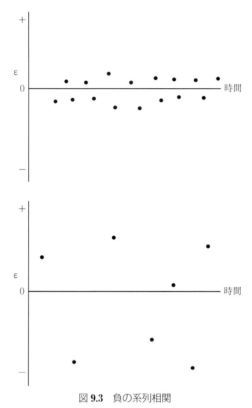

図 9.3 負の系列相関

負の 1 階の系列相関がある場合,誤差項の今期の観測値は誤差項の前期の観測値とは反対の符号をとる傾向がある.多くの時系列への適用において,負の系列相関は正の系列相関ほど多くない.

もになくなる.したがって,多くの計量経済学者は,真正系列相関を心配して多くの時間を使う前に,可能な最良の定式化であることを確かめようとする.

どのように除外変数が誤差項に系列相関を生じさせるかをみるために,真の方程式が次のように定式化されると仮定しよう.

$$Y_t = \beta_0 + \beta_1 X_{1t} + \beta_2 X_{2t} + \varepsilon_t \tag{9.3}$$

ここで,ε_t は古典的仮定を満たす誤差項である.6.1 節で示されたように,X_2 がうっかり方程式から除外された(または,X_2 のデータが利用可能ではなかった)ならば,次のように定式化される.

$$Y_t = \beta_0 + \beta_1 X_{1t} + \varepsilon_t^* \qquad \text{ただし,} \quad \varepsilon_t^* = \beta_2 X_{2t} + \varepsilon_t \tag{9.4}$$

このように,除外変数がある場合の誤差項は,古典的誤差項 ε ではない.その代わりに,それはまた,独立変数のひとつ X_2 の関数でもある.結果として,新しい誤差項 ε^* は,真の誤差項 ε が系列相関をもたない場合でさえ,系列相関をもちうる.特に,新しい誤差項 ε^* が次のようなときに系列相関を生じる傾向にある.

1. X_2 自身に系列相関がある(これは,時系列データでは非常にありうる).そして,
2. ε が $\beta_2 \overline{X}_2$ に比べて小さい[1].

多くの無関係な変数や除外変数があった場合でさえ,これらの傾向は保たれる.
たとえば,(9.3)式の X_2 が可処分所得(Yd)であると仮定しよう.もし Yd が除外されれば何が起こるだろうか?

最も明らかな影響は,X_1 と Yd との相関によって,X_1 の係数推定値に偏りが生じるだろうということである.派生的な影響は,誤差項が可処分所得を除外した効果の大きな部分を含むようになったことである.すなわち,ε_t^* は $\varepsilon_t + \beta_2 Yd_t$ の関数となるだろう.可処分所得が次のような明確な系列相関に従うかもしれないと期待することは妥当であろう.

$$Yd_t = f(Yd_{t-1}) + u_t \tag{9.5}$$

なぜこのようになるのだろうか? アメリカ合衆国の可処分所得を経年でプロットした図 **9.4** を観察しよう.時間とともに可処分所得が持続的に増加することによって,系列相関や自己回帰的な変動を生じることに注意しよう.しか

---

(1) もし ε の典型的な値が絶対値で $\beta_2 \overline{X}_2$ より有意に大きいならば,系列相関をもつ除外変数(X_2)でさえ ε^* を大きく変化させないだろう.さらに,X_2 は,X_1 と X_2 の相関に依存して,β_1 の推定値にバイアスを生じさせることを思い起こそう.もし,X_2 を除外したために $\hat{\beta}_1$ に偏りが生じるならば,$\beta_2 \overline{X}_2$ の効果の一部分は $\hat{\beta}_1$ によって吸収されねばならないので,最終的にすべてが残差に帰着しないだろう.したがって,それらの残差にもとづく系列相関の検定では,誤った解釈を与えるかもしれない.このことは重要であるだけでなく,そのような残差は起こりうる定式化誤差についての誤解の手がかりを残すかもしれない.これは,残差分析を起こりうる定式化誤差の性質を決定するための唯一の方法として用いるべきではないという多く理由のうちのひとつである.

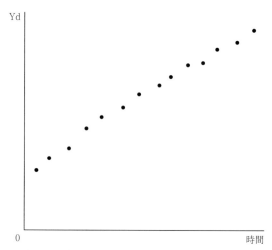

図 9.4　時間の関数としてのアメリカの可処分所得

アメリカの可処分所得（そしてほとんどの他の国民総計）は時間とともに着実に増加する傾向にある．したがって，そのような変数は系列相関（または，自己相関）する．そして，方程式からそのような変数を除外すると，その誤差項に疑似系列相関を潜在的に取り込むことになるだろう．

し，もし可処分所得に系列相関があり，（そして，その影響が ε に対して小さくないならば），ε^* もまた系列相関をもちそうであり，次のように表すことができる．

$$\varepsilon_t^* = \rho \varepsilon_{t-1}^* + u_t \tag{9.6}$$

ここで，ρ は自己相関係数であり，u は古典的誤差項である．この例は除外変数が方程式に「疑似」系列相関を生じさせることがたしかに可能であることを示している．

他のよくある疑似系列相関は，誤った関数型によって生じるものである．そう，誤った関数型を選択することによって誤差項に系列相関を生じてしまうのである．真の方程式は本来多項式であると仮定しよう．

$$Y_t = \beta_0 + \beta_1 X_{1t} + \beta_2 X_{1t}^2 + \varepsilon_t \tag{9.7}$$

しかし，その代わりに，次の線形回帰式を実行したとしよう．

$$Y_t = \alpha_0 + \alpha_1 X_{1t} + \varepsilon_t^* \tag{9.8}$$

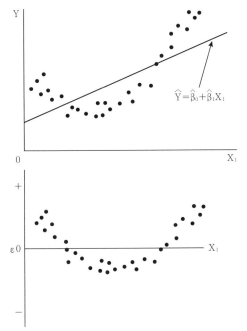

図 9.5 疑似系列相関の原因としての間違った関数型

間違った関数型を用いると，正の残差の集まりと負の残差の集まりを同時に生じる傾向があり，正の疑似系列相関を発生させる．

新しい誤差項 ε^* はいまや真の誤差項 ε と，線形関数と多項式関数との差の関数である．図 **9.5** で確認できるように，これらの差はしばしばはっきりとした自己回帰パターンに従う．すなわち，正の差には正の差が続き，そして負の差には負の差が続く傾向にある．このように，非線形が妥当であるときに線形関数型を用いることによって，正の疑似系列相関が発生するのである．

(9.2) 系列相関の帰結

系列相関の帰結は今まで本書で議論してきた問題の帰結と，本質的にまったく異なっている．除外変数，無関係変数，そして多重共線性はすべて，かなりはっきりとした外面上の症状がみられる．各問題は，それぞれ固有の仕方で係数推定値と標準誤差を変化させる．そして，これらの変化（そして基礎とする理論）を吟味することによって，しばしば問題を発見するのに十分情報を得

ることができる．これからみるように，系列相関はより内面的な症状をもつようにみえる．それは結果だけを吟味するだけでは容易に観察されない仕方で，推定方程式に影響を与える．

ある方程式の誤差項に系列相関が存在すると，古典的仮定IVを満たさなくし，OLSによる方程式の推定は少なくとも3つの帰結をもつ[2]．

1. 真正系列相関は係数推定値に偏りを生じさせない．
2. 系列相関によってOLSをもはや（すべての線形不偏推定量のうちの）最小分散推定量ではなくなる．
3. 系列相関はSE($\hat{\beta}$)のOLS推定量に偏りを生じさせ，信頼性のない仮説検定を導く．

1. *真正系列相関は係数推定値に偏りを生じさせない．* もし誤差項に系列相関があれば，ガウス＝マルコフ定理の1つが満たされなくなるが，そのことによって係数推定値がバイアスをもつことはない．しかしながら，もし系列相関が疑似であるならば，誤った定式化をすることによってバイアスを取り込むかもしれない．

    このように，バイアスがないからといって，必ずしも系列相関をもつ方程式の係数のOLS推定値が真の係数値に近いだろうことを意味するのではない．実際には，観測される単一の推定値は取りうる広い範囲の値から得られたものである．その上，これらの推定値の標準誤差は系列相関によって，通常は増加するだろう．この増加は$\hat{\beta}$が真の値βと有意に異なる確率を高めるだろう．この場合不偏性が意味することは単に，$\hat{\beta}$はなお真のβを中心に分布しているということである．

2. *系列相関によってOLSはもはや（すべての線形不偏推定量のうちの）最小分散推定量ではなくなる．* 古典的仮定IVを満たさなくなることによってバイアスは生じないが，このことが最小化分散というガウス＝マルコフ定理の他の主要な結論に影響を与える．特に，仮定IVが満たされないとき，OLS推定量$\hat{\beta}$の分布は（線形不偏推定量の中で）最小分散である

---

[2] 回帰式が独立変数にラグつき従属変数を含んでいる場合，問題は著しく悪化する．この話題（動学モデルとよばれる）についてより詳細については，12章を参照のこと．

ことを証明することができない.

OLS 推定法が，しばしば従属変数の変動を独立変数に帰着させるように，系列相関をもつ誤差項は従属変数の変動の原因となる．このように，OLS は系列相関に直面すると，真の β を誤って推定する可能性が高い．結局，過大推定も過小推定と同じぐらい起こるので，$\hat{\beta}$ はそれでも不偏である．しかし，これらの誤差は推定値の分布の分散を大きくし，所与の推定値が真の β と異なる度合いを増加させることになる．

3. *系列相関は $SE(\hat{\beta})$ の OLS 推定量に偏りを生じさせ，信頼性のない仮説検定を導く．* 系列相関があると，$SE(\hat{\beta})$ の OLS 推定量に偏りを生じさせる．$SE(\hat{\beta})$ は t 値の主要な構成要素であるので，$SE(\hat{\beta})$ に偏りがあることは，一般的に，偏りのある t 値を生じ，信頼性のない仮説検定を生じることになる．要するに，系列相関は OLS 推定に誤った $SE(\hat{\beta})$ と誤った t 値を生じさせるのである！　当然のことながら，多くの計量経済学者はそれゆえ，真正系列相関に直面したときに実行される仮説検定に信頼をおくことに非常に躊躇するのである[3]．

系列相関はどのような種類のバイアスを生み出す傾向にあるのだろうか．典型的には，$SE(\hat{\beta})$ の推定値に生じるバイアスはマイナスである．これは，OLS が係数の標準誤差の大きさを過小推定することを意味する．系列相関が，通常現実の（系列相関のない）観測値よりもよい当てはまりを許すので，このような結果を生じる．$SE(\hat{\beta})$ を過小推定する OLS のこの傾向は，次の関係から，係数推定値の t 値を一般的に過大推定することを意味する．

$$t = \frac{(\hat{\beta} - \beta_{H_0})}{SE(\hat{\beta})} \tag{9.9}$$

このように，系列相関がある場合，通常のソフトウェアの回帰パッケージによって出力される t 値は大きくなる可能性がある．

もし，OLS が $SE(\hat{\beta})$ を過小推定し，それゆえ t 値を過大推定するならば，何

---

[3] ここでの議論は t 検定について行っているが，系列相関に直面すると検定が信頼できないという同様の結論は他のすべての検定統計量に当てはまる．

が仮説検定に起こるのだろうか？　そう，ある係数について「小さすぎる」$SE(\hat{\beta})$は「大きすぎる」t値を生じるだろう．そして，このことが，それが実際に正しいときに，帰無仮説（たとえば，$H_0: \beta \leq 0$）を棄却しやすくするだろう．帰無仮説H_0を棄却する確率を高めることは，第Ⅰ種の誤りを起こしやすくし，その係数の値が過大推定されているので，ある方程式に無関係な変数を含めるという誤りを犯す可能性を高くすることを意味する．言い換えれば，真正系列相関がある場合，仮説検定に偏りが生じ，信頼性がなくなるのである．

9.3　ダービン＝ワトソン d 検定

いかに系列相関を発見するのか？　系列相関を発見する第1段階は，図 **9.1** にみられるようにしばしば残差のパターンを観察することであるが，最も広く利用されている系列相関の検定は，ダービン＝ワトソン d 検定である．

ダービン＝ワトソン d 統計量

ダービン＝ワトソン d 統計量（Durbin-Watson d statistic）は，方程式を推定することから得られる残差（residual）を吟味することによって，方程式の誤差項に1階の系列相関があるかどうかを決定するために利用される[4]．次に示される導出の基礎にある仮定が満たされているときにのみ，ダービン＝ワトソン d 統計量を利用することが重要である．

1. 回帰モデルが定数項を含んでいる．
2. 本来，1階の系列相関である．

$$\varepsilon_t = \rho \varepsilon_{t-1} + u_t$$

　　ここで，ρは自己相関係数であり，uは古典的な仮定を満たす（正規分布に従う）誤差項である．

3. 回帰モデルの独立変数にラグつき従属変数（12章で議論される）を含まない[5]．

---

[4]　J. Durbin and G. S. Watson, "Testing for Serial Correlation in Least Squares Regression," *Biometrika*, 1951, pp. 159-177. 2番目によく使われている検定はラグランジュ乗数検定（Lagrange Multiplier Test）であり，12章で取り扱われる．

T 個の観測値があるダービン=ワトソン d 統計量の式は次の通りである．

$$d = \sum_{2}^{T}(e_t - e_{t-1})^2 \Big/ \sum_{1}^{T} e_t^2 \qquad (9.10)$$

ただし，e_t は OLS 残差である．e_{t-1} を計算するために 1 つの観測値を利用しないといけないので，分子は分母より観測値が 1 つ少ないことに注意せよ．ダービン=ワトソン d 統計量は，極端な正の系列相関のときには 0 に，系列相関がないとき 2 に，最も高い負の系列相関のときには 4 となる．このことを確かめるために，これらの 3 つのケースについて，(9.10)式に適切な残差の値を入れてみよう．

1. 極端な正の系列相関：d=0
   この場合，$e_t = e_{t-1}$ であり，その結果，$(e_t - e_{t-1}) = 0$，そして，d=0 である．
2. 極端な負の系列相関：d≈4
   この場合，$e_t = -e_{t-1}$ であり，その結果，$(e_t - e_{t-1}) = (2e_t)$ となる．(9.10)式にこれを代入すると，$d = \sum(2e_t)^2 / \sum(e_t)^2$ となり，d≈4 を得る．
3. 系列相関がないとき：d≈2
   系列相関がないとき，d の分布の平均は 2 である[6]．すなわち，もし系列相関がないならば，d≈2 となる．

ダービン=ワトソン d 統計量の使用法

ダービン=ワトソン d 検定は 2 つの点で通常の検定とは異なる．第 1 に，先に注意したように，経済やビジネスの分析では，負の系列相関を理論的に説明することは非常に難しいので，残差に負の系列相関があるという片側帰無仮説を，計量経済学者が検定することはまずない．このようなことが起こるのは通常，定式化の誤りによって，疑似系列相関が生じることを示唆しているので

---

[5] そのような場合，ダービン=ワトソン d 統計量は 2 の方向に偏りがある．代わりに用いられる他の統計量については，12.2 節を参照のこと．
[6] このことを確かめるために，(9.10)式を展開してみよう．

$$d = \left[\sum_{}^{T} e_t^2 - 2\sum_{}^{T}(e_t e_{t-1}) + \sum_{}^{T} e_{t-1}^2\right] \Big/ \sum_{}^{T} e_t^2 \approx \left[\sum_{}^{T} e_t^2 + \sum_{}^{T} e_{t-1}^2\right] \Big/ \sum_{}^{T} e_t^2 \approx 2 \qquad (9.11)$$

もし，系列相関がないならば，e_t と e_{t-1} の間に相関はなく，平均では $\sum(e_t e_{t-1}) = 0$ である．

ある.

　第2に,ダービン＝ワトソン検定には,不決定と判断されるときがある.今まで説明された判断ルールはいつも「採択」領域と「棄却」領域のみをもつだけなのに対して,ダービン＝ワトソン検定には,不決定領域とよばれる3番目の可能性がある[7].9.4節で説明される理由により,もしダービン＝ワトソン検定が不決定であれば,系列相関の対処法の活用を薦めることはない.

　これらの例外はあるが,ダービン＝ワトソンd検定の利用はt検定のそれと非常に似ている.正の系列相関を検定するために,次のステップが必要である.

1. (9.10)式を用いて,検定される方程式からOLS残差を得て,d統計量を計算する.
2. 標本の大きさと説明変数の数を決定し,巻末統計表4,5,または6から,ダービン＝ワトソンd統計量の上限の臨界値d_Uと下限の臨界値d_Lをそれぞれ探す.これらの表を利用するための説明もまた巻末にある.
3. 正の系列相関がないという帰無仮説と,片側対立仮説を次のように設定する.

$$H_0 : \rho \leq 0 \quad (正の系列相関がない) \quad (9.12)$$
$$H_A : \rho > 0 \quad (正の系列相関がある)$$

適切な決定ルールは次の通りである.

　　　もし,$d < d_L$ならば,H_0を棄却する.
　　　もし,$d > d_U$ならば,H_0を棄却しない.
　　　もし,$d_L \leq d \leq d_U$ならば,不決定である.

たぶん1階の階差方程式というまれな状況で,両側d検定が適切かもしれない.そのような場合には,ステップ1,2は上で利用されたものと同じである

---

[7] この不決定領域はやっかいな問題であるが,厳密なダービン＝ワトソン検定の発展は,近い将来この問題を取り除くかもしれない.コンピュータプログラムによっては,利用者が厳密な(1階の系列相関の)ダービン＝ワトソン確率を計算するオプションを選ぶことができるものもある.また,単一の臨界値としてd_Uの方向へのトレンドがあるということは指摘に値する.このトレンドは,ダービン＝ワトソン検定が不決定である場合,疑似系列相関と考えられる原因を探すこと以外,取るべき対処法がないという我々の見解とは矛盾している.

が，ステップ3は次のようになる．

系列相関がないという帰無仮説と両側対立仮説を次のように設定する．

$$H_0 : \rho = 0 \quad (系列相関がない) \tag{9.13}$$
$$H_A : \rho \neq 0 \quad (系列相関がある)$$

適切な決定ルールは次の通りである．

もし，$d < d_L$ ならば，H_0 を棄却する．
もし，$d > 4 - d_L$ ならば，H_0 を棄却する．
もし，$4 - d_U > d > d_U$ ならば，H_0 を棄却しない．
それ以外の場合，不決定となる．

ダービン＝ワトソン d 統計量の利用例

ダービン＝ワトソン検定をいくつか適用してみよう．まず巻末統計表4，5，そして6を参照しよう．d統計量の上限と下限の臨界値（d_U と d_L）が説明変数の数（定数項は含めない），標本数，そして検定の有意水準に依存することに注意しよう．

3つの説明変数をもち，観測値が25個の回帰式に関する片側5％の検定を設定しよう．5％の表（巻末統計表4）をみてわかるように，d値の臨界値は $d_L = 1.12$ と $d_U = 1.66$ である．結果として，もし仮説が次のように設定されるとしよう．

$$H_0 : \rho \leq 0 \quad (正の系列相関がない) \tag{9.14}$$
$$H_A : \rho > 0 \quad (正の系列相関がある)$$

適切な決定ルールは次の通りである．

もし，$d < 1.12$ ならば，H_0 を棄却する．
もし，$d > 1.66$ ならば，H_0 を棄却しない．
もし，$1.12 \leq d \leq 1.66$ ならば，不決定である．

たとえば，計算されたd統計量が1.78であるならば正の系列相関がないことを示し，1.28であるならば不決定であることを示し，0.60であるならば正の系列相関があることを意味する．図 **9.6** はこの例に関する「受容」領域，「棄却」

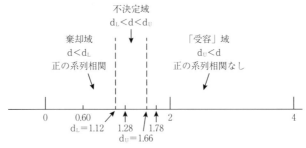

図 9.6 片側ダービン=ワトソン d 検定の例

正の系列相関に関する片側ダービン=ワトソン検定において，有意に 2 より小さい d の値だけが正の系列相関がないという帰無仮説を棄却する．この例では，d 統計量が 1.78 であれば正の系列相関がないことを示し，0.60 であれば正の系列相関があることを示す．そして，d 統計量が 1.28 であれば，不決定であることを示す．

領域と不決定領域の図を提供している．

よりなじみのある例として，(6.8)式の鶏肉需要モデルに戻ろう．上巻表 **6.2** のデータで確認できるように，本章76ページに再録の (6.8)式からダービン=ワトソン統計量は 0.99 である．系列相関が生じているだろうか？ 正の系列相関がないという帰無仮説の片側 5％検定の結果は何だろうか？ 第 1 のステップは巻末統計表 4 を調べることである．その表では，K（説明変数の数）は 3，N（標本数）は 29 であるから，d 統計量の臨界値は $d_L=1.20$ と $d_U=1.65$ である．

決定ルールは次のようになる．

> もし，d＜1.20 ならば，H_0 を棄却する．
> もし，d＞1.65 ならば，H_0 を棄却しない．
> もし，1.20≤d≤1.65 ならば，不決定である．

0.99 は d 統計量下限の臨界値より小さいので，正の系列相関がないという帰無仮説は棄却されるだろう．そして，系列相関をどのように対処するかを決定しなければならない．

9.4 系列相関への対処

ダービン=ワトソン d 統計量によって，あなたの方程式の残差に系列相関が発見されたと仮定しよう．対処法はあるか？ 系列相関を避けるために，Y

とXの観測値を並べ替えることを提案する学生がいる．彼らは，前期の誤差項が今期の誤差項に影響を与えるようにみえるならば，問題を避けるためになぜデータを無作為に入れ替えないのかと考えるのである．この疑問に対する解答は，データを入れ替えることによって系列相関を避けることはできないということである．ただ，問題を発見するのを難しくするだけである．もし，$\varepsilon_2 = f(\varepsilon_1)$ であるなら，そしてデータを入れ替えたならば，その誤差項の観測値はそれでも互いに関係しているが，それらのデータはもはや互いに連続でなく，系列相関を発見することはほぼ不可能になる．興味深いことに，データを入れ替えることによってダービン＝ワトソンd統計量は変わるが，係数推定値またはその標準誤差はまったく変わることがない[8]．

> 系列相関の修正の取り掛かりは，疑似系列相関を生じるだろう誤差をもつ方程式の定式化を注意深く検討することである．関数型は正しいか？ たしかに，除外変数はないか？ 方程式の定式化を注意深く見直した後でのみ，真正系列相関の調整の可能性を考慮すべきである．

しばしば起こることであるが，もし除外変数が時間とともに増加する，または減少するならば，あるいは，もしデータセットが論理的に順序を入れ替えているならば（たとえば，ひとつの変数の大きさに従って），ダービン＝ワトソン統計量は疑似系列相関を発見するのに有用であることに注目すべきである．有意なダービン＝ワトソン統計量は除外変数または不適切な関数型によって簡単に生じうる．そのような状況の中で，ダービン＝ワトソン検定は真正系列相関と疑似系列相関を区別できない．しかし，負の系列相関の発見はしばしば疑似系列相関である強い手掛かりになる．

もし真正系列相関であるという結論が出たならば，次項で説明される一般化最小二乗法またはニューウィー＝ウェストの標準誤差の適用を検討することが適切な対応である．

一般化最小二乗法

一般化最小二乗法（generalized least squares, GLS）は本来の1階の系列相関がある方程式を処理し，その過程で，その推定に対する最小分散の性質を回復

---

[8] この点は数学的に証明することができる．しかし，回帰モデルを推定し，観測値の順番を入れ替え，再推定して確かめることの方が通常有益である．

する方法である．GLS は古典的仮定を満たさない（この場合，誤差項の真正系列相関による）方程式から始め，それをそれらの仮定を満足する方程式（(9.19)式）に変換する．

ここで，すぐ (9.19) 式まで読み飛ばすことができる．しかし，その式を生じさせる変換を検討すれば，GLS 推定量を理解することがより容易になるだろう．まず，1階の系列相関をもつ方程式から始めよう．

$$Y_t = \beta_0 + \beta_1 X_{1t} + \varepsilon_t \tag{9.15}$$

もし $\varepsilon_t = \rho \varepsilon_{t-1} + u_t$（真正系列相関に起因して）ならば，次のように表すことができる．

$$Y_t = \beta_0 + \beta_1 X_{1t} + \rho \varepsilon_{t-1} + u_t \tag{9.16}$$

ここで，ε は系列相関する誤差項であり，ρ は自己相関係数であり，u は古典的な（真正系列相関がない）誤差項である．

もし (9.16) 式から $\rho \varepsilon_{t-1}$ を除くと，誤差項の残り（u_t）に系列相関がないので，誤差項から系列相関はなくなるだろう．(9.16) 式から $\rho \varepsilon_{t-1}$ を取り除くために，(9.15) 式に ρ を掛けて1期遅らせることによって，次の新しい方程式を得る．

$$\rho Y_{t-1} = \rho \beta_0 + \rho \beta_1 X_{1t-1} + \rho \varepsilon_{t-1} \tag{9.17}$$

この中に，$\rho \varepsilon_{t-1}$ が含まれていることに注意しよう．(9.17) 式を (9.16) 式から引くと，誤差項に系列相関の構成要素がもはや含まれていない方程式を得る．

$$Y_t - \rho Y_{t-1} = \beta_0(1-\rho) + \beta_1(X_{1t} - \rho X_{1t-1}) + u_t \tag{9.18}$$

(9.18) 式は次のように書き直すことができる．

$$Y_t^* = \beta_0^* + \beta_1 X_{1t}^* + u_t \tag{9.19}$$

ただし，

$$Y_t^* = Y_t - \rho Y_{t-1} \tag{9.20}$$
$$X_{1t}^* = X_{it} - \rho X_{1t-1}$$
$$\beta_0^* = \beta_0 - \rho \beta_0$$

(9.19)式は (9.16)式の一般化最小二乗法（"準差分"）版とよばれている．次の点に注意せよ．

1. 誤差項は系列相関していない．したがって (9.19)式の OLS 推定は最小分散を得る（もし ρ が既知であるか，または ρ を正確に推定するならば）．
2. 傾き係数 β_1 は，もとの系列相関のある方程式 (9.16)式の傾き係数と同じである．このように，GLS で推定値された係数は OLS で推定された係数と同じ意味をもっている．
3. 従属変数は (9.16)式のそれと較べて変化している．このことは GLS の $\bar{R}^2$ は OLS の $\bar{R}^2$ と直接比較できないことを意味する．
4. GLS を用いて予測するためには，15.2節で議論されるもののような調整が必要である．

GLS 方程式は本来係数について非線形であるので，残念ながら，一般化最小二乗 (GLS) モデルを推定するために OLS を利用することはできない．なぜそうなるかを確認するために，(9.18)式を調べてみよう．β_0 や β_1 だけでなく，ρ も推定する必要があり，ρ に（もし方程式の右辺を展開すればわかるように）β_0 や β_1 が掛けられている．OLS は方程式が係数について線形であることが必要であるので，違った推定方法が必要である．

幸運にも，GLS 方程式を推定するために利用できる方法はたくさんある．おそらくこれらのうち最もよく知られている方法は**コクラン＝オーカット法** (Cochrane-Orcutt method) である[9]．この方法は第1段階で ρ を推定し，そして推定値 $\hat{\rho}$ を用いて GLS 方程式を推定する2段階の繰り返し法である．2段階のステップは次の通りである．

1. 系列相関をもつことを疑われている方程式の残差にもとづく回帰式を走らせることによって ρ を推定する．

$$e_t = \rho e_{t-1} + u_t \tag{9.21}$$

ここで，e_t は真正系列相関をもつことが疑われている方程式から得られ

---

[9] D. Cochrane and G. H. Orcutt, "Application of Least Squares Regression to Relationships Containing Autocorrelated Error Terms," *Journal of the American Statistical Association*, 1949, pp. 32-61.

る OLS 残差であり，u_t は古典的な仮定を満たす誤差項である．
2. この $\hat{\rho}$ を利用して，(9.18)式に $\hat{\rho}$ を代入し，(9.18)式を推定するために調整されたデータに OLS を適用することによって GLS 方程式を推定する．

これらの2段階のステップは，$\hat{\rho}$ が変化しなくなるまで繰り返される．一旦 $\hat{\rho}$ が収束したならば（通常，数回の繰り返しで），ステップ2の最後の推定値は(9.18)式の最終推定値として利用される．

GLS として，コクラン＝オーカット法と同様によく知られている別の方法，AR(1)法も提案されている．**AR(1)法**は，本章の範囲を超えた繰り返し非線形回帰技法を用いて，β_0, β_1, そして ρ を同時に推定することによって，(9.18)式のような GLS 方程式を推定する[10]．AR(1)法はコクラン・オーカット法の係数推定値と同じになる傾向があるが，標準誤差について優れた推定値を得る．そのため，あなたが利用するソフトウェアが非線形回帰をサポートしている限り AR(1)法を推奨する．

前節で正の系列相関をもつことがわかった鶏肉需要の例に，AR(1)法を用いて一般化最小二乗法を適用しよう．1人当たり鶏肉需要が鶏肉価格，牛肉価格，そして可処分所得の関数であることを思い出そう［上巻6.1節内「定式化バイアスの例」参照］．

$$\widehat{Y_t} = 27.7 - 0.11 PC_t + 0.03 PB_t + 0.23 YD_t \qquad (6.8)$$
$$\qquad\qquad (0.03) \quad\ (0.02) \quad\ (0.01)$$
$$\qquad t = \ -3.38 \quad +1.86 \quad +15.7$$
$$\overline{R}^2 = 0.9904 \quad N = 29 \quad DWd = 0.99$$

推定結果に，DW の記号でダービン＝ワトソン d 統計量を加えたことに注意しよう．今後の時系列データによる分析結果は DW 統計量を加える．しかし，観測値が意味のある方法（最小から最大へ，または，最年少から最年長へというように）で並んでいないならば，クロスセクションの結果には DW は必要ない．

---

[10] EViews を用いて GLS を走らせるには，あたかもそれが独立変数であるかのように，ただ「AR(1)」を方程式に加えるだけでよい．GLS 推定値は，$\hat{\rho}$ が変数 AR(1) の係数推定値として，方程式の推定結果に示されている．Stata で GLS を走らせるためには，ドロップ・ダウン・ウィンドーで，"linear regression with AR(1) disturbance" をクリックすればよい．

もし GLS に対する AR(1) 法で (6.8) 式を再推定すると次の結果を得る．

$$\widehat{Y}_t = 27.7 - 0.08PC_t + 0.02PB_t + 0.24YD_t \tag{9.22}$$
$$\phantom{\widehat{Y}_t = 27.7 -\,} (0.05) \quad\ (0.02) \quad\ (0.02)$$
$$\phantom{\widehat{Y}_t = 2}\ t = \quad -1.70 \quad +0.76 \quad +12.06$$
$$\overline{R}^2 = 0.9921 \quad N = 28 \quad \hat{\rho} = 0.56$$

(6.8)式と (9.22)式を比較しよう．(9.22)式で用いられた $\hat{\rho}$ は 0.56 であることに注意せよ．このことは，Y が $Y^* = Y_t - 0.56 Y_{t-1}$，PC が $PC^* = PC_t - 0.56 PC_{t-1}$ などとして，推定されている．そして，(9.22)式の DW は非 GLS の DW（2 の方向へ偏りがある）と厳密に比較できないので，GLS の推定結果では DW を $\hat{\rho}$ に置きかえられている．さらに，GLS 回帰の標本数は 28 である．というのは，(9.20)式の準階差の計算のためにラグ変数が必要であり，第 1 期の観測値が利用されねばならないからである．

どのように推定しようとも，GLS 推定値は少なくとも 2 つの問題をもっている．第 1 に，系列相関は $\hat{\beta}$ の推定値にバイアスを生じないけれども，GLS 推定値は通常 OLS 推定値とは異なる．たとえば，(6.8)式の OLS 推定値と (9.22)式の GLS 推定値と較べてみると，3 つの傾き係数が違っていることに注意せよ．これは驚くべきことではない．というのは，2 つの異なる推定値は，それらの期待値が同じであっても，異なる値を取ることができるからである．しかしながら，第 2 の問題はより重要である．GLS は $\hat{\rho}$ が真の値 ρ に近い場合うまくいくが，小標本では偏りを生じることがわかっている．もし $\hat{\rho}$ にバイアスがあれば，$\hat{\rho}$ のバイアスを $\hat{\beta}$ の GLS 推定値にバイアスを取り込んでしまう．幸い，これらの 2 つの問題を避けるためにニューウィー＝ウェストの標準誤差とよばれている系列相関への対処法がある．

ニューウィー＝ウェストの標準誤差

真正系列相関のすべての修正を一般化最小二乗法は含んでいない．ニューウィー＝ウェストの標準誤差 (Newey-West standard errors) は，どんな方法であれ，$\hat{\beta}$ を変えることなしに系列相関を考慮に入れる $SE(\hat{\beta})$ である[11]．

---

[11] W. K. Newey and K. D. West, "A Simple, Positive Semi-Definite Heteroskedasticity and Autocorrelation Consistent Matrix," *Econometrica*, 1987, pp. 703-708. ニューウィー＝ウェストの標準誤差は10.4節で議論する HC 標準誤差（または，ホワイト↗

ニューウィー゠ウェストの標準誤差の背景にある論理は強力である．もし系列相関が $\hat{\beta}$ にバイアスを生じさせなければ，しかし標準誤差に影響を与えるならば，$SE(\hat{\beta})$ を変化させ，$\hat{\beta}$ をそのままにする方法で推定された方程式を調整することは道理にかなっている．

このように，ニューウィー゠ウェストの標準誤差は1階の真正系列相関の帰結を具体的に避けるために計算されてきた．偏りはあるけれど，系列相関に直面する大標本の修正されない標準誤差より一般的により正確な標準誤差の推定量をニューウィー゠ウェストの手法は生みだすのである．したがって，ニューウィー゠ウェストの標準誤差は，系列相関によって潜在的に生じる推測の誤りなしに，どんな標本においても t 検定と他の仮説検定のために利用できる．概して，ニューウィー゠ウェストの $SE(\hat{\beta})$ は OLS のそれより大きく，低い t 値を生じ，係数推定値がゼロから有意に異なるだろう確率を低くする．

ニューウィー゠ウェストの標準誤差がいかに機能するかを確認するために，(9.22)式で GLS を適用した，系列相関をもつ鶏肉需要の方程式にこの方法を適用してみよう．(6.8)式の推定にニューウィー゠ウェストの標準誤差を利用すると，次の結果を得る．

$$\hat{Y}_t = 27.7 - 0.11 PC_t + 0.03 PB_t + 0.23 YD_t \qquad (9.23)$$
$$\qquad\qquad\qquad (0.03)\quad\ (0.02)\quad\ (0.01)$$
$$\qquad t=\quad\ -3.51\quad +1.92\quad +19.4$$
$$\overline{R}^2 = 0.9904 \quad N = 29$$

(6.8)式と(9.23)式を比較しよう．第1に，両式の $\hat{\beta}$ は等しい．これは，ニューウィー゠ウェストの標準誤差は OLS の $\hat{\beta}$ を変化させないからである．第2に，小数点を丸めているので，変化がわからないが，係数推定値は同じであり，t 値が変化しているので，ニューウィー゠ウェストの標準誤差は OLS のそれと異なっているに違いない．しかしながら，ニューウィー゠ウェストの $SE(\hat{\beta})$ はわずかながら OLS のそれより小さくなっている．この点は，小標本であっても，驚きの結果である．そのような結果はこの方程式に除外変数があるか，または非定常性の問題（12.4節で議論される）があることを示唆している．

↘の標準誤差）に似ている．

9.5 まとめと練習問題

1. 系列相関，または自己相関は，誤差項の観測値の間に互いに相関がないという古典的仮定Ⅳを満たさなくしている．通常，計量経済学者は1階の系列相関，すなわち，今期の誤差項の観測値が前期の誤差項の観測値と系列相関のない今期の誤差項（u）の関数であると仮定する定式化に焦点を当てる．

$$\varepsilon_t = \rho \varepsilon_{t-1} + u_t \qquad -1 < \rho < 1$$

ただし，ρ（"ロー"）は自己相関係数である．

2. 真正系列相関は正しく定式化された回帰方程式の誤差項の関数である系列相関である．疑似系列相関は，除外変数，または誤った関数型のような定式化の誤りによって生じる．疑似系列相関は正の場合（$0<\rho<1$）も負の場合（$-1<\rho<0$）もあるが，経済学やビジネスにおける真正系列相関はほぼいつでも正である．

3. 系列相関の主要な帰結はOLSの$SE(\hat{\beta})$にバイアスを発生させ，信頼性のない仮説検定を生じる．真正系列相関はβの推定量にバイアスを生じさせない．

4. 1階の系列相関を発見するために最もよく使われている方法はダービン＝ワトソンd検定である．これは，誤差項における系列相関の可能性を検定するために，推定された方程式の残差項を利用する．d値が0であれば，最も強い正の系列相関を示し，2であれば系列相関がなく，4であれば最も強い負の系列相関を示す．

5. 系列相関を方程式から取り除く第1のステップは起こりうる定式化の誤りを点検することである．疑似系列相関の可能性を最小限に抑えて初めて，真正系列相関の対処法が検討される．

6. 一般化最小二乗法（GLS）は1階の真正系列相関を取り除くために，方程式を変換する方法である．GLSの利用はρの推定を必要とする．

7. ニューウィー＝ウェストの標準誤差は，$\hat{\beta}$を変更することなしに系列相関を考慮に入れるために$SE(\hat{\beta})$のOLS推定値を調整する，系列相関に対処する代替的な方法である．

練習問題

アメリカ合衆国の1人当たり牛肉消費に関する次の方程式を考えよう．

$$\hat{B}_t = -330.3 + 49.1\ln Y_t - 0.34 PB_t + 0.33 PRP_t - 15.4 D_t \quad (9.24)$$
$$\phantom{\hat{B}_t = -330.3 + } (7.4) \quad\quad (0.13) \quad\, (0.12) \quad\quad (4.1)$$
$$\phantom{\hat{B}_t = -330.3 +} t = 6.6 \quad\quad -2.6 \quad\quad 2.7 \quad\quad\quad -3.7$$
$$\phantom{\hat{B}_t = -330.3 + } \overline{R}^2 = 0.700 \quad N = 28 \quad DW = 0.94$$

ただし，

- B_t ＝t年にアメリカで消費された牛肉の1人当たり年間消費量（ポンド）
- $\ln Y_t$ ＝t年の1人当たり可処分所得の対数値
- PB_t ＝t年の牛肉の年平均実質卸売価格（セント/ポンド）
- PRP_t＝t年の豚肉の年平均実質卸売価格（セント/ポンド）
- D_t ＝赤肉の危険性について「健康への不安」があった年は1，そうでない年はゼロのダミー変数

a．推定された個々の傾き係数について，あなた自身の仮説を展開し，検定しなさい．

b．5％有水準でダービン＝ワトソンd検定をして，(9.24)式の系列相関の検定を行いなさい．

c．（もしあるとするならば）どのような計量経済学の問題が(9.24)式に生じるのか？　どんな対処法が提案されるか？

d．あなたは自身の助言を取り入れて，GLSを(9.24)式に適用し，次の結果を得た．

$$\widehat{B}_t = -193.3 + 35.2\ln Y_t - 0.38 PB_t + 0.10 PRP_t - 5.7 D_t \qquad (9.25)$$
$$\phantom{\widehat{B}_t = -193.3 + 3}(14.1)\quad\ \ (0.10)\quad\ \ (0.09)\quad\ \ (3.9)$$
$$t=\quad 2.5 \qquad -3.7 \qquad 1.1 \qquad -1.5$$
$$\overline{R}^2 = 0.857 \qquad N = 28 \qquad \widehat{\rho} = 0.82$$

(9.24)式と (9.25)式を比較しなさい．どちらの結果が望ましいか？ なぜか？

第10章　不均一分散

10.1　真正不均一分散 vs. 疑似不均一分散
10.2　不均一分散の帰結
10.3　不均一分散の検定
10.4　不均一分散への対処
10.5　より完璧な事例
10.6　まとめと練習問題

　不均一分散（heteroskedasticity）は古典的仮定 V，同一の分散をもつ分布から取られた誤差項の分布である，ということに違反することである[1]．誤差項の異なる観察値の分散が一定であるという（均一分散の）仮定は常に事実とは限らない．たとえば，身長を説明するモデルでは，バスケットボール選手の身長に関する誤差項は，ネズミの身長の誤差項よりも大きな分散をもつ分布から生じる．不均一分散は重要である．なぜなら，OLS が不均一分散をもつモデルに適用されると，（不偏性を満たしはするが）もはや最小分散推定量とはならないからだ．

　一般的に，不均一分散は時系列モデルよりも横断面（クロスセクション）モデルでより頻繁に生じる．横断面モデルに焦点を当てるが，このことは決して，時系列モデルで不均一分散がありえないと言っているのではない．事実，不均一分散はファイナンス市場の時系列研究でも重要な要因となる．

---

[1]「heteroscedasticity」と書く著者もいるが，Huston McCulloch はギリシャ文字を起源とするという理由から「heteroskedasticity」を支持することでこの論争を決着させているようだ．J. Huston McCulloch, "On Heteros*edasticity," *Econometrica*, Vol. 53, No. 2, p. 483.「heteroskedasticity」という文字を綴ることは難しいが，なにはともあれそれは，両親から「そのお金をすべて使って，いったい何を学ぶの？」と聞かれた時のことを興味深く思い出させてくれる．

この章の構成はよく知られた項目から成っている．多重共線性や系列相関に関して前の2章で答えられた，次の4つの問いについてこの章でも答えることにする．

1. この問題の特質は何か？
2. この問題の帰結は何か？
3. いかにしてこの問題を診断するのか？
4. この問題にどの修正が可能か？

10.1 真正不均一分散 vs. 疑似不均一分散

系列相関と同様，不均一分散は真正型（pure）と疑似型（impure）に分類できる．真正不均一分散は，正しく定式化された回帰式の誤差項により生じたものであり，一方，疑似不均一分散は，除外変数のために生じた定式化の誤りが原因のものである．

真正不均一分散

真正不均一分散とは，正しく定式化された回帰方程式の誤差項の関数としての不均一分散のことである．系列相関と同様に，用語「不均一分散（heteroskedasticity）」に真正や疑似などの修飾語がつかない場合は，真正不均一分散を意味している．

そのような**真正不均一分散**（pure heteroskedasticity）は，誤差項の分散が一定であるという古典的仮定Vが，正しく定式化された回帰式において満たされない場合であり，仮定Vとは以下である．

$$\text{VAR}(\varepsilon_i) = \sigma^2 = \text{一定} \quad (i=1, 2, \ldots, N) \quad (10.1)$$

もしこの仮定が満たされるならば，誤差項のすべての観察値は，平均ゼロ，分散 σ^2 の同じ分布から採られたものと考えることができる．σ^2 は誤差項の異なる観察値に関して変化しないので，この性質は均一分散とよばれている．均一分散誤差項分布は，図 **10.1** の上図に描かれている．（標本からとられたそれぞれの観察値は大きく変化しているにもかかわらず）分布の分散が一定であることに注目しよう．

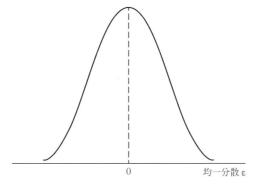

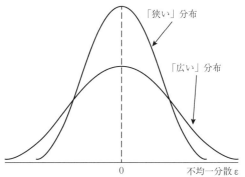

図10.1 均一分散 vs. 分離不均一分散

均一分散のもとでは，誤差項は一定の分散をもつ．したがって観察値は（上方の図で示されているように）同一の分布から連続してとられている．最も単純な真正型の分散不均一である分離不均一分散（discrete heteroskedasticity）の場合は，異なる2つの分散をもつ誤差項が存在し，そのため，（下方の図で示されているように，一方が他方よりも広い）異なる分布から誤差項の観察値がとられている．

不均一分散をもつ誤差項分散は一定でなく，それは，以下のようにどの観察値が議論されるかにまさに依存することになる．

$$\text{VAR}(\varepsilon_i) = \sigma_i^2 \qquad (i = 1, 2, ..., N) \tag{10.2}$$

(10.1)式と (10.2)式の単なる相違は σ^2 についている添え字「i」だけであり，それは，すべての観察値を通して一定でなく，分散不均一な誤差項の分散は観察値（したがって添え字）に応じて変化する．

不均一分散は，従属変数の観察値の最大値と最小値に大きな差異があるようなデータでしばしば生じる．ある標本の中で，従属変数の観察値の大きさの差異が大きくなればなるほど，それらと関連した誤差項の観察値が異なる分散をもつ可能性がますます大きくなり，こうして不均一分散となる．すなわち，とても大きな観察値の誤差項分布は大きな分散をもち，一方，小さな観察値の誤差項分布は小さな分散をもつだろうと期待される．

クロスセクション（横断面）・データにおいては，諸変数の最高値と最低値の大きな領域を容易に得ることができる．たとえば，財とサービスのドル表示での消費額についてのカリフォルニア州とロード・アイランド州の相違は（バスケットボール選手とネズミの身長差ほど）相当に大きい．クロスセクション・データは，しばしば大きく異なった規模の観察値を同一のデータに含める（たとえば，アメリカに関するクロスセクション・データを使った研究では，カリフォルニア州とロード・アイランド州を個別の観察値として含めている）ので，クロスセクション・データでの研究を行う場合，不均一分散は避けがたい．

真正不均一分散を視覚化（visualize）する簡単な方法は，誤差項の観察値を，「広い」と「狭い」というちょうど2種類の異なる分布にグループ化できるように，図を描くことである．この単純な真正不均一分散問題を*分離不均一分散*（discrete heteroskedasticity）とよぼう．ここでは，両分布の中心はゼロであるが，図 **10.1** の下方の図で示されているように，一方の分布が他の分布よりも大きな分散をもつ．ここで，この図の下方に描かれた図の違いに留意しよう．均一分散をもつとき，すべての誤差項の観察値は同一の分布から生じ，不均一分散は異なる分布から生じる．

分離不均一分散の例としては，バスケット選手とネズミの身長の例以外に言及の必要がないだろう．グループとしてのバスケット選手のεの分散は，ネズミのグループとしての分散よりも大きいと確実に予測され，したがってバスケット選手の身長に関するεの分布は図 **10.1** の「広い」分布となるだろうし，ネズミのεの分布は，図 **10.1** で描かれた「狭い」分布よりもさらに幅が狭い分布となるだろう．

不均一分散はさらに多くの複雑な形態をとる．実際，不均一分散をもつさまざまなモデルは，事実上無限にあり，これらさまざまなモデルのごく一部についての分析でさえ大変な仕事だろう．その代わり，ちょうど前の章で，真正型の正の1階の自己相関に注目したように，最も頻繁に真正不均一分散が生じる

特定のモデルに焦点を当てることで,不均一分散の一般的な原理を述べることにする.しかし,この的を絞った議論が,計量経済学者は単に1種類の不均一分散にのみに関心をもっているのだと,勘違いしてはいけない.

不均一分散の生じるモデルでは,誤差項の分散は外生変数 Z_i と関連をもつ.典型的な回帰式は次である.

$$Y_i = \beta_0 + \beta_1 X_{1i} + \beta_2 X_{2i} + \varepsilon_i \tag{10.3}$$

古典的誤差項でない ε の分散は,以下のようになる.

$$\mathrm{VAR}(\varepsilon_i) = \sigma^2 Z_i^2 \tag{10.4}$$

ここで,Z は回帰式の2個の独立変数 X の中の1つか,それ以外の変数かもしれない.変数 Z は**比例要因**(proportionality factor)とよばれている.なぜなら,誤差項の分散は Z_i の二乗に比例して変化するからである.Z_i の値が高くなればなるほど,誤差項の i 番目の観察値の分布の分散が大きくなる.N 個の異なった分布があり,各観察値の分布では,Z が取る異なった値の数に応じて,誤差項の観察値が取りだされる.均一分散や不均一分散の誤差項の分布が Z に関してどのようなものであるかをみるために,図 **10.2** と図 **10.3** を比較しよう.ここで,不均一分散分布は Z が増加するに従い幅広くなるが,均一分散性分布では Z がどのような値を取ろうが,同じ幅を維持している点に留意しよう.

比例要因 Z の例として何が考えられるだろうか.また,どうやって Z のような外生変数の変化が,誤差項のすべての分布を変化させることができるのだろうか.いま,ある州の消費支出をその州の所得に関係づける関数を考えよう.ロード・アイランドのような小さな州の支出は,カリフォルニアのような大きな州の支出と比べて,絶対額で同じだけは変化しないであろう.なぜなら,大きな州の支出の10%の変化は,小さな州の10%変化よりも金額でずっと大きいからだ.そのような場合,従属変数は消費支出であり,比例要因 Z は,州の人口となるだろう.人口が増えるにつれ,支出を説明するために回帰式に含まれている誤差項の分散もまた増加する.そして,誤差項の分布は図 **10.3** で描かれたようなものとなるだろう.ここで図 **10.3** の Z は人口である.

この例は以下のことを十分に強調している.つまり,不均一分散がクロスセクション・データで生じやすいのは,式に含まれた従属変数のサイズに大きな

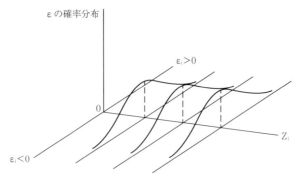

図 10.2 Z_i に関する均一分散誤差項

もし誤差項が Z_i に関して分散均一であれば,誤差項の分散は Z_i がどんな値をとろうが,一定である.この例では,$VAR(\varepsilon_i)=\sigma^2$ となる.

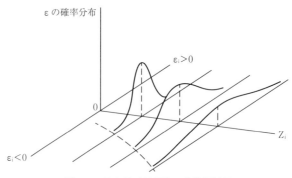

図 10.3 Z_i に関する不均一分散誤差項

もし誤差項が Z_i に関して分散不均一であれば,誤差項の分散は Z_i の関数として体系的に変化する.この例では,分散は Z_i の増加関数であり,$VAR(\varepsilon_i)=\sigma^2 Z_i^2$ となる.

差異があるためだ,ということである.たとえば,小さな州にとって非常に大きな外的攪乱と思えるものが,大きな州にとっては取るに足りない些細なものかもしれない.

　不均一分散は,従属変数が非常に大きく変化するような時系列モデルでも生じる可能性がある.1980年から2009年までのDVDプレーヤーの売上のモデルを考えるとき,不均一分散誤差項をもつことはまったく可能である.その産業の目を見張るような成長にともない,誤差項の分散もおそらく増加するだろうからである.しかし,そのような可能性は,変化率が低い時系列の場合は生じないだろう.

データ収集の質が標本内で大きく変わるとき，不均一分散はどのようなモデルでも，すなわち，時系列あるいはクロスセクションでも生じる．測定誤差が誤差項に含まれるため，データ収集の技術がよくなれば誤差項の分散は小さくなる．なぜなら，測定誤差が小さくなるにつれ，誤差項の分散が小さくなるからだ．この問題（「変数に含まれる誤差」とよばれている）についてのさらなる議論は，14.6節を参照のこと．

疑似不均一分散

除外変数などの定式化の誤りによって生じる不均一分散は，**疑似不均一分散** (impure heteroskedasticity)[2] とよばれている．したがって，疑似不均一分散は疑似系列相関と似ている．

除外変数が不均一分散誤差項の原因となる．なぜならば，除外変数の効果の一部が，回帰式に含まれる独立変数で表すことができず，誤差項に含まれてしまうからである．もしこの効果が不均一分散の要素をもつならば，誤って定式化された回帰式の誤差項は，正しい回帰式の誤差項が分散不均一的要素をもたなくても，不均一分散の傾向をもつ．この区別は重要である．なぜなら，疑似不均一分散をもつ場合の正しい修正は，除外変数を見つけ，それを回帰式に含めることであるからだ．そのために，不均一分散の有無を見つけたり，修正したりする前に，定式化が正しいことを確認することが重要である．

10.2 不均一分散の帰結

もし回帰式の誤差項が不均一分散をもったならば，回帰係数の推定にとって何を意味するのだろうか．もし回帰式が不均一分散であるとき，3つの主要な結果が導かれる[3]．

1. *真正不均一分散は係数の推定値にバイアスを生じさせない．* 回帰式の誤差項が，万が一，真正不均一分散であることがわかったとしても，その

---

[2] 両者とも除外変数によって生じている．しかしながら，誤った関数型によって疑似不均一分散となることはほとんどない．
[3] 不均一分散と系列相関はまったく異なる問題であるが，不均一分散の結果は，系列相関の結果と一般的にはほとんど一緒である．

不均一分散は係数の OLS 推定値にバイアスを生じさせない．なぜこれが正しいかといえば，より大きな正の誤差が生じるかもしれないが，より大きな負の誤差も生じるからである．この2つの傾向がお互いに打ち消し合い，OLS 推定値にバイアスを生じさせないのである．

その結果，正しい定式化にもかかわらず真正不均一分散をもつ場合でも，次の性質をもつことになる．

$$E(\hat{\beta}) = \beta \quad \text{すべての } \beta \text{ に関して}$$

バイアスが存在しないことは,「正確な」係数推定値であることを保証しない．特に不均一分散は推定値の分散を大きくするが，推定値の分布は相変わらず真の β のまわりに分布する．除外変数によって疑似不均一分散が生じている場合，当然，誤った定式化のバイアスをもつ可能性がある．

2. 不均一分散により，*OLS* はすべての線形不偏推定量の中で，もはや最小分散推定量 (*minimum-variance estimator*) とはならない．真正不均一分散は OLS 係数のバイアスを生じさせないが，最小分散の性質に影響する．回帰式の誤差項が，比例的要素 Z に関する不均一分散であるとき，

$$\text{VAR}(\varepsilon_i) = \sigma^2 Z_i^2 \qquad (10.5)$$

他により小さい分散を持つ線形不偏推定量が存在し，ガウス＝マルコフ定理の最小分散という部分が証明できない．これは，不均一分散誤差項が従属変数の変動を生じさせ，OLS 推定法はこの変動を独立変数へと帰着させるためである．こうして，OLS は不均一分散に直面すると，真の β をより誤って推定しやすくなる．過大推定はちょうど過小推定と同じくらい起こるので，$\hat{\beta}$ はいまだ不偏である．

3. 不均一分散は *SE*($\hat{\beta}$) の *OLS* 推定値にバイアスをもたらし，仮説検定を信用できなくする．不均一分散をもつとき，OLS での標準誤差の公式は，SE($\hat{\beta}$) のバイアス推定値を生じる．SE($\hat{\beta}$) は，t 統計量の主要な構成要素であり，これらのバイアスをもつ SE($\hat{\beta}$) がバイアスをもつ t 値 (t-score) を生じさせ，一般的に信用のできない仮説検定となる．要約すれば，不均一

分散はOLS推定で誤った$SE(\hat{\beta})$とt値を生じさせる．当然，計量経済学者の多くは，そのため，真正不均一分散のもとで行われた仮説検定に関してはほとんど信用しない[4]．

不均一分散はどのようなバイアスを生じさせるのであろうか．典型的に$SE(\hat{\beta})$の推定値のバイアスはマイナスであり，それはOLSが回帰係数の標準誤差の大きさを過小推定することを意味している．これが生じる理由は，分散不均一性は，均一分散が正当化される場合での実際の観察値よりも，通常は当てはまりのよい観察値のパターンをもたらすからだ．OLSが$SE(\hat{\beta})$を過小推定するという傾向は，OLSが推定係数のt値を典型的に過大評価することを意味している．したがって，例の回帰ソフトが打ち出すt値は，不均一分散のもとではとても高くなるであろう．

もしOLSが$SE(\hat{\beta})$を過小推定し，そのためt値が過大推定されたとすれば仮説検定はどうなるだろうか．「とても低い」$SE(\hat{\beta})$は「とても高い」t値をもたらし，したがって，帰無仮説が正しいにもかかわらず帰無仮説（たとえば，$H_0 : \beta \leq 0$）を棄却しやすくするだろう．このことは，H_0を棄却する確率を増し，第I種の誤りを犯しやすくなる．そして，回帰式の誤った変数を保持するという間違えを犯しやすくなるだろう．なぜなら，その回帰係数のt値は過大に推定されているからである．言葉をかえて言えば，不均一分散のもとでは，仮説検定はバイアスをもち，かつ信頼がおけない．

10.3　不均一分散の検定

計量経済学者は不均一分散に関してすべて同じ検定を使っていない．なぜなら，不均一分散はさまざまな形態をとるため，与えられた回帰式でどのように現れるかは決して正確にわからないからである．たとえば，「Z_i比例要因」アプローチは不均一分散の形態に関する定式化の1つにしかすぎない．その結果，不均一分散を検定するすべての人が同意する検定は存在しない．したがって，計量経済学の教科書ではそのような異なる検定が8通りは掲載されている．

このように多くの各種検定があるため，ここでは，パーク検定（Park test）とホワイト検定（White test）という2通りの異なった検定の使い方に関して

---

[4] ここでの議論はt検定に関してであるが，同様に，不均一分散のもとで適用されるすべての検定統計量に関しても信頼できないと結論づけられる．

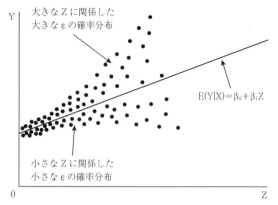

図 10.4　不均一分散と確認できる残差系列
もし回帰式の残差を潜在的な比例要因 Z に関して図示すると，残差の範囲が拡大したり（縮小したり）するなら，それは，不均一分散の可能性の兆候である．

説明する．どのような不均一分散の検定も回帰式に不均一分散が存在することを「証明」することができず，せいぜいできることは，その発生可能な一般的兆候を得ることだけである．

各定式化された回帰式に関して不均一分散検定を実行させる必要はないが，どのような検定でも，使う前に次の予備的な質問を問うことはよい考えである．

1. **何らかの定式化の誤りはないだろうか？**　もし回帰式が除外変数をもつかもしれないと疑われる場合，不均一分散の検定は，できる限りよい定式化が得られるまで延ばすべきである．

2. **研究目的が不均一分散により問題となるだろうか？**　クロスセクション・データを使った研究では，不均一分散がしばしば問題となるだけでなく，従属変数に関して大きな変動範囲をもつ研究では，特に不均一分散の影響を受けやすい．たとえば，州別ガソリン消費量の研究の場合，ガソリン税率の研究よりも不均一分散がより問題となるだろう．なぜなら，従属変数の変動範囲に関して，大きなバラツキが存在するからだ．

3. **残差のグラフは，不均一分散の何らかの兆候を示しているだろうか？**
潜在的比例要因 Z に対する残差のグラフを描くことは，しばしば時間の

節約になる．そのような場合，グラフだけでも，不均一分散なのか，あるいは，そうでないのかがわかることがある．図 **10.4** には何を調べるべきかの例が示されている．それは，残差の範囲が拡大している（縮小している）か，ということである．

パーク検定

どうやって，前節で想定された形態の真正不均一分散を検定すればよいだろうか．前節で概説されたその形態は以下である．

$$\mathrm{VAR}(\varepsilon_i) = \sigma^2 Z_i^2$$

ここで，

ε = 推定回帰式の誤差項
σ^2 = 均一分散誤差項の分散
Z = 比例要因

パーク検定（Park test）[5]は，その回帰式の誤差項が不均一分散をもつかどうかをみるために，回帰式の残差を検定する．パーク検定は以下の3つの基本的手順で進められる．

1. *推定された回帰式の残差を求める．* 第1のステップは，OLS を使って回帰式を推計し，その推定から残差を見つける．

$$e_i = Y_i - \widehat{Y}_i = Y_i - (\widehat{\beta}_0 + \widehat{\beta}_1 X_{1i} + \widehat{\beta}_2 X_{2i}) \tag{10.6}$$

これら残差は，多くの回帰ソフトによりプリントアウトされ，系列相関のダービン＝ワトソン d 統計量の計算にも使われたものである．

2. *第2回目の回帰の従属変数としてこれらの残差を使う．* 特にパーク検定は次の両対数回帰を実行することを提案している．

$$\ln(e_i^2) = \alpha_0 + \alpha_1 \ln Z_i + u_i \tag{10.7}$$

---

[5] R. E. Park, "Estimation with Heteroskedastic Error Terms," *Econometrica*, Vol. 54, p. 888.

ここで,

> e_i = (10.6)式から得られた i 番目の残差の観察値
> Z_i = 比例的因子（Z）として用いるために選択された変数
> u_i = 古典的（均一分散）誤差項[6]

3. t 検定を使い，(10.7)式の Z の係数の統計的有意性を検定する．もしも Z の係数が有意にゼロと異なるとき，これは，Z に関して残差が不均一分散の兆候を示している証拠である．そうでなければ，この特定の Z に関連した不均一分散は，これらの残差からは支持されない．しかし，特定の回帰式の誤差項が均一分散であるということを証明することはできない．

パーク検定の主要な問題は，比例的因子 Z の特定である．Z は，ほとんどの場合，もとの回帰式に含まれる 1 つの独立変数であるが，必ずしもそうではない．

多くのクロスセクション・モデルでのよい変数 Z とは，観察値の大きさを測ることができる変数である．時系列回帰分析では，よい変数 Z とは観察数 t だろう．

パーク検定の使い方の実例

上巻3.2節で取り上げたウッディーズ・レストランの例に戻り，(3.5)式の残差に不均一分散があるかどうか検定しよう．回帰分析は，領収書の数で測られた33の異なるウッディーズ・レストランの顧客数（Y）を，近隣の競合店の数（N），近隣人口（P）とその地域の平均的家計所得（I）の関数として説明している．

$$\widehat{Y}_i = 102{,}192 - 9075 N_i + 0.355 P_i + 1.288 I_i \qquad (3.5)$$
$$\qquad\qquad (2053) \quad (0.073) \quad (0.543)$$
$$t = \quad -4.42 \qquad 4.88 \qquad 2.37$$
$$N = 33 \qquad \bar{R}^2 = 0.579$$

---

[6] パーク検定に関する批判の1つは，この誤差項が必ずしも均一分散とならないということである．以下を参照．S. M. Goldfeld and R. E. Quandt, *Nonlinear Methods in Econometrics* (Amsterdam: North-Holland Publishing Company, 1972), pp. 93-94.

(3.5)式から得られた残差に，不均一分散の何らかの兆候があるかどうかをみるためにパーク検定を使おう．

1. *残差を計算する*．ウッディーズの例では，これら残差はすでに計算され，それは3.2節の最後に掲載されている．

2. *2回目の回帰における被説明変数としてこれらの残差を使う*．(10.7)式で最初に概説したように，疑わしい比例的因子 Z の対数の関数の説明変数として残差二乗の対数をもつ回帰を実行する．より人口が密集している地域では誤差項がより大きくなるので，人口（P）はパーク検定を行うための Z の理にかなった選択肢である．市場や特定の店舗の大きさに関連した他の変数もまた選択肢として可能性があるだろう[7]．もし(3.5)式の対数を取られた二乗残差が P の対数値の関数として回帰されると，次が得られる．

$$\widehat{\ln(e_i^2)} = 21.05 - 0.2865 \ln P_i \qquad (10.8)$$
$$(0.6236)$$
$$t = -0.457$$
$$N = 33 \qquad R^2 = 0.0067$$

3. *(10.7)式の $\hat{a}_1$ の有意性を検定する*．t値の計算からわかるように，(3.5)式の二乗残差と人口は何ら計測可能な実質的関係は存在しない．計算された t 値 -0.457 は，両側検定で，1％有意水準の絶対値の臨界 t 値（巻末統計表1から）の絶対値 2.750 よりもずっと小さい．したがって，均一分散という次の帰無仮説を棄却できないであろう[8]．

---

[7] このパーク検定は，比例要因や不均一分散の他の形態に関して何も言及しない．この例では，説明変数の性質から，他のどのような不均一分散も可能でないように思えるが，1つの比例要因（あるいは形態）に関して均一分散であるが，その他の比例的因子（あるいは形態）に関して不均一分散となることは可能である．潜在的な Z を選択する前に，慎重な考察が必要である．思いつくすべての変数についてのパーク検定の実行は，ほとんど得るものがなく，ただ第Ⅰ種の誤り（均一分散が真であるとき，均一分散という帰無仮説を棄却する）を増すだけである．

[8] 均一分散の帰無仮説を棄却できないということが，誤差項が均一分散であることを証明しないということを思い出そう．

$$H_0 : \alpha_1 = 0$$
$$H_A : \alpha_1 \neq 0$$

ホワイト検定

残念ながら,パーク検定を実行するためには,可能な不均一分散に比例すると疑われる変数 Z_i を知らねばならない.しかしながら,可能な Z 要因の中からどの変数を検定に使うかをしばしば決めることができない.このような状況においては,一連のパーク検定を(それぞれの比例的因子に関して)実行することはお勧めできない.その代わり,不均一分散の検定の1つであるホワイト検定を使うことが適切である[9].パーク検定のように,**ホワイト検定**(White test)[10]は被説明変数としての二乗残差に関する回帰を走らすことにより不均一分散を見つける方法である.しかし今回は,2度目の回帰式の右辺は,すべて本来の独立変数,すべての本来の独立変数の二乗,そしてすべての本来の変数間の交差積を含む.ホワイト検定はこのように,不均一分散の特定の形式を仮定しないという際立った優位性をもっている.結果として,不均一分散のあらゆる形態を分析するためにこれまで作られてきた中で最強の検定法として急速に支持を集めてきている[11].

ホワイト検定を実行するには,

---

[9] これらはラグランジュ乗数(LM)にもとづく,一般的な一連の検定である.LM 検定に関してさらなる議論は,12.2節を参照のこと.

[10] Halbert White, "A Heteroskedasticity-Consistent Covariance Matrix Estimator and a Direct Test for Heteroskedasticity," *Econometrica*, Vol. 48, pp. 817-838.

[11] クロスセクション・データに関して,多くの計量経済学者は,もとの回帰式から得られた二乗残差を回帰式のすべての独立変数関数として線形回帰する「ブルーシュ=ペイガン(Breusch-Pagan)検定」を好む.より詳しくは,Jeffrey M. Wooldridge, *Introductory Econometrics* (Mason, OH : Southwestern, 2006), pp. 273-276 を参照のこと.時系列データに関して,最もよい検定は,エングルの「自己回帰の条件つき不均一分散検定(Autoregressive Conditional Heteroskedasticity (ARCH) test)」である.ARCH モデルでは,誤差の現時点での観察値を前期の誤差項の観察値の二乗の(条件つきの)関数と考える.したがって,不均一分散の検定は,e_t^2 を $e_{t-1}^2, e_{t-2}^2, e_{t-3}^2$ 等の関数として定式化された回帰式の当てはまりのよさの計測から成っている.たとえば以下を参照せよ,Rob Engle, "Autoregressive Conditional Heteroskedasticity with Estimates of the Variance of United Kingdom Inflation," *Econometrica*, Vol. 50, pp. 987-1007.

1. *推定された回帰式の残差を求める.* この第1手順は，パーク検定の第1手順と同じものである.

2. *(二乗された) 残差を第2回目の回帰式の被説明変数として使う.* ここで説明変数として，元の回帰式の各独立変数X，各独立変数X二乗した変数，各Xとその他の独立変数のそれぞれの積としての変数などが含まれる．たとえば，元の回帰式の独立変数が$X_1, X_2,$ と X_3 であったならば，適切なホワイト検定の回帰式は，以下である.

$$(e_i)^2 = \alpha_0 + \alpha_1 X_{1i} + \alpha_2 X_{2i} + \alpha_3 X_{3i} + \alpha_4 X_{1i}^2 \\ + \alpha_5 X_{2i}^2 + \alpha_6 X_{3i}^2 + \alpha_7 X_{1i} X_{2i} + \alpha_8 X_{1i} X_{3i} \\ + \alpha_9 X_{2i} X_{3i} + u_i \qquad (10.9)$$

3. *カイ二乗検定を使い (10.9) 式の全般的な有意性を検定せよ.* ここでの適切な検定統計量はNR^2である，つまり標本サイズ（N）掛ける (10.9) 式の（自由度調整済みでないR^2）決定係数として求められる．この検定は (10.9) 式の傾き係数と同じ数の自由度をもつカイ二乗分布となる．もしNR^2が巻末統計表8から得られる臨界カイ二乗値よりも大きければ，帰無仮説が棄却され，不均一分散をもつだろうと結論づける．もしNR^2が臨界カイ二乗値よりも小さいならば，均一分散であるという帰無仮説を棄却できない.

ホワイト検定は一般化されたパーク検定と考えることができる．なぜなら，ホワイト検定は各種可能な比例要因を含むが，パーク検定は一個のそれしか含まない．実際，回帰式に正確に1個の独立変数しか含まず，その変数が適切な比例要因であれば，ホワイト検定とパーク検定は，パーク検定が両対数関数型を用いることを除けば，まったく同一である[12].

ホワイト検定に関する1つの問題点は，ある状況では2回目の回帰式が，自

---

[12] 技術的には，ホワイト検定は独立変数の任意の関数型に関して，母数を前提にしないノンパラメトリックな近似を与える，べき級数展開である．EViews や Stata などの多くの計量ソフトは，マウスのクリックだけでホワイト検定を実行可能である．しかしパーク検定に関しては，その検定を実行する前に比例因子 Z を選択せねばならないので，そのような選択肢はない．

由度がマイナスとなるため推計できないことである.もとの回帰式が,小さな標本サイズやあまりに多くの変数をもつため,2回目の回帰式が,観察数以上の独立変数(二乗項や交差積項を含めて)をもつことになるからである.もとの回帰式にダミー独立変数がある場合,しばしば (10.9) 式からそれらダミー変数を落とすこと($0^2=0$ で $1^2=1$ なので,完全な多重共線性が生じる)でこの問題を避けることができる.

10.4 不均一分散への対処

パーク検定やホワイト検定が不均一分散の可能性の兆候を示したとき,最初に行うことは定式化の誤りがないかどうか調べることである.単に検定が不均一分散の可能性を示しているからという理由で新しい独立変数を含めるべきではないが,回帰式の定式化は厳密に調べるべきである.この再考から,初めから回帰式に含まれるべきであった変数を発見した場合には,回帰式にその変数を追加すべきである.しかし,もし一目でわかるような定式化の誤りがなければ,不均一分散は事実上真正不均一分散であり,この節で説明される修正法の1つを考慮せねばならない.

不均一分散修正標準誤差

最もよく使われる不均一分散の修正法は,不均一分散修正標準誤差である.それは,傾き係数の OLS 推定値を使いながら,$SE(\hat{\beta})$ 推定値を不均一分散に合うように修正する方法である.この方法の論理は強力である.不均一分散は,$SE(\hat{\beta})$ の推定値に対して問題を生じるが,$\hat{\beta}$ に関しては生じさせないので,傾き係数推定値を変更しないように $SE(\hat{\beta})$ の推定値を改善することは十分理解できる.この修正方法は,本質的に,**ニューウィー゠ウェスト標準誤差**(Newey-West standard error)を自己相関の修正に用いたのと同じ方法である.

こうして,**不均一分散修正(HC)標準誤差**(heteroskedasticity-corrected standard error)は,不均一分散を避けるために特別に計算された $SE(\hat{\beta})$ である.HC 手順は,不均一分散のもとでバイアスをもつが,大標本においては無修正の標準誤差よりも一般的にはより正確な標準誤差の推定値を与える.その結果,HC $SE(\hat{\beta})$ は,不均一分散により引き起こされる潜在的な影響による推定の誤りなしに,ほとんどの標本に関する t 検定や他の仮説検定を行うことが可能と

なる．典型的には，HC SE($\hat{\beta}$) は OLS 推定 SE($\hat{\beta}$) よりも大きく，したがってより低い t 値となるので，与えられた推定された係数がゼロから有意に離れているという確率が減少する．この手法はハルバート・ホワイト（Halbert White）により，不均一分散のホワイト検定を提案したとして同じ論文で提唱されていた．[13]

不均一分散修正標準誤差を使うとき，いくつかの問題が存在する．第 1 に，この手法は大標本で最もよく機能する．第 2 に，HC SE($\hat{\beta}$) の詳細な計算は本書の範囲を超えており，この章の重要な理論的枠組みである $VAR(\varepsilon_i) = \sigma^2 Z_i^2$ よりも，本質的により一般的なモデルを意味している．さらにその上，すべての計量ソフトが不均一分散修正標準誤差を計算するわけではない．

変数を再定義する

不均一分散を含む回帰式の問題を解く他の方法は，回帰式を決める基本理論へ戻り，不均一分散を避けるように変数を再定義することである．推定された回帰式が，その変数間の行動的側面に焦点を当てることになるために，変数を再定義することは有用である．そのような再考は，困難な気の滅入るものである．なぜなら，これまで行ってきたすべての作業を放棄するように見えるからである．

それにもかかわらず，理論的作業が見直されると，発見されたそれに代わる方法は，これまで克服できないと思われた問題を回避する可能性を提供するといった，とてもわくわくするものである．しかし，注意が必要である．変数を再定義することは，関数形式の定式化の変更であり，回帰式を大きく変えることになるからである．

不均一分散をもつ回帰式の問題を解決するに必要な変数の再定義が，線形型式を両対数型式へ変えるだけでよい場合がある．両対数型式は線形型式に比べて，本質的に小さな変動をもつので，不均一分散に遭遇しにくい．それに加えて，両対数型式が線形型式と同じくらい理論的に理にかなっているという多く

---

[13] 9.4 節のニューウィー＝ウェスト標準誤差は，HC 標準誤差としても用いることができる．実際，EViews などの計量ソフトなどでは，ホワイトの手順とニューウィー＝ウェストの手順間の選択ができる．言及されていなければ，HC 標準誤差はホワイト手順に従うと想定されるべきである．この手順は，HCCM（heteroskedasticity-consistent covariance matrix）とよばれている．

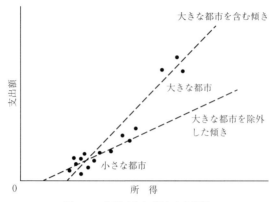

図 10.5　集計された都市支出関数

もし都市の支出が集計されたモデルとして説明したならば，回帰係数値の決定において，大きな都市は重要な働きをする．ここで，もし大きな都市の影響がなければ傾きがどれほど小さかったかに注意しよう．さらに，不均一分散は集計モデルで問題を生じる可能性がある．なぜなら，従属変数の大きな値域が，異なった誤差項分散を生じさせやすいからである．

の研究がある．もし線形型式が何も考えずに選ばれた場合は，なおさらそうである．

　研究計画を，基礎になっている理論から完全に練り直す必要があるかもしれないような場合もある．たとえば，異なる都市の総支出のクロスセクション・モデルを考えているとしよう．そのような分析で，理論に合っていると考えうる説明変数は，各都市に関する，集計所得，人口，そして平均賃金である．たとえば，都市住民や企業の総所得が大きくなれば，その都市政府の支出は大きくなる（図 10.5 を参照）．この場合，大きな都市の方が小さな都市よりも（絶対値で）大きな所得と支出をもつことを知ってもあまり役に立たない．

　そのようなデータに回帰線を当てはめる（図 10.5 の破線を参照）ことはまた，大きな都市に無理な荷重をかけることになる．なぜなら，さもなければ大きな二乗残差を生じさせるだろうからである．すなわち，OLS は残差二乗和を最小化し，大きな都市の残差はその都市の大きさにのみ依存して大きいので，回帰推定は大きな都市の残差に特に敏感となる．このことは，しばしば，規模による「**見せかけの相関**（spurious correlation）」とよばれている．

　さらに残差は，不均一分散を示すかもしれない．規模要因（都市の規模）を割り引いたり，基礎となる行動を強調したりするようにモデルを再定式化する

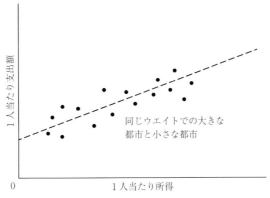

図 10.6　1人当たり都市支出関数

もし都市支出が，1人当たりに関して説明されていたならば，大きな都市と小さな都市は同一の荷重をもち，不均一分散は起こりそうにない．なぜなら，従属変数は規模に関する広い値域にわたって変化しないからである．

ことを考えることは的を射ている．このケースでは，1人当たり支出が理に適った従属変数だろう．そのような変換は図 10.6 で示されている．回帰式のこの形式は，ニューヨークやロサンゼルスなどを，たとえば，パサデナあるいはニュー・ブランズウィックと同じスケール上に置くことになり，したがって回帰では同一の荷重を与えることになる．もし独立変数が都市サイズの関数でないとすれば，1人当たりの単位に調整する必要はないだろう．たとえば，もし回帰式が都市勤労者の平均賃金を含んでいたとすれば，変換された回帰式の賃金は人口で割る必要はない．

いまもとの回帰式が以下であるとしよう．

$$EXP_i = \beta_0 + \beta_1 POP_i + \beta_2 INC_i + \beta_3 WAGE_i + \varepsilon_i \tag{10.10}$$

ここで，EXP_i は支出額を，INC_i は所得を，$WAGE_i$ は平均賃金を，そして POP_i は第 i 都市の人口を表す．

変換された回帰式[14]は以下となるだろう．

---

[14] この変換された回帰式は加重最小二乗法（WLS）の回帰式に似ている．加重最小二乗法は，（定数項と不均一分散誤差項を含め）すべての回帰式を比例要因 Z で割り，その回帰式を OLS で再推計するという不均一分散の修正方法である．この節の例では，WLS 回帰式は，以下となるだろう． ↗

$$\mathrm{EXP}_i/\mathrm{POP}_i = \alpha_0 + \alpha_1 \mathrm{INC}_i/\mathrm{POP}_i + \alpha_2 \mathrm{WAGE}_i + u_i \qquad (10.12)$$

ここで，u_i は古典的な均一分散誤差項である．直接変換された回帰式(10.12)はおそらく不均一分散を避けるかもしれないが，そのような解決法は，検討されている本来の行動に焦点を当てて回帰式を再考する便益に一致しなければならないと考えられる．

<u>再定式化された</u>（reformulated）回帰式(10.12)が不均一分散をもつかもしれないことに注意しよう．すなわち，1人当たり支出額の値が，小さな1人当たりの値よりも大きくなるにつれて，誤差分散が大きくなるかもしれない．したがって，この変換されたモデルに関しても，不均一分散に関して疑いをもち，その検定を行うことは理にかなっている．ここでの変換された回帰式については，そのような不均一分散はありそうもない．なぜなら，不均一分散に関連した規模に関する変動は，通常ほとんどないからである．

10.5 より完璧な事例

不均一分散を含むより完璧な事例を，州別のガソリン消費量のクロスセクション・モデルを通して研究しよう．説明変数は，（道路のマイル表示総距離数，登録自動車数，あるいは州人口）などの州の規模の役目をする変数と（ガソリン価格あるいは速度制限）などの州の規模の役目をしない変数を含む．州のサイズを測る変数を2個以上含んだとしてもほとんど得ることがなく（なぜなら，そのような変数の追加は理論的に余分であり，不必要な多重共線性の原因となるだろうから），そして速度制限はすべての州で同じなので（そのことは，時系列分析では有用な変数であろうが），考慮すべき納得のいくモデルは以下となる．

$$\mathrm{PCON}_i = f(\overset{+}{\mathrm{REG}}, \overset{-}{\mathrm{PRICE}}) + \varepsilon_i = \beta_0 + \beta_1 \mathrm{REG}_i + \beta_2 \mathrm{PRICE}_i + \varepsilon_i \qquad (10.13)$$

$$\mathrm{EXP}_i/\mathrm{POP}_i = \beta_0/\mathrm{POP}_i + \beta_1 + \beta_2 \mathrm{INC}_i/\mathrm{POP}_i + \beta_3 \mathrm{WAGE}_i/\mathrm{POP}_i + u_i \qquad (10.11)$$

ここで，(10.11)式の変数と β は，(10.10)式の係数と同一である．Z で回帰式全体を割るということは，Z が正しい比例要因であるかぎり，また不均一分散の関数形式が(10.4)式である限り，u は均一分散誤差項となる．これはささいな問題ではなく，他の変換やHCSEは，WLSを使うよりも容易であり，したがってこれ以上WLSには言及しない．

ここで，

  $PCON_i$ = i 番目の州のガソリン消費量（単位：BTU，1 兆英熱量）
  REG_i = i 番目の州の自動車登録台数（千台）
  $PRICE_i$ = i 番目の州のガソリン価格（セント/ガロン当たり）
  ε_i = 古典的誤差項

州の自動車登録数が多ければ多いほど，よりガソリンが消費され，一方，ガソリン価格が高ければ，その州のガソリン購入を減らすであろう[15]．この例示のため，2005年のデータ（表 **10.1** を参照）を集め以下の推定を得る．

$$\widehat{PCON_i} = 4101 + 0.16 REG_i - 1885 PRICE_i \tag{10.14}$$
$$(0.01) \quad\quad (750)$$
$$t = \quad\quad 12.4 \quad\quad -2.51$$
$$N = 50 \quad \overline{R}^2 = 0.76$$

この回帰式にはなんら問題がない．回帰係数は想定された符号に関して有意であるし，全般的な回帰式も統計的に有意である．ダービン＝ワトソン d 統計量は示されていない．なぜなら，この観察値には「当然の手続き」としての自己相関の検定の必要がないからである（もし詮索したければ，表 **10.1** の DW は，ちなみに 2.15 である）．

 前節の議論を踏まえ，州の規模の違いがもたらす不均一分散の可能性を精査しよう．この可能性を検定するために，回帰式(10.14)の残差を計算し，その残差に関してパーク検定とホワイト検定を実行する．

 パーク検定を実行する前に，吟味すべき比例的要因 Z が何かを決定しなければならない．市場の規模に関係した，ほとんどどんな変数も妥当な変数となるだろうが，自動車登録数（REG）はたしかに最も理にかなった選択である．パーク検定を，ガソリン税（TAX）を比例要因 Z として実行することは間違

---

[15] この回帰式の独立変数として税金（TAX）を使わなければ，TAX*REG や TAX*POP などの変数を使うことである（ここで，POP_i は i 番目の州の人口である）．これについては，係数ダミーを議論する上巻7.5節で導入される交差項に関するより込み入った議論がある．税率は，小さな州よりも大きな州でガソリン消費に大きな影響を及ぼし，変数 TAX へ州のサイズを表す度量をかけることで，新しい変数をその効果のよりよい度量とすることができる．

表 10.1　ガソリン消費の例のためのデータ

PCON	PRICE	REG	POP	STATE
580	2.11	4545	4548	Alabama
284	2.13	673	663	Alaska
537	2.23	3972	5953	Arizona
377	2.10	1940	2776	Arkansas
3837	2.47	32487	36154	California
463	2.19	1808	4663	Colorado
463	2.17	3059	3501	Connecticut
148	2.07	737	842	Delaware
1940	2.21	15691	17768	Florida
1058	2.09	8063	9133	Georgia
270	2.47	948	1273	Hawaii
139	2.14	1374	1429	Idaho
1313	2.22	9458	12765	Illinois
901	2.19	4955	6266	Indiana
393	2.13	3398	2966	Iowa
434	2.17	2368	2748	Kansas
664	2.14	3428	4173	Kentucky
1610	2.10	3819	4507	Louisiana
262	2.16	1075	1318	Maine
561	2.15	4322	5590	Maryland
734	2.08	5420	6433	Massachusetts
1010	2.24	8247	10101	Michigan
694	2.11	4647	5127	Minnesota
484	2.11	1978	2908	Mississippi
737	2.09	4589	5798	Missouri
161	2.17	1009	935	Montana
231	2.21	1703	1758	Nebraska
242	2.38	1349	2412	Nevada
198	2.08	1174	1307	New Hampshire
1233	1.99	6262	8703	New Jersey
250	2.19	1548	1926	New Mexico
1776	2.23	11863	19316	New York
947	2.14	6148	8672	North Carolina
121	2.19	695	635	North Dakota
1340	2.19	10634	11471	Ohio
545	2.08	3725	3543	Oklahoma
370	2.28	2897	3639	Oregon
1466	2.14	9864	12405	Pennsylvania
102	2.12	812	1074	Rhode Island
517	2.06	3339	4247	South Carolina
113	2.20	854	775	South Dakota
782	2.11	4980	5956	Tennessee
5628	2.07	17470	22929	Texas
276	2.12	2210	2490	Utah
86	2.13	508	622	Vermont
965	2.10	6591	7564	Virginia
793	2.28	5598	6292	Washington
255	2.20	1352	1814	West Virginia
597	2.26	4725	5528	Wisconsin
162	2.08	646	509	Wyoming

出所：*2008 Statistical Abstract* (U. S. Department of Commerce).　　　　(Datafile=GAS10)

いであることに注意しよう．なぜなら，税率が州の規模に応じて密接に変化しているかは，ほとんど証拠がないからだ．

パーク検定を実行すると，以下の結果を得る．

$$\widehat{\ln(e_i^2)} = 3.66 + 0.73 \ln REG_i \qquad (10.15)$$
$$(0.35)$$
$$t = 2.09$$
$$\overline{R}^2 = 0.064 \qquad N = 50$$

2.09 は巻末統計表 1 の 5 ％両側 t 検定の臨界 t 値[16] 2.01 よりも大きいので，均一分散であるという帰無仮説は棄却される．適切な決定ルールは次である．

　　もし $|t_{PARK}| > 2.01$ ならば，$H_0: \alpha_1 = 0$（Homoskedasticity）を棄却する
　　もし $|t_{PARK}| \leq 2.01$ ならば，$H_0:$（Heteroskedasticity）を棄却しない

ホワイト検定も不均一分散を検知するかどうかをみるために，(10.9)式をここでの例に合うように修正する必要がある．従属変数は回帰式(10.14)の残差二乗和であり，独立変数は，REG, PRICE, それら変数の二乗，そしてそれら変数の交差積である．

$$(e_i)^2 = \alpha_0 + \alpha_1 REG_i + \alpha_2 PRICE_i + \alpha_3 REG_i^2 \qquad (10.16)$$
$$+ \alpha_4 PRICE_i^2 + \alpha_5 REG_i * PRICE_i + u_i$$

もし (10.16)式を，回帰式(10.14)と表 **10.1** のデータから計算された残差を使って推定したとすると，その R^2 は 0.85 を得る．さて，どうなるだろうか．

ホワイト検定は R^2 に N を掛ける必要があるので，この結果は，50×0.85＝42.5 となる．ここで，自由度5（この場合，傾き係数の個数）のカイ二乗分布の臨界値と NR^2 を比べる必要がある．巻末統計表 8 をみればわかるように，自由度5の 5 ％有意水準での臨界カイ二乗値は 11.07 である．また，ここでの決定ルールは以下である．

　　もし　$NR^2 < 11.07$　であれば，均一分散であるという帰無仮説を棄却しない

---

[16] 巻末統計表1は自由度48（なぜ47でなく，自由度48なのかわかるだろうか）の値を掲載していないことに注意しよう．したがって，臨界値2.01を補間法で求めなければならない．

もし　$NR^2 > 11.07$　であれば，均一分散であるという帰無仮説を棄却する．

$NR^2 = 42.5 > 11.07$　なので，均一分散であるという帰無仮説は棄却される．すなわち，不均一分散が得られたのである．

　回帰式(10.14)の残差には不均一分散があるように思えるが，どうすべきであろうか．まず，除外変数[17]がないかどうかを，回帰式の定式化を通して再考すべきである．一方，いくつかの除外変数の可能性があるかもしれないが，多くの場合，回帰式における不均一分散は真正不均一分散であることがわかる．

　第1に，最もよく使われる修正である不均一分散修正標準誤差をこの例に適用しよう．(10.14)式から始めて，ホワイトが$SE(\hat{\beta})$の推定に関して提案した，すなわち，(大標本において)不均一分散が生じているときの分散を最小化するという方法を使い，以下の結果を得る．

$$\widehat{PCON}_i = 4101 + 0.16 REG_i - 1885 PRICE_i \quad (10.17)$$

$$(0.03) \qquad (1360)$$
$$t = \quad 4.85 \qquad -1.39$$
$$N = 50 \qquad \overline{R}^2 = 0.76$$

(10.14)式と(10.17)式を比べよう．まず，両者の係数は，予測されたように同じである．なぜなら，HC法はOLSを回帰係数の推定に使うからだ．さらに，HCの$SE(\hat{\beta})$は，OLS推定の$SE(\hat{\beta})$よりも，必ずそうなるとは限らないが，通常は高くなる．その結果t値は低くなるが，それらは期待される符号方向に十分大きく，実際に(10.17)式を満足のいく結果としている．

　第2の可能な不均一分散の修正は，両対数関数型へ変換することである．両対数型の回帰式を推計するため，表 **10.1** のデータを使うと以下を得る．

$$\widehat{\ln PCON}_i = -0.32 + 0.90 \ln REG_i - 0.89 \ln PRICE_i \quad (10.18)$$

$$(0.04) \qquad (1.03)$$
$$t = \quad 20.3 \qquad -0.87$$
$$N = 50 \qquad \overline{R}^2 = 0.89$$

---

[17]　テキサス州のような石油産出州では，自動車の燃料以外にも石油生産物として消費している．したがって，石油生産物を測る変数を追加したいと思うかもしれない．しかし，Ronald Michener の洞察に感謝して，従属変数は自動車のガソリン消費量に限っておくことがよりよい方法であるとしよう．

結果からわかるように，対数への変換は，$\bar{R}^2$ と lnREG の係数の有意性を改善するが，lnPRICE の係数の t 値は 1 以下となる．通常，そのような低い t 値は心配だが，推定された係数は期待された符号となっており，PRICE は理論的要請から確実に回帰式に含まれるので，PRICE が無関係かもしれないという可能性を考える理由はない．期待されるように，ホワイト検定は，(10.18)式の残差が実際に均一分散であることを示しているのである．

最後に，見せかけの相関の結果生じる不均一分散を避けるため，回帰分析の目的を再考したり回帰式の変数を再定式化したりするという代替的方法がある．もし (10.14)式を再考するのであれば，1 人当たりのガソリン消費量を説明しようと決めて，次の回帰式を想定するかもしれない．

$$\text{PCON}_i/\text{POP}_i = \beta_0 + \beta_1 \text{REG}_i/\text{POP}_i + \beta_2 \text{PRICE}_i + \varepsilon_i \tag{10.19}$$

ここで，POP_i は i 番目の州の千人単位の人口である．

(10.19)式を推計すると，以下を得る．

$$\widehat{\text{PCON}_i/\text{POP}_i} = 0.23 + 0.15\text{REG}_i/\text{POP}_i - 0.10\text{PRICE}_i \tag{10.20}$$
$$(0.06) \qquad\qquad (0.10)$$
$$t = \qquad 2.52 \qquad\qquad -1.00$$
$$N = 50 \qquad \bar{R}^2 = 0.12$$

(10.20)式を (10.17)式と比べると，これはまったく異なる方法であり，必ずしもよい結果ではないことがわかる．(10.20)式の統計的特性は，もう 1 つの回帰式とは直接比較できないが，期待したほど強くない．しかしこのことは，必ずしも決定的要因ではない．しいて言えば，(10.20)式の残差が実際に均一分散であるように見えるということぐらいである．

HC 標準誤差，両対数関数型，あるいは，回帰式の再定式化のどちらの修正が最適であろうか．多くの計量経済学者は，HC 標準誤差を好むが，標本サイズ 50 では HC 推定量に関する大数法則が成立しない．しかしながら，この答えは問題とする回帰式の基礎となる理論によって変わるであろう．もしも理論が，両対数型か，関数型の再定式化を強力に支持しているとすれば，そのモデルは明らかに最適である．しかしながら，そのような状況では，なぜ理論的に優れた関数型が第 1 に選ばれないのかということを問題にすることは意味がある．最後に，t 値が仮説の検定や変数の保持のために用いられないというごく

まれな場合，そもそも不均一分散のなんらかの修正が必ず必要であるかどうかまったく明らかではない．

10.6 まとめと練習問題

1. 不均一分散は，観察値の誤差項は一定の分散をもつ分布からとられているという古典的仮定Vに違反する．均一分散誤差項の観察値はすべての観察値に関して一定の分散をもつ分散からとられ，これに対して，不均一分散誤差項観察値は，観察値によって異なった分散をもつ分布からとられている．不均一分散はクロスセクション・データにおいて，最も頻繁に生じる．

2. 不均一分散誤差項の分散は，一定の σ^2 に等しくならず，その代わり，σ_i^2 となる．ここで添え字 i は，分散が観察値に応じて変化することを示している．いろいろと違った不均一分散が可能であるが，以下のように，ある他の比例要因 Z の関数として分散が体系的に変化するというのがこのモデルに共通したものである．

$$VAR(\varepsilon_i) = \sigma^2 Z_i^2$$

比例要因 Z は，通常，従属変数のサイズや正確さとなんらかの関連をもつものである．

3. 真正不均一分散は，正しく定式化された回帰式の誤差項の関数である．疑似不均一分散は，除外変数などの定式化の誤りから生じる．

4. 不均一分散の主要な帰結は最小二乗推定 $SE(\hat{\beta})$ がバイアスをもち，信用の置けない仮説検定の原因となることである．真正不均一分散は β それ自身の推定値にバイアスを生じさせない．

5. 多くの検定は，回帰式の残差を使い，誤差項の不均一分散の可能性を検定する．パーク検定は，これら残差を2回目の回帰のための従属変数とする関数を使う．またその独立変数は推測される比例要因 Z の対数値で

あり，以下となる．

$$\ln(e_i^2) = \alpha_0 + \alpha_1 \ln Z_i + u_i$$

もし $\hat{\alpha}_1$ がゼロと有意に異なるならば，均一分散の帰無仮説を棄却する．

6. 不均一分散の修正の第一歩は，疑似不均一分散を生じさせるかもしれない除外変数を調べることである．もし定式化が可能な限り良好であれば，HC 標準誤差，あるいは変数の再定式化などの解決策を考えるべきである．

練習問題

5章の練習問題14［翻訳では省略］で議論された国際的な製薬業界の分析に戻ろう．そこでの研究は，クロス・セクション分析であり，アメリカのような大きな国だけでなくルクセンブルグのような小さな国も含まれていた．したがって，起こりうる問題として不均一分散を確実に挙げることができる．幸いに，もともとの研究の従属変数は，i 番目の国の薬価をアメリカのそれで割った変数 P_i であった．したがって，不均一分散にともなう典型的な規模による広範囲な変動に直面しなかった（なぜだろうか）．

しかし今，仮に同じデータを使い，以下のような薬消費量の回帰モデルを構築したとしよう．

$$\widehat{CV_i} = -15.9 + 0.18 N_i + 0.22 P_i + 14.3 IPC_i \quad (10.21)$$
$$\phantom{\widehat{CV_i} = -15.9 +} (0.05) \quad (0.09) \quad (6.39)$$
$$t = 3.32 \quad\; 2.53 \quad\; 2.24$$
$$N=32 \quad \bar{R}^2=0.31$$

ここで，

CV_i ＝ i 番目の国の薬消費量をアメリカのそれで割った値
N_i ＝ i 番目の国の人口をアメリカのそれで割った値
IPC_i ＝ もし i 番目の国が価格競争を促進していれば 1 であり，そうでなければ 0 を取るダミー変数

a．Pが従属変数のときよりも，CVが従属変数のときの方がより不均一分散が起きやすいと考えられる．その理由を説明しなさい．
b．表 **10.2** (Datafile=DRUGS5) を使い，回帰式(10.21) の不均一分散を，パーク検定（Nを比例要因として使い）とホワイト検定を使い，5％有意水準で行いなさい（ヒント：回帰式(10.21)を，EViews, Stataやその他の回帰プログラムが分析のために正しい残差をもつように初めに実行することに注意しよう）．
c．もしb．の答えが不均一分散であれば，(10.21)式に関するHC標準誤差を推定しなさい．
d．同様に，不均一分散に直面したとき，(10.21)式を両対数形式を使い，再推計しなさい．
e．同様に，不均一分散に直面したとき，(10.21)式の変数を不均一分散が生じないように再定義し，再定義された回帰式を推定しなさい．
f．上記3種の不均一分散の修正のうち，どれがベストか．その理由を述べなさい．
g．上巻5章の練習問題では，PをCVN（CVの1人当たり変数）の関数とした回帰式を推定したが，ここではCVをPの関数とした回帰式を推定した．どの古典的仮定を満たさなくなると思われるか．その理由を説明しなさい．

表 10.2　薬価の国際的差別化の事例研究のためのデータ

Country	P	GDPN	CV	N	CVN	PP	IPC	DPC
Malawi	60.83	4.9	0.014	2.36	0.6	1	0	0
Kenya	50.63	6.56	0.07	6.27	1.1	1	0	0
India	31.71	6.56	18.66	282.76	6.6	0	0	1
Pakistan	38.76	8.23	3.42	32.9	10.4	0	1	1
Sri Lanka	15.22	9.3	0.42	6.32	6.7	1	1	1
Zambia	96.58	10.3	0.05	2.33	2.2	1	0	0
Thailand	48.01	13.0	2.21	19.60	11.3	0	0	0
Philippines	51.14	13.2	0.77	19.70	3.9	1	0	0
South Korea	35.10	20.7	2.20	16.52	13.3	0	0	0
Malaysia	70.74	21.5	0.50	5.58	8.9	1	0	0
Colombia	48.07	22.4	1.56	11.09	14.1	0	1	0
Jamaica	46.13	24.0	0.21	0.96	22.0	1	0	0
Brazil	63.83	25.2	10.48	50.17	21.6	0	1	0
Mexico	69.68	34.7	7.77	28.16	27.6	0	0	0
Yugoslavia	48.24	36.1	3.83	9.42	40.6	0	1	1
Iran	70.42	37.7	3.27	15.33	21.3	0	0	0
Uruguay	65.95	39.6	0.44	1.30	33.8	0	0	0
Ireland	73.58	42.5	0.57	1.49	38.0	1	0	0
Hungary	57.25	49.6	2.36	4.94	47.8	0	1	1
Poland	53.98	50.1	8.08	15.93	50.7	0	1	1
Italy	69.01	53.8	12.02	26.14	45.9	0	0	1
Spain	69.68	55.9	9.01	16.63	54.2	0	0	0
United Kingdom	71.19	63.9	9.96	26.21	38.0	1	1	1
Japan	81.88	68.4	28.58	52.24	54.7	0	0	1
Austria	139.53	69.6	1.24	3.52	35.2	0	0	0
Netherlands	137.29	75.2	1.54	6.40	24.1	1	0	0
Belgium	101.73	77.7	3.49	4.59	76.0	1	0	1
France	91.56	81.9	25.14	24.70	101.8	1	0	1
Luxembourg	100.27	82.0	0.10	0.17	60.5	1	0	1
Denmark	157.56	82.4	0.70	2.35	29.5	1	0	0
Germany, West	152.52	83.0	24.29	28.95	83.9	1	0	0
United States	100.00	100.0	100.00	100.00	100.0	1	1	0

出所：Frederick T. Schut and Peter A. G. VanBergeijk, "International Price Discrimination: The Pharmaceutical Industry," *World Development*, Vol. 14, No. 9, p. 1144.

(Datafile＝DRUGS5)

第11章　回帰分析プロジェクトの実行

11.1　課題を選択する
11.2　データを収集する
11.3　高度なデータの出所
11.4　プロジェクトのための実践的アドバイス
11.5　研究報告を執筆する
11.6　回帰分析のためのチェックリストとガイド
11.7　まとめ
11.8　付録：住宅価格データを使った双方向回帰学習問題

　計量経済学は，本を読んだり講義を聞いたり試験を受けたりすることによってではなく，実践によって学ぶ（ラーニング・バイ・ドゥーイング）のが一番よい．我々にとっては，計量経済学の技法を学ぶことは，歴史や文学を学ぶことよりも，むしろ飛行機を操縦することやゴルフをすることに似ている．実際，まさに本章や8章で双方向回帰学習問題をとりあげているが，それは我々が実践によって学ぶ力に自信をもっているからである．

　双方向回帰学習問題は，本書の事例と読者自身の回帰分析の実施との橋渡しにはなるが，それだけでは十分ではない．さらに「手を汚す」必要がある．この本を読み終わる前に，読者自身の回帰分析プロジェクトを実施すべきだと我々は考えているのだ．そうするように求められていなくても，である．我々だけでなく，期末試験の代わりに，授業の統合的な学習経験として研究プロジェクトを課す教員もいる．

　回帰分析プロジェクトを実施する際の主な構成要素は，以下の3つである．

1. 研究テーマを選択する
2. 研究テーマに回帰の6つのステップを適用する

3. 研究報告を執筆する

最初と3番目の構成要素については，それぞれ11.1節および11.5節で扱う．本章の残りの部分は，回帰分析における6つのステップを実行する際の支援に充てる．

11.1 課題を選択する

　計量経済学の研究プロジェクトの目的は，特定の標本のある従属変数を説明する最良の方程式を作るために，回帰分析を行うことである．しかし，一番大変なのはスタートの部分であることがしばしばである．どうやってよいトピックを選べばよいのだろうか？

　研究テーマを選ぶ際には，少なくとも3つの鍵がある．第1に，あなたが面白いと思っていたり，多少なりとも知っていることがあったりする分野をとりあげてみることである．プロジェクトに取り組むのが楽しければ，時間が飛ぶように過ぎていくと思えることだろう．さらに研究対象について知っていることがあれば，正しい定式化を選ぶことができたり，データの誤りや理論的な問題があることを示す微妙な兆候に気づくことができたりする可能性が高い．第2の鍵は，適切な標本（観測値は最低でも25あることを提案する）をもつデータがすぐに利用できるかを確認することである．従属変数や独立変数となる数値を求めて，次から次へとデータソースを探しまわることほどイライラすることはない．よって，ある研究テーマに確定する前に，データがあるのかどうかを調べたほうがよい．最後の鍵は，研究テーマが実体をともなったものであるかを確認することである．純粋に記述的であるか，もしくはそもそも実質的に同語反復的であるようなトピックは避けるようにしよう．代わりに，経済または行動に関する本質的に興味深い問題や選択を扱う研究テーマを探そう．

　研究テーマのアイディアを探すために一番よいのは，おそらくこれまでに受けた経済学の授業の教科書やノートを見直したり，この本の最初の，これまでの10の章に掲載された事例や練習問題にざっと目を通したりすることだ．先行研究からアイディアを得たり，データを更新してそのアイディアが異なる文脈で適用できるかどうかを見たりできることも，よくあることだ．またあるときには事例を読むことで，興味がわくものに似ているか，関連する研究につい

表 11.1 研究テーマのアイディア候補の情報源

American Economic Review
Econometrica
Journal of Applied Econometrics
Journal of Urban Economics
Southern Economic Journal
Economica
Economic Inquiry
Journal of the American Statistical Association
Journal of Econometrics
Journal of Economic Education
Journal of Money, Credit and Banking
Review of Economics and Statistics
World Development
Biometrica
The Annals of Statistics
American Psychologist
Annals of Mathematical Statistics
Applied Economics
Assessment and Evaluation of Higher Education
Journal of Business and Economic Statistics
Journal of Economic Literature
Journal of Economic Perspectives
Journal of Economic Surveys
Journal of Financial and Quantitative Studies
Journal of the Royal Statistical Society
National Tax Review
NBER (Working Papers)
Scandinavian Journal of Economics

てのアイディアがひらめくこともあるだろう．あなたの研究テーマに独自の仮説や方程式が含まれていなければならない，と思わなくてよい．あなたにとって初めての，あるいは 2 番目のプロジェクトでは，専門誌に掲載されるような傑作を作り出すよりも，計量経済学に慣れることのほうが重要なのだ．

　研究テーマを見つけるための他の方法は，経済学の専門誌に目を通し，面白くてモデル化可能なものを探すというものである．例として，表 **11.1** に本書でここまでに引用した専門誌のリストを挙げる（引用回数の順に並べてある）．これらの専門誌は，先行研究の再現や更新を試してみたい読者にとってよい出発点となるだろう．これはアイディアを得るにはとてもよい方法ではあるが，ストレスのたまるものでもある．昨今の論文の大部分は，本書でここまで扱っ

てきたものを大幅に超える計量経済学のテクニックを使っているからである．結果として，あなたの分析結果と論文の結果とを比べるのは多くの場合困難である．

　研究テーマ探しに行き詰まった場合は，データの出どころそのものに直接あたってみるとよい．つまり，まず研究テーマを考えてからデータが使用可能かを調べるのではなく，何のデータが使用可能なのかをざっと見て，そのデータが研究テーマのアイディアを生み出すのに役立つかどうかを調べるのである．1つの参考資料に，従属変数のデータだけではなく，大半の関連する独立変数のデータも含まれていることがよくあり，データ収集に使う時間を最小化できる．

　研究テーマを選んでも，あわてて最初の回帰分析を行ってはいけない．文献を調べたり，研究テーマについての予測を分析したりするのに時間を使うほど，よりよい計量分析ができるし，結局は研究報告もよりよいものになるということを忘れないように．

11.2　データを収集する

　数量分析を行う前に，データを集め，整理し，コンピュータに入力しなければならない．たいていの場合これには時間がかかるし，ストレスのたまる作業である．なぜなら，データを見つけるのは難しいし，理論における変数と実証で用いる変数とでは定義上の違いがあるし，データの入力や変換で間違いが起きる可能性も高いからだ．とはいえ，一般にデータについて考えたり，データを集めたりするのに時間を使うことは，有意義な時間の使い方である．データソースや定義を知る研究者は，そのデータを使って回帰分析をしたり，その解釈をしたりする際に間違える可能性が低いからだ．

どんなデータを探すのか

　研究テーマを決める前に，従属変数や関連するすべての説明変数が利用可能であることを確認するとよい．しかしながら，データの利用可能性を確認するということは，具体的にどの変数を研究したいかを決めるということを意味する．駆け出しの研究者は，データを集める際に間違った場所で間違った変数を探して，時間の半分を無駄にしてしまう．どのデータを探すのかを少し考える

だけで，後々イライラする時間を減らすことができるだろう．

　たとえば，従属変数がテレビの年間需要量であるとすると，ほとんどの独立変数も同様に毎年測定されたものであるべきだ．テレビの価格として，ある特定の月のものを用いるのは，不適切だしおそらく誤解を招くかもしれない．年間の平均価格（通常，月当たりのテレビの販売数でウエイトづけしたもの）のほうが，意味があるだろう．従属変数にすべてのブランドのテレビが含まれているなら，価格もすべてのブランドについて集計したものを用いるのが適切だ．とはいえ，このような集計値を計算することは容易ではない．研究者は概して，関連する集計値を計算すること，そして残された問題を認識することに最大限の努力を払うのである．たとえば，いろいろなブランドのすべての価格データが手に入らなければ，研究者は妥協を強いられる．つまり，適切な価格の集計値の代わりに，一社かあるいは数社の主要なブランドの価格を使うのである．

　テレビの例から，2つ目の問題が示唆される．標本の期間を通じて，ある種類のテレビの市場シェアが変化するということがありえる．たとえば，この10年で薄型画面のHDテレビが市場の大半を占めるようになったが，40年前は白黒テレビが1番であった．市場シェアの構成，画面サイズ，さまざまなブランドの質が時間を通じて変わるようなケースでは，従属変数としてテレビの売上台数を測定してもほとんど意味がないだろう．ある年の「テレビ」は，他の年の「テレビ」とほとんど共通点がないからである．ふつう，この問題に対処するためのアプローチは，サイズや質の違いは価格に含まれているという仮定のもと，ドル単位で測定するというものである．したがって，テレビの販売台数ではなくドル単位での売上高を用いることになるだろう．

　3つ目の問題は，名目変数を用いるべきか，実質変数を用いるべきかである．これは通常，研究課題の基礎となる理論に依存する．名目（貨幣単位の）変数は現在のドルで測定されているため，物価上昇による増大分を含むことになる．理論が，物価上昇を取り除くべきことを示すとき，実質単位（基準年のドル）の変数を用いるべきである．実質単位の変数は，まず消費者物価指数のような適切な価格デフレーターを選び，それによって貨幣単位の（名目）価値を調整することで得られる．

　たとえば，国内総生産（GDP）の適切な物価指数はGDPデフレーターとよばれている．実質GDPは名目GDPに基準年のGDPデフレーターと当年のGDPデフレーターとの比率を掛けることで計算できる．

実質 GDP＝名目 GDP×(基準年の GDP デフレーター／当年の GDP デフレーター)

2007年において米国の名目 GDP は13兆8,075億ドル，GDP デフレーターは119.82（基準年の2000年を 100 とする）であったので，実質 GDP は次のように計算できる[1]．

実質 GDP＝13兆8,075億ドル×(100/119.82)＝11兆5,239億ドル

つまり2007年に生産された財やサービスは，2007年のドルを用いて計算すると13兆8,075億ドルに相当するが，2000年の物価で計算すると11兆5,239億ドルにしか相当しないということになる．

4番目の問題として，すべての経済データは本質的に時系列かクロスセクションかのどちらかであるということを思い出してほしい．時系列データは同一の経済主体の異なる時点から得られたデータで，クロスセクション・データは同一の時点において異なる経済主体から得られたデータなので，変数の適切な定義は標本が時系列なのかクロスセクションなのかに依存することになる．

このことを理解するために，ふたたびテレビの例を考えてみよう．時系列モデルは米国の1967年から2007年までのテレビの売上を，クロスセクション・モデルは米国の州ごとの2005年のテレビの売上を研究するものである．時系列のデータセットには 39（1967年から2007年まで）の観測値が含まれるはずだ．それぞれの観測値はある特定の1年のデータである．それに対して，クロスセクションのデータセットには 50（州の数）の観測値が含まれるはずだ．それぞれの観測値はある特定の1つの州のデータである．時系列モデルに適切な変数は，クロスセクション・モデルにはまったく不適切になるだろう．その逆も同じである．せめて異なる方法で測定されるべきである．たとえば，ある特定の年の全国的な広告は時系列モデルでは適切だが，クロスセクション・モデルではそれぞれの州やその近隣における広告のほうがより有意義であろう．

最後に，計量経済学の研究における変数の説明について，批判的に読めるようになろう．たとえば，ほとんどの読者は牛肉の需要についての (2.7)式［上巻参照］を，重大な問題を質問することなく，すいすいと読んだはずだ．価格や所得は，名目単位なのか実質単位なのか？ 牛肉の価格は卸売価格なのか小

---

[1] *2009 Economic Report of the President*, pp. 282-285.

売価格なのか？ データの出所はどこなのか？ 注意深い読者なら (2.7)式の結果を分析する前に，こうした疑問に対する答えを知りたいと思うはずだ（念のため，Yd は実質所得，P は卸売価格，データの出所は『農業統計』の各号（ワシントン DC の米国農務省が出版））．

どこで経済データを探すのか

研究者の中には調査や他のテクニックを通じて自らのデータを作る（この可能性については11.3節で扱う）者もいるが，大多数の回帰分析は一般公開されたデータを用いて行われる．そのようなデータで最もよい出所となるのは，政府が発行していて機械で読み込めるデータファイルである．実際，米国政府は史上最も完璧な統計収集機関であるといわれている．

優秀な政府発行物として，米国統計年鑑，大統領経済報告書，労働統計ハンドブック，米国歴史統計（1975年発行）がある．アメリカのデータを用いる際には，まずは毎年の「Census Catalog」を見るのが一番よい．このカタログには，データの出所やさまざまな統計生産物の概観や抄録，またそのようなデータの入手方法が掲載されている[2]．統一された国際データを入手することはより難しいが，国連がデータを編集したものを多数発行している．これらの中で，国連統計年鑑や国連国民経済計算統計年鑑が最もよい．

ほとんどの研究者は，紙の統計書の山を苦労して読むのではなく，オンラインのコンピュータデータベースを用いてデータを見つけている．こうしたオンラインデータベースはほとんどの大学の図書館で利用可能であり，文字通り何千という変数の候補を含んでいる．多様なデータがインターネットから直接利用可能である．「Resources for Economists on the Internet」，Economagic，WebEC は，この変化の速い世界でデータの利用可能性について一番よい手引きである[3]．これらのサイトやその他のよいデータの出所へのリンクは，本書の Web サイト（www.pearsonhighered.com/studenmund）にある．その他のよいインターネットのリソースとして，*Journal of Economic Literature* のオンライン抄録である Econlit（www.econlit.org）や，他より低コストで大量の

---

[2] このガイドを入手するには，ワシントン DC の米国政府印刷局文書監督官に手紙を書くこと．

[3] 「Resources for Economists on the Internet」の URL は http://www.rfe.org，Economagic は www.economagic.com，WebEC は http://www.helsinki.fi/WebEc である．

データセットにオンラインアクセスできる「Dialog」がある．

データの欠損

データがそこにないとしたら？　あなたが完璧な変数を選択し，正しいデータ出所をすべて探したのに，データを見つけることができなかったら，何が起きるだろうか．

この質問への答えは，どれくらい多くのデータが欠損しているかに依存する．クロスセクション分析で不完全なデータである観測値が少ないのなら，通常はこれらの観測値を標本から取り除いても差し支えない．時系列データで不完全なデータがある場合は，ときには欠損値を（両隣の値の平均をとることで）補間して推定することができる．同様に四半期データのモデルで，もし1つの変数が年次データしか利用可能でなかった場合は，その変数の四半期の補間を考えたくなるはずだ．どちらのケースでも，補間は変数がゆっくりと滑らかに動く場合のみに正当化されうる．そのようにデータを「創造」したときは，特別な注意を払うべきだ（し，完全な説明文が必要である）．

理論上関連する変数のデータがまったく存在しない場合は，問題は大幅に悪化する．上巻6章で学んだように，関連する変数を除外した場合は係数推定値に偏りが発生する恐れがある．結局のところ，式に含まれない変数をどうやって一定に保つことができるのか？　そのようなケースでは，大部分の研究者は代理変数を使うことになる．

代理変数（proxy variables）で，理論的には望ましい変数だがデータが欠損しているものを，代替することができる場合もある．たとえば，純投資の価値は多くの国では直接計測されていない変数である．その結果，研究者は粗投資の価値を，それが純投資の価値と正比例するという仮定のもとで，代理として用いることになるだろう．この比例性（単位の変化と同様）は，回帰が変数の絶対的水準ではなく，変数間の変動の関係を分析しているために必要とされる．

一般的に，ある変数の変動が理論的に正しい変数の変動と比較的よく一致する場合，それは「よい」代理変数である．代理変数を使わなければならないときは必ず，理論的に正しい変数は観測できないわけだから，通常は代理変数の「よさ」を直接検証する簡単な方法はない．代わりに研究者はその代理変数がよいものである，あるいは悪いものである可能性が高い理由を可能な限り記述しなければならない．質の低い代理変数や大きな観測誤差のある変数は「悪

い」データを構成するが，そのデータがどの程度悪いのかは個々の研究者が判断することである．

11.3 高度なデータの出所

　ここまで，本書のすべてのデータセットは本質的にクロスセクションか時系列であった．また自分自身でデータを作るのではなく，我々を取り巻く世界を観測したデータを収集してきた．しかしながら，時系列データとクロスセクションデータをプールしてパネルデータ（panel data）を構成することができるし，またデータは*調査*（survey）を通じて生成することができるということになる．この短い節の目的は，より高度なデータの出所を紹介し，こうしたデータの出所をあなたの最初の回帰分析プロジェクトに用いることがなぜ合理的でないのかを説明することである．

調　査

　調査は我々の社会のあらゆるところにある．マーケティング会社は商品や競争相手を知るために調査を用い，政治家候補者は選挙運動の広告や戦略を微調整するために調査を用い，政府はあらゆる種類の目的のために調査を用いる．これには，アメリカ合衆国国勢調査局のような機関が国民の記録を取っていることも含まれる．そのため駆け出しの研究者（特に，研究プロジェクトのためのデータ入手に手を焼いている人々）は，自分たちが必要とするデータを生成する安易なやり方になるだろうという期待を抱いて，自らの調査を実施しようと誘惑にかられる．

　だが，調査を実施するのは思っているほど簡単なことではない．たとえば，調査でカバーするトピックは注意深く考え抜かなければならない．一度調査を実施してしまうと，回答者に返却したり質問を追加したりすることは実質的に不可能だからだ．さらに，質問そのものを適切な言葉づかいで書かなければならない（また，予備テストも必要だ）．回答者の混乱を避けるため，または回答者を特定の回答に「誘導する」ことを避けるためである．おそらく最も重要なのは，標本がランダムであり，0.2節で説明する標本選択バイアス，生存バイアス，非回答バイアスを避けることが決定的であるということだ．実際，調査を適切に実施することが困難であるため，このトピックのためにまるまる1

冊の本や授業があるぐらいなのだ．

したがって，駆け出しの研究者には自分自身の調査を実施することは奨励しないし，他人が実施した調査結果を分析する際には慎重になる．米国統計協会は以下のように言っている．「調査の質はサイズや範囲や有名さによってではなく，多くの起こりうる問題を予防し，測定し，それに対処することにどれだけ注意を払ったかによって判断するのが1番である」[4]．

パネルデータ

前述のように，**パネルデータ**（panel data）はクロスセクション・データと時系列データをプールして1つのデータセットとしたときに形成される．あなたはなぜパネルデータを使いたいのだろうか．ある場合には，研究者は標本サイズを増やすためにパネルデータを用いる．しかし主要な理由は，時系列データやクロスセクション・データ単独では得られないような，分析上の疑問に関する知見をもたらすからである．

パネルデータの例とは何だろうか？　財政赤字と金利の関係に興味があるが，比較できるデータが10カ年分の年次データしかないとしよう．観測値が10というのは妥当な回帰分析の標本としては小さすぎるので，うまくいかないように思える．しかし，同じ経済変数——金利と財政赤字——が異なる6カ国について同じ10年分見つけることができれば，標本は結局 $10 \times 6 = 60$ の観測値となり，それは十分すぎるほどである．結果は，プールされたクロスセクションの時系列データセット——パネルデータセットである！

残念ながら，パネルデータはこれまでに本書で学んだ計量経済学のテクニックでは十分に分析できない．よって，初心の研究者がパネルデータで回帰分析を試みることは推奨しない．その代わり，ある章（16章）の大部分をパネルデータに割いたので，もし関心をもったならば読むことを強くお勧めする．16章では，経済実験の手法も扱う．このような実験はしばしばパネルデータを生成するからである．

---

[4] "Best Practices for Survey and Public Opinion Reserch" から引用．米国統計協会の世論調査のWebサイト：www.aapor.org/bestpractices に掲載．あなたが自分自身の調査を作ると決めたら，手始めにこのWebサイトにあるベストプラクティスのあらましを薦める．

11.4　プロジェクトのための実践的アドバイス

「計量経済学は，データがなければずっと簡単である」[5]

　この節の目的は[6]，実際に計量経済学の実証分析を行う上での実践的なアドバイスをすることである．計量経済学の教科書や講義で，こうしたアドバイスがないのはよくあることだが，きわめて重要である．というのも応用計量経済学者にとっての多くのスキルは，その性質上，断定的なことであり主観的なことであるからだ．1冊の本や講義でこうしたスキルを教えることはできないし，本書の目的でもない．その代わり，経験を積んだ応用計量経済学者の多数が支持するであろう技術的な提案について，読者に注意を喚起したいのである．
　まずピーター・ケネディ（Peter Kennedy）の「応用計量経済学の十戒」から始め，次にあなたが予測しなかった符号を得たときに何を確認すべきかを議論し，最後に本書の他のセクションからここで繰り返すべき重要な実用的ヒントの数々をまとめる．

応用計量経済学の十戒
ルール1：常識と経済理論を用いよ

「私は再三再四，単なる常識にすぎないと思われるような質問をしたり，考え方を提案したりすると，お礼を言われた（し，お金を払ってもらった）．この常識は容易に見過ごされるが，とてつもなく価値のある必需品だ」[7]

　常識は，それほど常識的ではない．実際，あまり深く考えられていない（いうまでもなくよい考えではない）実証分析も行われてきた．常識の例は山ほど

---
(5) M. Verveek, *A Guide to Modern Econometrics* (New York : Wiley, 2000), p. 1.
(6) 本節は Peter Kennedy, *A Guide to Econometrics* (Malden, MA : Blackwell, 2008) の22章 "Applied Econometrics" (pp. 361-384) に触発され，大いに依拠している．当該箇所の大部分を転載することをお認めいただいた，著者のケネディ教授，出版社の MIT Press, Blackwell Publishing に深く感謝する．
(7) M. W. Trosset, Comment, *Statistical Science*, 1998, p. 23.

ある.たとえば,常識があるからこそ,研究者は1人当たりの変数を1人当たりの変数に対応させたり,実質為替レートを使って実質輸入額や輸出額を説明したり,実質貨幣需要を説明するのに名目金利を用いたりするし,相関関係から因果関係を推論することは決してない.

ルール2:正しい問いを立てよ

「*正しい問いに対して,たいていの場合漠然としたものである近似値で答えるほうがずっとよい.間違った問いに対して,常に精緻に計算される厳密な値で答えるよりも.*」[8]

あなたの問いが妥当なものであることを確認しよう.研究者が回帰分析上の問題に遭遇したとき,その解決法はたいていきわめてシンプルなものだ.問題の文脈に関して単純な問いを立てることで,深刻な誤解を明るみに出すことができる.たとえば,問題は関連する変数の累積的な変動であって,直近の変動ではないということかもしれないし,また,問題は,帰無仮説が,ある係数は他の係数と等しくあるべきで,ゼロであるべきではないということかもしれない.

ここでの教訓は切れ味の鈍いものだ.問いを立てよ.それも特に一見馬鹿に見える質問を.あなたが研究の目的を完全に理解するために.そうすればたいてい,研究課題が適切に定式化されていなかったことがわかる.

ルール3:文脈を知ろう

「*あなたが統計分析の対象にしようとしていることについて,現実世界の非統計的側面を理解せずに,モデル化を試みてはならない.内容を知らずに行った統計分析は,——無知な統計分析にすぎない*」[9]

---

[8] J. W. Turkey, "The Future of Data Analysis," *Annals of Mathematical Statistics*, Vol. 33, No. 1, pp. 13-14.

[9] D. A. Belsley and R. E. Welch, "Modelling Energy Consumption-Using and Abusing Regression Diagnostics," *Journal of Business and Economic Statistics*, Vol. 6, p. 47.

調査対象を熟知することは決定的に重要だ——その歴史，制度，運用上の制約，独自の測定法，文化慣習等々．それらは，文献調査を完全に行ったとしてもその範囲外にある．問われなければならない質問は，データは具体的にどうやって集められたのか？　政府機関が未知の公式を使ってデータを補間したか？　オークションを支配する規則は何だったのか？　取材対象者はどのように選ばれたのか？　参加者にどんな説明がなされたのか？　どんな会計の慣習に従っていたのか？　変数はどう定義されているのか？　質問項目は正確にはどんな言葉遣いだったか？　測定された変数と理論上の変数とはどのくらい近いものか？　このルールを反対側から見てみると，あなた，つまり研究者はコンピュータよりもたくさんのことを知っているのに気づく——たとえばあなたは，水は摂氏0度で凍ること，人々は所得を5,000ドル単位で丸める傾向にあること，週末が3連休になることもあることを知っているのだ．

ルール4：データを精査せよ

「すべての数値は，無罪と証明されるまでは有罪である」[10]

研究者はたとえ研究課題を知っていたとしても，データを熟知するようになる必要がある．経済学者は特に以下のような不平を言いがちだ．研究者はデータをよくわかっていない．コンピュータ革命で状況が悪化している．ボタンを押せば電子的にデータを入手でき，分析できるようになったからだ，と．

データの精査にあたっては，記述統計やグラフ，データ洗浄（クリーニング）を通して，データをチェックし，感触をつかむことが必要だ．記述統計は平均，標準誤差，最大値，最小値，相関係数など，とても簡潔になりがちだが，さもなければ気づかれなかったデータの誤りを見つけるのに役に立つ．疑わしい場合は，データをグラフ化してみよう．グラフにする利点は，まったく予想していなかったことでも，絵だと気づかざるをえないということだ．研究者はシンプルなグラフ，すなわちヒストグラム，残差のプロット，残差データの散布図［残差と説明変数，残差と予測値など］，時間に対するグラフなどで記述統計を補うべきである．データ洗浄は，データの矛盾を見つけるものであ

---

[10]　C. R. Rao, *Statistics and Truth: Putting Chance to Work* (Singapore: World Scientific, 1997), p. 152.

る——観測値の中にありえないもの，非現実的なもの，疑わしいものはないか？ 欠損値はどのように入力されているかを知っているか？ ダミー変数はすべて0か1になっているか？ すべての観測値が妥当な最小値や最大値の範囲内にあるか？ すべての観測値は満たすべき論理的制約に従っているか？

ルール5：モデルは無理なくシンプルにせよ

「読者を感動させたり，批判をそらしたりするために分析手法を選んではならない．あなたのデータや研究課題にとって，その仮定や強みからいって，よりシンプルな分析手法が妥当なのであれば，それを使いなさい」[11]

　経済学の進歩というものは，シンプルなモデルから始めて，そのモデルを現実にあてはめたときにどう働くのかを見て，必要があればモデルを調整していくことからもたらされる．計量経済学の定式化を進める際，シンプルなモデルから始めることを，ボトムアップ（あるいは特殊から一般への）アプローチという．このアプローチの主な欠点は，シンプルなモデルが関連する変数を除外している際，検定に偏りが生じてしまうことだ．これと競合する，トップダウン（あるいは一般から特殊への）アプローチは非現実的である．こちらは，研究者が最初から「正しく」一般化されたモデルを考えることができなければならないからだ．

　時間とともに，妥協的な手段が考案されてきた．実践者は失敗するたびに，拡張したシンプルなモデルから始める．失敗したときは，一般から特殊へのアプローチを用いて新たなシンプルなモデルを作り，定式化の誤りの検定にかける．この発見の過程が繰り返されるのである．この方法は，シンプルさが一般から特殊への手法と組み合わせられている．幅広い適用性から判断すれば，許容できる行動ルールとみなせる妥協的プロセスを生み出すのだ．例として，ノーベル経済学賞受賞者の関数の定式化を取り上げる——ティンバーゲンの社会的厚生関数，アローとソローのCES生産関数における業績，フリードマン，ベッカー，トービン，モジリアーニの消費者モデル，ルーカスの合理的期待モデルなどだ．

---

[11] Leland Wilkinson and the Task Force on Statistical Inference, "Statistical Methods in Psychology Journals," *American Psychologist*, Vol. 54, No. 8, p. 598.

ルール 6：結果をゆっくり，じっくりと見よ

「『笑いもの』テストを適用せよ——素人にその発見を説明したとき，その人は笑わずにいられるだろうか？」[12]

このルールの一部は，結果が理にかなったものかどうかをチェックすることだ．係数の符号は予想されたものか？ 重要な変数は統計的に有意か？ 係数の大きさは妥当か？ 結果から示唆されることは，理論と一致しているか？ 異常はあるか？ 明白な制約条件は明らかか？

このルールのもう1つの部分は，より微妙で主観的なものだ．コンピュータが吐き出す大量の出力結果をゆっくり，じっくりと見ることで，そのうち研究者はそれらのメッセージを認識するだろうし，慣れるものである．この主観的な手続きは，正式な統計的検定の手続きとは別物として，かつそれを補完するものとして，とらえられるべきである．

ルール 7：データ・マイニングのコストとベネフィットを理解せよ

「データがモデルの定式化に影響を及ぼすようにする企て……データ・マイニングに達する，すべての研究者にとって最も大きな罪であった」[13]

「データ・マイニングは誤解されている．いったん適切に理解してしまえば，それはまったく罪とはみなされない」[14]

上巻6章で議論した通り，「データ・マイニング」には2種類の変形バージョンがある．1つは基底をなす罪の中で随一のものと位置づけられるが，もう1つは，データ分析において重要な要素とされている．データ・マイニング

---

[12] Peter Kennedy, *A Guide to Econometrics* (Malden, MA: Blackwell, 2008), p. 393.

[13] C. Mukherjee, H. White, and M. Wuyts, *Econometrics and Data Analysis for Developing Countries* (London: Routledge, 1998), p. 30.

[14] K. D. Hoover, "In Defence of Data Mining: Some Preliminary Thoughts," in K. D. Hoover and S. M. Sheffrin (eds.), *Monetarism and the Methodology of Economics: Essays in Honor of Thomas Mayer* (Aldershot: Edward Elgar, 1995), p. 243.

の望ましくないほうのバージョンは，定式化をデータに合わせて，ミスリーディングなものにしてしまうときに生じる．というのも，それは手元の特定のデータの特徴を表すものだからだ．さらに，その定式化を「神聖化」するために用いられる伝統的な検定手続きは，もはや正当ではない．これらのデータは，その定式化を生み出すのに使われたわけだから，定式化の検定のために使われる際には公明正大なものとは判定できないのである．望ましいほうのバージョンの「データ・マイニング」は，経済理論に知見を与えたり，2番目のデータセットにもとづき検定されたりする実証的な規則性を発見するために，データを使って実験することに言及している．

データ・マイニングは不可避である．データ主導の理論を生み出したその同じデータセットを用いて，その理論を検定することには本質的に大きな危険が伴う．応用計量経済学者の熟練の技とは，そうした危険を避けつつ，データ主導の理論を認めるというものなのだ．

ルール8：妥協に備えよ

「実際のデータ分析で最も重要な3つの側面とは，妥協，妥協，妥協である」[15]

事実上すべての計量経済分析には，当面の問題と標準的な計量経済理論を適用できる最も近いシナリオとの間にギャップ——たいていは巨大な湾——があるといってよいくらいだ．問題が，計量経済理論が最適な解を出す古典的仮定を満たす状況に近づくことはめったにない．この帰結として，実践者は常に妥協を強いられ，特徴がわかっていない次善の解決策を適用するしかない．

ここでの問題は，計量経済理論の授業で学生は標準的な問題に対する標準的な解決策を教えられるが，実際には標準的な問題などないということだ．応用計量経済学者は絶えず無様な妥協に直面し，進んで標準的な解決法に対して場当たり的な修正をほどこさなければならないのだ．

---

[15] Ed Leamer, "Revisiting Tobin's 1950 Study of Food Expenditure," *Journal of Applied Econometrics*, Vol. 12, No. 5, p. 552.

ルール9：統計的有意性を有意義な大きさと混同してはならない

「達人の手の内にあれば，ある手法が見事にうまくいっても誰も否定しないだろう．しかし弟子の手の内にあれば，それはまったく説得的ではない」[16]

非常に大きな標本サイズは，クロスセクションのデータでは常識になりつつあるが，非常に小さい標準誤差をもつ推定係数を生み出しうるものである．この帰結として，取るに足らない大きさの係数が有意にゼロと異なると検定されるため，何が重要かということについて間違った印象を作り出してしまう．こうした理由で研究者は常に，係数推定値の大きさをその有意性と同じくらいよく見なければならないのだ．

有意性の検定に関連してもっと深刻とさえ言える問題は，有意な係数を見つけることで理論を「神聖化」してしまうという傾向があることだ．これにより，研究者はさらなる洞察を求めることを止めてしまいがちだ．有意性の検定を神聖化するのではなく，補強するものであれ，反証になるものであれ，追加的な証拠を探し続けるべきだ．もしあなたの理論が正しいなら，検定可能なインプリケーションはあるだろうか？　互いに関連しあうさまざまな発見について説明できるだろうか？　あなたの仮説と一致するが，対立仮説とは一致しない証拠群を見つけられるだろうか？　あなたの理論は，他のモデルの結果をも説明できるという意味で，ライバルを「包囲」することができるだろうか？

ルール10：感応度分析を報告せよ

「罪人は罪を避けることを望まれているのではない．ただ隠し立てせずに，過ちを告白しなければならない」[17]

推定が依拠している仮定が変わった際に，回帰分析の結果も変化するかどうかをチェックすることは重要だ．これが感応度分析の目的である．感応度分析

---

[16] A. R. Pagan, "Three Economic Methodologies: A Critical Appraisal," *Journal of Economic Surveys*, Vol. 1, p. 20.

[17] Ed Leamer, *Specification Searches: Ad Hoc Inference with Nonexperimental data* (New York: John Wiley, 1978), p. vi.

は，合理的な人々であれば同意はしないかもしれないような異なる定式化を適用した場合に，研究の本質的な結果がどの程度影響を受けるのかを示すものである．たとえば，サンプル期間が変わったとき，関数型が変わったとき，説明変数のセットが変わったとき，代理変数に違うものを選択したとき，結果は変化するだろうか？　もしそうだったら，この感応度分析は研究の結論に対して疑問を投げかけることになる．

　感応度分析にはもう1つの面がある．よく知られているように，出版された研究論文においては，その研究が実際に行われたやり方について，概して誤解を招くような説明がなされている．このため研究論文を読んでいる人が，データ・マイニングによってどれほど結果が不当に影響を受けているのかを判断することはきわめて困難である．実際，計量経済学の戦いの最中に主観的に定式化を決めたことで結果が毒されてしまうのは，例外というよりは法則だと考えるべきである．感応度分析を報告する際は，研究者は自らが行った定式化の探索について完全な説明をすべきだ．それによって，読者は結果がどれだけ影響を受けたのかについて，読者自身で判断することができるのである．

予想しなかった符号を得た場合にチェックすること

　回帰分析を行ったときに，1つ以上の推定係数の符号が予想されたものと逆であったという問題は，駆け出しの計量経済学者にとってあまりにもありふれた話である．たしかに予想されなかった符号にはイライラさせられるものだが，まったくの悪いニュースというわけではない．研究者はこれを災難ではなく，福音とみなすべきだ——こうした結果は，捜査活動が必要だというわかりやすいメッセージなのだ——つまり理論，データ，定式化，推定手続きに，疑う余地なく不十分な個所があるということである．もし「正しい」符号が得られた場合，その分析をダブルチェックする必要はなさそうである．何をチェックすべきか？

1. *期待される符号を再確認しよう*．時々，ある変数が「逆さまに」定義されてしまい，そのため研究者が間違った符号を予測してしまうことがある．たとえば初心の研究者が，学生のSATスコアの式において，「高校のクラスでの順位」（1位はその生徒がクラスでトップであったことを意味する）が正の係数となることを予測するという罠に陥ってしまう．

2. *データに入力ミスや外れ値がないかチェックせよ．* データに誤りや，型破りな観測値があった場合，予測しなかった符号——それも有意でさえある——を得てしまう確率は劇的に増大する．

3. *除外変数をチェックせよ．* 関連する独立変数の係数について，予測しなかった有意な符号を最も頻繁に発生させる源となっているのが，除外変数である．何が除外されていたかもしれないのかを真剣に考えよう．そして，予想される偏りを避けるために，忘れずにその変数を式に入れるようにしよう．

4. *無関係変数をチェックせよ．* 非有意ではあるが予想しなかった符号を頻繁に発生させる源となっているのが，実際のところ最初からその式にあるべきではない変数である．無関係変数の真の係数がゼロなら，予想しなかった符号をしょっちゅう得ることになるはずだ．

5. *多重共線性をチェックせよ．* 多重共線性があると，推定係数の分散や標準誤差は大きくなるので，係数が予想しなかった符号になってしまう可能性が高くなる．標本分布はゼロをまたいで広く散らばるだろうから，こうした分布から標本を引いてくるとき，予想しなかった符号を得る可能性はとても高くなるのである．実際のところ，予想しなかった符号があることは，多重共線性を示す大雑把な指標の1つである．

6. *標本選択バイアスをチェックせよ．* 予想しなかった符号はときに，データに含まれる観測値がランダムに得られていないために発生することがある．

7. *標本サイズをチェックせよ．* 分散が大きくなる原因は，多重共線性だけではない．標本サイズが小さかったり，説明変数がほとんど変動しなかったりすることが原因になりうるのだ．予想しなかった符号に対応する手段が，標本サイズを増やすことしかないというケースもある．

8. *理論をチェックせよ．* 予想しなかった符号について，計量経済学的に筋

の通った説明をし尽くしたのであれば，可能性の残る説明は2つしか残っていない．理論が間違っているか，悪いデータセットを手に入れてしまったかだ．理論が間違っている場合，もちろん予想される符号を変えなければならないが，異なるデータセットを使ってこの新しい予想を検定するのを忘れないようにしよう．とはいえ，気をつけよう！ 経済学者が，計量分析が終わった後になって，予想しなかった符号に論理的根拠を素早く作り出せるのには驚きである．偏りの，すなわち予想しなかった符号の，理論上での発生源の1つは，基本となるモデルがそもそも同時性のあるモデルだということだ（同時方程式は14章で扱う）．

繰り返すに値する12の実践的ヒント

これまでの章で取り上げてきた，数々の応用計量経済学における実践的ヒントで，ここで強調する価値のあるものを以下に列挙する．これらは実際に役に立つ！

1. $\bar{R}^2$ を最大化しようとしてはならない．（上巻2章）
2. 常に文献を調査し，モデルを推定する前に係数の符号を予想せよ．（上巻3章）
3. モデルを推定する前に，忘れずにデータを精査し，洗浄（クリーニング）すること．外れ値は自動的に取り除くべきではないということを理解しよう．代わりに，外れ値が標本にあるのかを確認するため，調査すべきだ．（上巻3章）
4. 古典的仮定は冷淡（cold）なものだと理解せよ．（上巻4章）
5. 一般に，係数の予想される符号について実際に疑わしいところがない限り，片側t検定を用いよ．（上巻5章）
6. t値が非有意だった変数を自動的に捨ててはならない．一般に，t値が臨界値より低かったとしても，関連する変数を除外する可能性を下げるために，これと共存することをいとわないようにすべきだ．（上巻6章）
7. 除外変数による偏りの大きさと方向をどのように分析するかを理解せよ．（上巻6章）
8. 異なる関数型の選択肢とその一般的な使用法を理解せよ．そして，当てはまりのよさではなく，第1に理論にもとづいて関数型を選ぶのを忘れ

ずに．（上巻7章）
9. 多重共線性は偏りを生み出すのではないというのを忘れずに．推定された分散は大きくなるが，推定された係数そのものは不偏である．よって，多重共線性への対処法として最も多用されるのは，何もしないことである．（8章）
10. ダービン＝ワトソン検定，パーク検定，ホワイト検定で有意だった場合，定式化の誤りによって，偽物の系列相関や不均一分散が生じている可能性を考慮するのを忘れずに．（9章，10章）
11. ニューウィー＝ウェストの標準誤差やHC標準誤差のような調整された標準誤差は，OLSの係数推定値を用いることを忘れないように．変動するのは推定された係数の標準誤差であって，推定された係数そのものではない．（9章，10章）
12. 最後に，そしておそらく最も重要なことだが，もし疑わしいことがあれば，統計的な検定ではなく，常識や経済理論を当てにしよう．

倫理的な計量経済学者

　この本をざっと読んだだけの人が，取り上げた大量の定式化から引き出すであろう結論とは，我々が大量の回帰分析を推定することを奨励しているということだ．それはありうる推定方法のうちで，最良のものを発見するのを保証してくれる方法である．

それはまったくの見当違いだ！

　この本の読者すべてに，そろそろ知っておいてほしいことがある．それは，最良のモデルというものは，理論的な基盤を築くのに多大な注意を払った上で成り立つものなのであり，その式の推定方法の代案探しにはあまり時間を使わないというのが，我々の意見だということだ．我々も含めた計量経済学者の多くは，それぞれのデータセットを用いた式につき，たった1つだけの定式化で推定ができればよいと望んでいるはずだ．だが計量経済学者は誤りを免れないし，データは時々不完全なものなので，普通は推定の最初の試みがまったく問題なしというわけにはいかない．したがって，完全に予見できる世界ならおそらく避けることができるであろう，推定上の非常に単純な問題を取り除くために，2つやそれ以上の回帰分析がしょっちゅう必要になるということだ．

あいにく，たいていの初心の研究者は，自分にとって結果がよく見えるまでは，回帰分析を行うことをやめる動機がほとんどない．別の回帰分析がより当てはまりがよい結果を生むのなら，どうしてもう1つの定式化を検定すべきではないか？

その理由は強力だ．追加の回帰分析を行うたびに，そして当てはまりのよさや統計的有意性にもとづいて定式化を選択するたびに，推論を誤ってしまう可能性が劇的に高くなってしまうからである．これは少なくとも2通りの発生パターンがある．

1. あなたが絶えず係数が非有意なときはその変数を落とし，有意なときは式に入れておくとすると，上巻6.4節で議論したように，式の係数の推定値やt値を偏らせてしまうということが示される．
2. すでに理論化された仮説ではなく当てはまりのよさを基準に，ラグ構造モデルや，OLS以外の関数型あるいは推定手続きの使用を選択した場合は，あなたが使っている標本にないデータにそれをあてはめたときに，その式がうまく機能しないというリスクを負うことになる．あるデータセットでうまく機能するように式を再構築すると，他のデータで機能する可能性は下がってしまうだろう．

倫理的な計量経済学者として考えられることは，現実によい計量経済学でもある．つまり，あまりにも多くの定式化を実行しすぎることを避けるべき本当の理由は，実行する回帰分析が少ないほどその結果は当てにできるし，一貫して信用に値するからだ．職業倫理が有用になる段階とは，数々の変更（異なる変数，ラグ構造，関数型，推定手続き，データセット，外れ値の除外，など）が行われたものの，同僚，クライアント，編集者，専門誌に提示される結果が，あたかも最後にして最良の式が最初にただ1度だけ推定されたかのようである場合だ．すべての推定式を報告することを勧める．たとえ説明文に脚注や付録を追加しなくてはならなくないとしても，である．

計量経済学者がモデルを推定する際，2つの理にかなった目標がある．

1. 重要な計量経済学の問題を避けようとする試みがまだあるにしても，異なる定式化の実行はできるだけ少なくせよ．なるべく定式化を少なくせよというこの奨励の唯一の例外は，上巻6.4節にある感応度分析である．

2. 推定した異なる定式化の数やタイプは正直に報告せよ．これにより研究の読者は，結果をどのくらい重要視すべきかを評価できる．

したがって計量経済学者の熟練の技とは，要するに候補となる回帰分析をほんの少しだけ実行し，そこから最良の式を見つけようとすることだといえる．最初の回帰式を推定する前に注意深く考え，先行文献を読むことでしか，これはなしえない．倫理的な計量経済学者は，用いた異なる定式化やデータセットを正直に，そして完璧に報告するものなのだ．

11.5 研究報告を執筆する

研究が終わったら，その結果について報告を書くのは重要なことだ．それによって他者はあなたが見つけたこと（もしくは見つけなかったこと）から恩恵を得られるし，あなたも他の誰かから計量経済学のテクニックに関してフィードバックを得ることができる．最高の研究報告は共通していくつもの要素をもっている．

- 従属変数を定義し，研究の目的を述べる簡潔な導入部分．
- 関連する先行文献や文献についての短いレビュー．
- 式（モデル）の定式化の説明．ここには，特定の独立変数や関数型を選んだ理由の説明と，傾き係数の符号（もしくは他の仮説）の予想を含めるべきである．
- データ（作成した変数も含む），データの出所，データのイレギュラーな点の説明．
- 推定した定式化を1つひとつ提示．標準的な説明の様式を用いること．複数の定式化を推定した場合，必ずどれが（なぜ）最良なのかを説明すること．
- 回帰分析の結果の注意深い分析．遭遇したすべての計量経済学的な問題と，推定したすべての式や実施したすべての検定について完全な説明文を含めること（初心の研究者は，すべてのありうる計量経済学的な問題について検定をした方がよいだろう．経験を積めば，最もありえそうな問題点に焦点を絞れるようになるはずだ）．

- 短いまとめ／結論．政策提言や将来の研究に対する提案を含む．
- 参考文献一覧表．
- 付録．すべてのデータ，実行した回帰分析，関連するコンピュータの出力結果を含む．これは注意深く行おう．読者は整然としていて，ラベルのついた付録を高く評価するのだ．

このような研究報告を書くための最も簡単な方法は，研究を進めながら研究日誌をつけるということである．この日誌を見れば，事前の仮説，回帰分析の結果，統計的検定，検討した異なる定式化，そして推定式で起こっていると考えたことの理論的分析について，経過を追うことができる．研究報告を書くときになれば，この日誌があなたに代わってほとんどそれを書いてくれると気づくはずだ！　研究日誌をつけるのではなければ，すべての計量経済分析が終わるのを待って，研究報告を書き始めることになる．ただ，これだとあなたはどういう思考プロセスを経て，ある決断をしたのか（もしくは他の重要事項）を忘れてしまうというリスクを負うことになる．

11.6 回帰分析のためのチェックリストとガイド

表11.2（138〜139ページ）は，コンピュータの回帰分析用ソフトから得られる出力結果を見る際，研究者がチェックするべき項目のリストである．ソフトはチェックリストのすべての項目を出力するわけではないし，ソフトの出力結果のすべての項目がこのチェックリストに載っているわけでもない．とはいえ，このチェックリストは大変役立つ参考資料になるはずだ．ほとんどの場合チェックリストを一目見れば，本書のどのセクションでその項目を扱っているかを思い出せるだろう．もしそうでなければ，チェックリストに最小限の説明がある．完全な分析や判断を行うために，必要なすべてのことをカバーするには，これに頼ってはならない．むしろ，索引でその項目を検索すべきだ．また，右側の列に記した方策は提案にすぎないことに気をつけてほしい．どんな教条的な方策リストよりも，個々の研究プロジェクトの状況のほうがはるかに頼りになるガイドなのである．

チェックリストの使い方は2通りある．1つ目は，回帰分析の結果でわからないことに遭遇したときに，「ソフトの出力結果の用語集」として参照するも

のである．2つ目は，このチェックリストの順番通りに研究を進め，ソフトの出力結果の項目を見つけたり，印をつけたりするというものである．回帰分析ユーザーズガイド（表 11.3，140ページ）と同様，回帰分析ユーザーのチェックリストは駆け出しの研究者にとっては最も役に立つものだろうし，長い経験がある我々自身も時々これを見返すことがある．

注意しよう．本章の2つの表のような単純化された表はすべて，使いやすさのために完全性を犠牲にしている．したがって，たとえこの表にあるルールであるとしても，厳守することは勧めない．研究目的，変数の正確な定義，データの問題がわかっている人なら，幅広い応用例に当てはめるため作られたルールを身につけている人よりも，はるかに正しい判断ができる可能性が高い．

表 11.3 は回帰分析のユーザーズガイドである．本書でここまでに議論してきた，計量経済学で慢性的に起こる主要な問題について簡潔にまとめている．それぞれの計量経済学的な問題について，

1. 性質
2. OLS 推定にもたらす帰結
3. 検出方法
4. 除去しようとする方法

を列挙した．このガイドはどうやって使えばいいのだろうか？ 係数の推定値が非有意だったというように，推定式が特定の問題をもっている場合，このガイドを一目見れば症状を引き起こしているかもしれない計量経済学的な問題についてアイディアを思いつくはずだ．たとえば多重共線性と非関連変数の両方が，回帰係数のt値が非有意になる原因となりうる．これらのありうる原因のうち1つしか覚えていない人は，間違った修正方法を選んでしまうだろう．実践経験を積めば，使用頻度が減るはずだ．そうなって初めて，このガイドは結局のところきわめて限定的であり，簡単に極度に単純化されたものだと思えるようになる．しかしそのときまでは，我々の経験から言えば，最初の計量経済分析を実行しようとする人々にとって，このガイドを参照することで恩恵を得ることができる．

表 11.2　回帰分析ユーザーのチェックリスト

記号	チェックポイント	参考	判断
X, Y	データの観測値	データにエラーがないか確認．特に外れ値．変数変換の抽出検査．平均値，最大値，最小値の確認．	エラーの修正．データの質が低い場合は，回帰分析を避けるか，単なるOLSの使用を推奨．
df	自由度	$N-K-1>0$ $N=$ 観測数 $K=$ 説明変数の数	$N-K-1\leq 0$ の場合は，式は推定できない．自由度が低い場合，精度が低下．その場合，観測数を増やしてみる．
$\hat{\beta}$	係数の推定値	符号と大きさを予想した値と比較．	予想していなかったものの場合，適切ならモデルの再定式化．または候補となる正しい手続きに備え，他の統計の評価．
t	t 統計量 $t_k = \dfrac{\hat{\beta}_k - \beta_{H_0}}{SE(\hat{\beta}_k)}$ or $t_k = \dfrac{\hat{\beta}_k}{SE(\hat{\beta}_k)}$ 下は，コンピュータが計算する t 値．もしくは $\beta_{H_0}=0$ の場合の t 値	両側検定： $H_0 : \beta_k = \beta_{H_0}$ $H_A : \beta_k \neq \beta_{H_0}$ 片側検定： $H_0 : \beta_k \leq \beta_{H_0}$ $H_A : \beta_k > \beta_{H_0}$ β_{H_0} は研究者が仮定した β．多くの場合は 0．	$|t_k| > t_c$ かつ推定値が予想した符号なら，H_0 は棄却． t_c は有意水準 α，自由度 $N-K-1$ の際の臨界値．
R^2	決定係数	モデルのデータに対する当てはまりのよさの程度を測定．	全体的な当てはまりのよさの指針．
$\bar{R}^2$	自由度調整済みの $\bar{R}^2$	$\bar{R}^2$ と同様．追加した説明変数の寄与度をも示そうとするもの．	ある説明変数を含めた時に $\bar{R}^2$ が低下したら，その変数が無関係であることの1つの指標．

第11章　回帰分析プロジェクトの実行

記号	チェックポイント	参考	判断
F	F統計量	以下を検定. $H_0: \beta_1 = \beta_2 = \ldots = \beta_1 = 0$ $H_A: H_0$ が真でない. 複合仮説を検定するには,それに合わせたF統計量を計算.	$F \geq F_c$ なら, H_0 は棄却. F_c は有意水準 α, 分子の自由度K, 分母の自由度 $N-K-1$ の際の臨界値.
DW	ダービン=ワトソンd統計量	検定: $H_0: P \leq 0$ $H_A: P > 0$ 正の系列相関のもの.	$DW < d_L$ なら H_0 は棄却. $d_L \leq DW \leq d_U$ なら判断保留 (d_L と d_U は, DWの臨界値).
e_i	残差	転記エラーを確認. 残差のパターンを調べ,不均一分散性を確認.	データの修正. 適切な修正手段をとるべきだが, 先に検定すること.
SEE	式の標準誤差	σ の推定値. 全体的な当てはまりのよさを測定するため, $\overline{Y}$ と比較.	全体的な当てはまりのよさの指針.
TSS	全平方和	$TSS = \sum_i (Y_i - \overline{Y})^2$	F, R^2, $\overline{R}^2$ の計算に使用.
RSS	残差平方和	$RSS = \sum_i (Y_i - \hat{Y}_i)^2$	上と同じ. 仮説検定にも用いられる.
$SE(\hat{\beta}_k)$	$\hat{\beta}_k$ の標準誤差	t統計量に使用.	統計的有意性の指針.
$\hat{\rho}$	一次の自己相関係数の推定値	通常, 自己回帰分析で計算される.	負の場合, 定式化の誤りを示唆.
r_{12}	X_1 と X_2 との単相関係数	多重共線性の検出に使用.	$r_{12} > 0.8$ の場合, 深刻な多重共線性が疑われる.
VIF	分散拡大係数	多重共線性の検出に使用.	$VIF > 5$ の場合, 深刻な多重共線性が疑われる.

表11.3　回帰分析ユーザーズガイド

問題の原因は？	問題の帰結は？	検出方法は？	修正方法は？
除外変数 関連する独立変数の除外．	式に含めたXの係数推定値($\hat{\beta}$)に偏り．	理論，予想しなかった有意な符号，異常な当てはまりの悪さ．	除外変数か代理変数を式に含める．
非関連変数 式に属しない変数を含めること．	標準誤差が大きく，t値が低くなることで，精度が低下．	1. 理論 2. $\hat{\beta}$のt検定 3. $\bar{R}^2$ 4. Xを除外した時の他の係数への影響．	元となる理論で含めることになっていない場合は，その変数を式から取り除く．
不正確な関数型 関数型が不適切．	偏りのある推定値，当てはまりの悪さ，解釈の困難さ．	理論を注意深く検証．XとYの関係性を考える．	変数の変換か，異なる関数型を用いる．
多重共線性 独立変数のいくつかが（不完全に）相関．	$\hat{\beta}$に偏りはないが，Xの個別効果の推定値が信頼できない．つまり標準誤差が大きくなる（t値は低い）．	普遍的に許容されているルールや利用可能な検定はない．r_{12}やVIF検定を用いる．	余剰変数を取り除く．ただし他の係数に偏りが生じる可能性あり．何もしないのが一番ということもよくある．
系列相関 誤差項の観測値が以下のように相関している． $\varepsilon_t = \rho\varepsilon_{t-1} + u_t$	$\hat{\beta}$に偏りはないが，OLSは最小分散ではない．仮説検定が信頼できない．	ダービン＝ワトソンd検定を使用．有意に2より小さい場合，正の系列相関あり．	純粋な系列相関でなければ除外変数を加えるか，関数型を変える．そうでなければ，一般化最小二乗法かニューウィー＝ウェスト標準誤差を検討．
不均一分散 誤差項の分散が以下のようにすべての観測値に関して一定ではない． $VAR(\varepsilon_i) = \sigma^2 Z_i^2$	系列相関と同様．	パーク検定かホワイト検定を使用．	純粋な系列相関でなければ除外変数を加える．そうでなければ，HC標準誤差を使用するか変数を再考する．

11.7 まとめ

1. あなた自身の回帰分析プロジェクトを実行することには，従属変数を選び，その従属変数の計量分析に（上巻3章の）6つのステップを適用し，分析結果をまとめる研究報告を書くことが含まれる．

2. 素晴らしい研究課題とは，あなたが多少なりとも知っているもので，経済学や行動に関する本質的に面白い疑問や選択に取り組むもので，従属変数だけでなく明らかに説明変数になるデータが利用可能なものである．

3. 完全で正確なデータセットを収集することの難しさや重要さを過小評価してはならない．大変な仕事だが，やる価値はある！

4. 計量経済学者の熟練の技とは，要するに候補となる回帰分析をほんの少しだけ実行し，そこから最良の式を見つけようとすることだといえる．最初の回帰分析を実行する前に，長い時間をかけて研究プロジェクトの基礎となる原理を考え抜くことでしか，これはなしえない．

5. 研究プロジェクトを終える前に，11.5節と11.6節にある実践的ヒントと回帰分析ユーザーズガイド，チェックリストを必ず確認しよう．

11.8 付録：住宅価格データを使った双方向回帰学習問題

この双方向回帰分析を学ぶ練習問題は，8.7節の練習問題と幾分異なったものだ．だが目標は依然として，教科書とコンピュータとの間にあるギャップに橋渡しをすることである．しかし我々としては，あなたが前回の双方向回帰学習問題を終えているなら，自分でコンピュータを使った作業をする準備はできているはずだと思っている[18]．したがって，この双方向回帰学習問題では短い

---

[18] 8.7節の双方向回帰学習問題を終えていないのなら，この問題を始める前に急いでそちらを解くことを強く勧める．追加の双方向回帰学習問題に関心のある教員は，本書のWebサイト（www.pearsonhighered.com/studenmund）にある教員向けマニュ

文献紹介とデータは与えるが，自分自身で推定値を計算しなければならない．定式化の選択へのフィードバックは，章末のヒントにてもう1度示される．

最初の双方向回帰学習問題と今回との違いは，コンピュータであなたが選んだ定式化を推定してもらう点だ．練習問題へのガイドラインは今回も適用される．

1. 定式化を選ぶ前に時間をとって，文献リストの一部に目を通すこと．
2. 推定する回帰式をなるべく少なくしてみること．
3. 最良の定式化にたどりついたと思うまでは，ヒントを見ないようにすること．

あなたがこの双方向回帰学習問題に投じる努力量に比例して，得られる恩恵も大きくなると信じている．最善を尽くすための時間やエネルギーができるまでは，おそらくこの練習問題を解くのを遅らせたほうがよいだろう．

住宅価格のヘドニックモデルの構築

次のセクションでは，南カリフォルニアの住宅価格を従属変数とする式の，独立変数と関数型を定式化してもらう．これらの選択をしてもらう前に，住宅価格の文献を調査し，モデルの背後にある理論について考え抜いてもらうことがきわめて重要だ．そうした調査は今回の場合特に重要だ．というのも構築しようとしているモデルはその性質上，ヘドニック（hedonic）だからだ．

ヘドニックモデルとは何か？ 上巻1.5節で推定した，サイズの関数としての住宅価格の式を思い出してほしい．そうしたモデルはヘドニックとよばれる．なぜなら，このモデルでは独立変数にその製品の市場（需要量や所得などのような）の尺度ではなく，製品の質の尺度を用いるからだ．ヘドニックモデルが最も有用なのは，分析対象の製品がその性質上同質ではない場合である．そうしたときは，製品が異なる原因，またそれゆえに製品が異なる価格となる原因を分析する必要があるからだ．同質的な製品なら，ヘドニックモデルは実質的に役に立たない．

初期の住宅価格のヘドニックモデルで最も引用されているのは，おそらくグレーザー（Grether）とミーズコフスキー（Mieszkowski）[19]のものだ．グレー

↘アルを参照のこと．

[19] G. M. Grether and Peter Mieszkowski, "Determinants of Real Estate Values," *Journal of Urban Economics*, Vol. 1, pp. 127-146. 同時代の他の古典的論文は，J. Kain↗

ザーとミーズコフスキーは7年分のデータを収集し，変数の異なる組み合わせを用いて，住宅価格の線形モデルをたくさん構築した．面積の平方フィート，トイレの数，部屋の数を含めている．なお，部屋の数は結局非有意であるとわかる．さらに，敷地面積と築年数も変数に含めている．築年数については二次関数で定式化している．最も革新的なのは，変数のさまざまな組み合わせの交互作用効果をとらえるために係数ダミーを用いていることだ（たとえば，フローリングダミー×住宅のサイズ）．

　リンネマン（Peter Linneman）[20]は，ロサンゼルス，シカゴ，そしてアメリカ全体のデータで住宅価格モデルを推定した．目的は，2つの都市でうまくいくモデルを作り，それをアメリカ全体に当てはめることで，国内の住宅市場についての仮説を検定することだった．リンネマンは式に敷地の特徴をまったく含めず，交差項もまったく用いなかった．彼は，居住空間の大きさに関する尺度として，トイレの数とトイレ以外の部屋の数のみを用いた．築年数を除いた残りの独立変数は，その住宅や近隣に関する質的な特徴を説明するものであった．ダミー変数の多くはきわめて不安定な結果だったが，築年数，トイレの数，トイレ以外の部屋の数の係数は比較的安定して有意だった．集中空調装置は，ロサンゼルスの回帰式では負で非有意な係数だった．

　イーレンフェルト（K. Ihlanfeldt）とマルティネス゠バスケス（J. Martinez-Vasquez）[21]は，住宅価格データを得るさまざまな手段における標本バイアスを調査し，住宅の販売価格はすべての尺度においてほとんどバイアスがないと結論づけた．あいにく，大量の変数を使って式の推定を始め，その後t値が1を切るものをすべて落としたので，確実に式に偏りが生じているだろう．

　最後に，グッドマン（Allen Goodman）[22]はアメリカのデータセットの推定に

---

and J. Quigley, "Measuring the Value of Housing Quality," *Journal of American Statistical Association*, Vol. 45, pp. 532-548.

(20) Peter Linneman, "Some Empirical Results on the Nature of the Hedonic Price Functions for the Urban Housing Market," *Journal of Urban Economics*, Vol. 8, No. 1, pp. 47-68.

(21) Keith Ihlanfeldt and Jorge Martinez-Vasquez, "Alternate Value Estimates of Owner-Occupied Housing: Evidence on Sample Selection Bias and Systematic Errors," *Journal of Urban Economics*, Vo. 20, No. 3, pp. 356-369. Eric Cassel and Robert Mendelsohn, "The Choice of Functional Form for Hedonic Price Equations: Comment," *Journal of Urban Economics*, Vol. 18, No. 2, pp. 135-142 も参照のこと．

(22) Allen C. Goodman, "An Econometric Model of Housing Price, Permanent

いくつか革新的な変数を加えた．彼はネズミ，漆喰のひび，床の穴，水道管の破損，固定資産税の水準といった特定の問題に関する尺度を含めた．固定資産税の変数は，固定資産税が低いことの税の資本化効果を示しており予想通りだったが，ネズミの係数は非有意．ひび変数の係数については，ひびが増えるほど住宅の価値が有意に高くなるということを示すものであった．

住宅価格の双方向回帰分析練習

ここまで少なくとも文献の一部を調査してきたので，あなた自身のモデルを構築するときがきた．上巻1.5節で住宅の大きさの関数として，住宅価格のシンプルなモデル (1.23)式を構築したことを思い出そう．

$$\widehat{P}_i = 40.0 + 0.138 S_i \tag{1.23}$$

ただし，

$P_i = $ i 番目の住宅の価格（1000ドル単位）
$S_i = $ i 番目の住宅の面積（平方フィート）

(1.23)式は南カリフォルニアの同一の町（モンロビア）にて数週間のうちに購入された，43の住宅をサンプルとして推定された．この式を推定するのに使ったデータセットには，多くの追加的な独立変数があることがわかった．使用可能な変数は以下の通り．

N_i ＝ i 番目の住宅の近隣の質．（1＝最高，4＝最悪）地元の不動産仲介業者2社が評価
A_i ＝ i 番目の住宅の築年数
BE_i ＝ i 番目の住宅の寝室数
BA_i＝ i 番目の住宅のトイレ数
CA_i＝ i 番目の住宅に集中空調施設があれば1，なければ0のダミー変数
SP_i ＝ i 番目の住宅がプールつきなら1，なければ0のダミー変数
Y_i ＝ i 番目の住宅の庭の面積（平方フィート）

変数リストをもう1度読み通し，それぞれの変数の背後にある理論の分析を行

↘ Income, Tenure Choice, and Housing Demand," *Journal of Urban Economics*, Vol. 23, pp. 327-353.

表 11.4 住宅価格の双方向回帰分析のためのデータ

P	S	N	A	BE	BA	CA	SP	Y
107	736	4	39	2	1	0	0	3364
133	72	3	63	2	1	0	0	1780
141	768	2	66	2	1	0	0	6532
165	929	3	41	3	1	0	0	2747
170	1080	2	44	3	1	0	0	5520
173	942	2	65	2	1	0	0	6808
182	1000	2	40	3	1	0	0	6100
200	1472	1	66	3	2	0	0	5328
220	1200	1.5	69	3	1	0	0	5850
226	1302	2	49	3	2	0	0	5298
260	2109	2	37	3	2	1	0	3691
275	1528	1	41	2	2	0	0	5860
280	1421	1	41	3	2	0	1	6679
289	1753	1	1	3	2	1	0	2304
295	1528	1	32	3	2	0	0	6292
300	1643	1	29	3	2	0	1	7127
310	1675	1	63	3	2	0	0	9025
315	1714	1	38	3	2	1	0	6466
350	2150	2	75	4	2	0	0	14825
365	2206	1	28	4	2.5	1	0	8147
503	3269	1	5	4	2.5	1	0	10045
135	936	4	75	2	1	0	0	5054
147	728	3	40	2	1	0	0	1922
165	1014	3	26	2	1	0	0	6416
175	1661	3	27	3	2	1	0	4939
190	1248	2	42	3	1	0	0	7952
191	1834	3.5	40	3	2	0	1	6710
195	989	2	41	3	1	0	0	5911
205	1232	1	43	2	2	0	0	4618
210	1017	1	38	2	1	0	0	5083
215	1216	2	77	2	1	0	0	6834
228	1447	2	44	2	2	0	0	4143
242	1974	1.5	65	4	2	0	1	5499
250	1600	1.5	63	3	2	1	0	4050
250	1168	1.5	63	3	1	0	1	5182
255	1478	1	50	3	2	0	0	4122
255	1756	2	36	3	2	0	1	6420
265	1542	2	38	3	2	0	0	6833
265	1633	1	32	4	2	0	1	7117
275	1500	1	42	2	2	1	0	7406
285	1734	1	62	3	2	0	1	8583
365	1900	1	42	3	2	1	0	19580
397	2468	1	10	4	2.5	1	0	6086

(Datafile=HOUSE11)

うこと．予想される係数の符号は何か？　どの変数が潜在的に余剰となりそうか？　どの変数を含めなければならないか？

さらに，関数型もさまざまな変形バージョンを作ることができる．たとえば，築年数についてグレーザーとミーズコフスキーのように二次多項式を考慮するだろう．あるいはSP×SやCA×Sのような係数ダミーを考慮するかもしれない．最後に，近隣に関する代理変数を含むN×SやN×BAのような交差項を考えるかもしれない．これらそれぞれはどんな仮説を意味するのか？

注意深く定式化を行おう．それぞれの変数や関数型の決定について考え抜き，それぞれの係数の符号や大きさに関するあなたの予想を書く時間を取ろう．候補となる変数や関数型をすべて含めた上で，非有意なものを取り除くべきだという態度はとらないように．そうではなく，最良の住宅価格のヘドニックモデルを最初からデザインするようにしてみよう．

定式化を選んだら，表 **11.4** のデータを用いて式を推定し，結果を分析しよう．

1. それぞれの係数に関する仮説を t 検定で検定しなさい．特に関数型の変形バージョンに注意すること．
2. 式において，どんな計量経済学の問題が存在するか判断しなさい．適切な場合は，多重共線性，系列相関，不均一分散について検定しなさい．
3. 最初の定式化を最良のものとして採択するか，あるいは式を変形して再推定するかを判断しなさい．「単にどう見えるかを見るために」，追加的な定式化を推定しようという誘惑を避けるようにすること．

さらなる変更はないと判断したら，おしまいだ――おめでとう！　それでは次頁のヒントを見て，あなたの選択についてフィードバックを得よう．

◇第11章　住宅価格に関する双方向回帰分析練習へのヒント◇

　この双方向回帰練習で学生が直面する重大な問題は，結果がどうなるか「ちょっと見るために」あまりにも多くの異なる定式化を走らすことだ．我々の意見としては，この練習問題で関わる定式化に関する１つ，２つの決定は，最初の回帰を行う前に決定しておくべきである．なぜなら，推計する異なる方程式の数が，あなたが行う仕事の質を測る１つの評価基準だからだ．

　どの定式化を走らすか，という意思決定の大部分は，個人の選択と経験に関わる問題である．理論的な背景にもとづく我々の好ましいモデルは，

$$P = f(\overset{+}{S}, \overset{-}{N}, \overset{-}{A}, \overset{+}{A^2}, \overset{+}{Y}, \overset{+}{CA})$$

である．変数 S から，変数 BE と BA は余分な変数と思われる．さらに，SP の符号は正と負のどちらもとることができ，符号は確定しないので，変数 SP を含めることを避けた．変数 A に関しては，二次形式よりも線形を好む人とは争わないことにする．さらに，変数 CA はこのサンプルではまったく重要でないことがわかるが，少なくとも夏のモンロビアはとても暑くなるという一部の理由から，保持しておく．

　双方向的変数に関して言えば，我々が正当化できるのは変数 S と変数 N の内の１つの変数だけである．しかしながら，適切な変数は S・N ではなく，その代わり S・(5-N) か，異なった符号を説明するために，それと似た変数である．この変数は変数 N と S と共線性の関係にある（したがって，余分である）が，全般的な当てはまりを改善する．

　不均一分散は，たしかにクロスセクション・データで生じる可能性があるが，これらどの定式化でも，系列相関や分散不均一の証拠を見つけることができない．

第12章　時系列モデル

12.1　動学モデル
12.2　系列相関と動学モデル
12.3　グレンジャー因果性
12.4　見せかけの相関と非定常性
12.5　まとめと練習問題

　本章の目的は，時系列データの特別な性質に対処し活かすために構築された数多くの興味深いモデルを紹介することである．時系列データを扱うことはしばしば，クロスセクション・データでは単純に起こりえなかった厄介な問題を引き起こす．こうした厄介さの多くは観察値の順序に関わっている．というのは，観察値の順序は，クロスセクション・データでは，（たとえあったとしても）それほど重要ではなかったが，時系列データではかなり重要だからである．
　最も重要なトピックは，従属変数の過去の値が回帰式の右辺に現れる動学モデルの類に関わっている．従属変数の過去の値が回帰式の右辺にあるため，独立変数の影響が多くの期間にわたって広がるのである．
　数期間にわたって独立変数の影響が広がるのはどうしてだろうか．それを理解するために，広告が販売に及ぼす影響を考えよう．多くの市場アナリストは，人々は広告を1期間以上覚えているので，広告は現在の販売だけでなく将来の販売にも影響を及ぼすだろうと信じている．結果，販売のモデルは広告の現在と*遅れ*（lag, ラグ）の値を含むべきであり，したがって数多くのさまざまな遅れにわたって，広告の影響が広がることになる．
　本章はそのような動学モデルに焦点を当てる一方，さまざまなラグが現れるモデルについても学んでいく．そして，これらのラグの存在が推定量にどのような影響を及ぼすかを調べるだろう．非定常性とよばれるトピックを簡単に紹介して本章を締めくくる．もし変数が時間を通じて（平均や分散のような）基

本的性質の有意な変化をもっているならば，そのような変数は非定常であると言われる．非定常な変数は，回帰式の t 値と全体の当てはまりの尺度を大きくしてしまう可能性をもっている．

12.1 動学モデル

分布ラグモデル

上巻7.3節で記述したように，X が 1 期後に，Y に影響を及ぼすと期待される時はいつでも，遅れ（ラグ）をともなう独立変数が使用可能である．たとえば，もし基礎的な理論が，X_1 は 1 期遅れて，Y に影響を及ぼす（ただし X_2 は瞬時的に，Y に影響を及ぼす）と示唆するならば，以下のように定式化される．

$$Y_t = \beta_0 + \beta_1 X_{1t-1} + \beta_2 X_{2t} + \varepsilon_t \tag{12.1}$$

このような遅れ（ラグ）は単純ラグとよばれる．もしラグが誤って定式化されるならば疑似系列相関が起こりえるのだが，その場合を除けば，OLS による β_1 の推定は，ラグのない回帰式の係数の推定よりも難しいということはない．しかしながら，遅れをともなう（ラグのある）回帰式の係数を注意深く解釈すべきだということを覚えておこう．たとえば，(12.1)式における β_2 は，前期の X_1 を一定に保ったもとで，今期の X_2 の 1 単位の増加が今期の Y に及ぼす効果を測っている．

上記の単純ラグモデルよりも複雑なケースが起こるのは，独立変数の影響が何期間も散らばっていく場合である．たとえば，我々は貨幣供給量の変化が国内総生産（GDP）に及ぼす影響を分析することに興味があるとしよう．理論的かつ実証的な研究は，市場に硬直性があるため，経済が貨幣供給量の変化に対して完全に反応するのに時間がかかるという証拠を提供してきた．貨幣供給量が GDP に及ぼす影響が第 1 四半期に生じたり，さらにその影響が第 2 四半期に生じたり，そうして，それ以降も引き続き生じる．そのような場合，適切な計量経済モデルは分布ラグモデルであり，以下のように定式化される．

$$Y_t = \alpha_0 + \beta_0 X_t + \beta_1 X_{t-1} + \beta_2 X_{t-2} + \cdots + \beta_p X_{t-p} + \varepsilon_t \tag{12.2}$$

分布ラグモデル（distributed lag model）は，当期の Y の値を，X の当期と過

去の値の関数として説明する．したがって，何期間も X の影響が広がっていく．(12.2)式を注意深く見てみよう．係数 $\beta_0, \beta_1, \beta_2, \cdots, \beta_p$ は，X のさまざまな遅れをともなう値が，当期の Y の値に及ぼす影響を測っている．前記の貨幣供給量の例のように，たいていの経済学の応用において，X が Y に及ぼす影響は，ラグの長さ（β の添え字で示される）が増加するにつれて，減衰していくと予想される．つまり，β_0 が β_1 よりも大きいか小さいかはわからないけれども，β_0 や β_1 は，β_6 や β_7 よりも絶対値で大きいと確実に予想されるであろう．

不幸にも，(12.2)式の OLS 推定は，数多くの問題を引き起こす．

1. X のさまざまな遅れをともなう値は，深刻な多重共線性となりやすい．そして，係数推定を不正確なものにしてしまう．

2. 多重共線性が発生するので，推定された β が，経済理論が示唆するようなスムーズな減衰パターンに従うという保証はない．それどころか，(12.2)式の推定された係数がかなり不規則なパターンに従うのが典型的である．たとえば，以下のようになる．

    $\hat{\beta}_0=0.26$　　$\hat{\beta}_1=0.07$　　$\hat{\beta}_2=0.17$　　$\hat{\beta}_3=-0.03$　　$\hat{\beta}_4=0.08$

3. 次の2つの理由から，自由度はときどき大幅に減少する傾向がある．第1は，それぞれのラグつき変数 X の係数を推定する必要がある．したがって，それは説明変数の数 K を増加させることになり，自由度 (N－K－1) を低下させる．第2は，標本から外れたラグつき変数 X のデータが利用可能でないならば，ラグつき変数 X に対してそれぞれ1つずつ標本サイズを減らす必要がある．したがって，それは観察値の数 N を減少させ，自由度を低下させる．

特殊（ad hoc）分布ラグ回帰式とよばれる (12.2)式のような関数の OLS 推定で生じるこれらの問題のため，そのような状況においては単純な仮定を使用するのが標準的な手順となっている．最も通常使われる単純化は，ラグつき独立変数をすべてラグつき従属変数に置き換えることであり，この種の式を*動学モデル*（dynamic model）とよぶ．

動学モデルとは

最も単純な動学モデルは，以下のように表される．

$$Y_t = \alpha_0 + \beta_0 X_t + \lambda Y_{t-1} + u_t \tag{12.3}$$

Y が式の両辺にあることに留意しよう．幸い，添え字が異なっており，右辺では Y_{t-1} であり，左辺は Y_t である．この時点の違いこそが式を動学的なものにしている．よって，最も単純な**動学モデル** (dynamic model) は，従属変数 Y の当期の値が X の当期の値と Y の 1 期前の値の関数となっている式である．このようなラグつき従属変数のあるモデルはしばしば*自己回帰* (autoregressive) モデルとよばれる．

(12.3)式を検討し，分布ラグモデルを表したり，X が Y に及ぼす影響が数多くの遅れをともなって広がっていくことを表したりするために，なぜラグつき従属変数のある自己回帰モデルが使用できるのかについて考えてみよう．(12.3)式を 1 期遅らせてみよう．すると，

$$Y_{t-1} = \alpha_0 + \beta_0 X_{t-1} + \lambda Y_{t-2} + u_{t-1} \tag{12.4}$$

となる．もし (12.4)式を (12.3)式に代入すると，

$$Y_t = \alpha_0 + \beta_0 X_t + \lambda(\alpha_0 + \beta_0 X_{t-1} + \lambda Y_{t-2} + u_{t-1}) + u_t \tag{12.5}$$

あるいは，

$$Y_t = (\alpha_0 + \lambda\alpha_0) + \beta_0 X_t + \lambda\beta_0 X_{t-1} + \lambda^2 Y_{t-2} + (\lambda u_{t-1} + u_t) \tag{12.6}$$

を得る．もし，もう 1 度，この操作を行うならば（すなわち，(12.3)式を 2 期遅らせて $Y_{t-2} = \alpha_0 + \beta_0 X_{t-2} + \lambda Y_{t-3} + u_{t-2}$ を(12.6)に代入して整理する），以下の式を得る．

$$Y_t = \alpha_0^* + \beta_0 X_t + \lambda\beta_0 X_{t-1} + \lambda^2 \beta_0 X_{t-2} + \lambda^3 Y_{t-3} + u_t^* \tag{12.7}$$

ここで，$\alpha_0^* \equiv \alpha_0 + \lambda\alpha_0 + \lambda^2\alpha_0$ は新しい切片，$u_t^* \equiv \lambda^2 u_{t-2} + \lambda u_{t-1} + u_t$ は新しい誤差項である．書き換えると，$Y_t = f(X_t, X_{t-1}, X_{t-2})$ である．実際に，分布ラグモデルを表現するために，動学的モデルが使用できることを示したのである．

さらに，遅れ（ラグ）をともなう X の係数が明確なパターンにしたがうことに留意しよう．これについて考えるために，(12.2)式

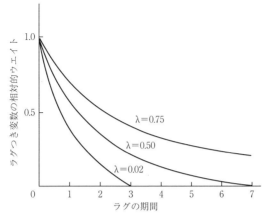

図 12.1 さまざまな動学モデルについての幾何級数型ウエイトの仕組み

λ が 0 と 1 の間にあるので，動学モデルにおいて，ラグが長くなるにつれて，独立変数の影響が逓減していく（$\beta_0 = 1$ としている）．

$$Y_t = \alpha_0 + \beta_0 X_t + \beta_1 X_{t-1} + \beta_2 X_{t-2} + \cdots + \beta_p X_{t-p} + \varepsilon_t \tag{12.2}$$

に戻ろう．(12.2)式の係数と (12.7)式の係数を比較すると，

$$\begin{aligned}
\beta_1 &= \lambda \beta_0 \\
\beta_2 &= \lambda^2 \beta_0 \\
\beta_3 &= \lambda^3 \beta_0 \\
&\vdots \\
\beta_p &= \lambda^p \beta_0
\end{aligned} \tag{12.8}$$

を得る．λ が 0 と 1 の間にあるかぎり，図 **12.1** で示されるように，これらの係数はスムーズに減少していく[1]．

(12.3)式のような動学モデルは，前節で概要を説明した特殊分布ラグ回帰式に関する 3 つの主要な問題を回避している．自由度は劇的に増加し，多重共線性の問題はなくなっている．もし誤差項 u_t が行儀のよいものならば，(12.3)

---

[1] このモデルはときどき Koyck 分布ラグモデルとよばれる．L. M. Koyck, *Distributed Lags and Investment Analysis*（Amsterdam : North Holland Publishing, 1954）で最初に開発されたからである．

式のOLS推定は，大標本の場合，望ましい性質をもつことが示される．どのくらい標本数があれば「大標本」といえるのか．証拠よりも経験にもとづいて言うならば，少なくとも観察値50個の標本を得ることを目標にすればよい．標本が少なければ少ないほど，バイアスに直面しやすくなる．サイズが25個以下の標本は絶対に避けるべきである．というのは，バイアスが発生するからであり，また別の理由として，仮説検定が信頼できないものになるからである．

この標本サイズの問題に加えて，動学モデルは別の深刻な問題にも直面している．動学モデルは，独立変数としてラグつき従属変数をもたない回帰式よりも，はるかに系列相関に直面しやすいのである．さらに悪いことに，どれほど大標本であったとしても，系列相関はほとんど確実に動学モデルのOLS推定においてバイアスを引き起こすであろう．この問題は本章の2節で議論される．

動学モデルの例

動学モデルの例として，マクロ経済均衡GDPモデルからの総消費関数について見ていこう．多くの経済学者は，そのようなモデルにおいて，消費（CO_t）は可処分所得（YD_t）の瞬時的な関数だけではないと主張する．それどころか，彼らは，当期の消費は過去の可処分所得の水準（$YD_{t-1}, YD_{t-2},$ など）にも影響を受けると信じている．つまり，

$$CO_t = f(\overset{+}{YD_t}, \overset{+}{YD_{t-1}}, \overset{+}{YD_{t-2}}, \text{など}) + \varepsilon_t \tag{12.9}$$

である．このような式は，消費に関する単純なモデルにうまく当てはまる．しかし，式は，ラグの長さが増えるにつれて過去の所得水準に付与されるウエイトが減少していく場合においてのみ意味をなす．すなわち，ラグが大きくなるにつれて，遅れ（ラグ）をともなう（過去の）所得が当期の消費に及ぼす影響は減少していく．したがって，YD_{t-2} の係数は，YD_{t-1} の係数よりも小さくなり，さらにその他ラグに関しても同様であると期待される．

結果として，多くの計量経済学者は，(12.9)式を，次の動学モデル

$$CO_t = \alpha_0 + \beta_0 YD_t + \lambda CO_{t-1} + u_t \tag{12.10}$$

とモデル化するだろう．14.3節では1976年から2007年までのアメリカ経済の小規模マクロ経済モデルを構築することになるが，ここでは（12.10)式を推定するために，14.3節の表 **14.1** のデータを使用することにしよう．（12.10)式のこ

のデータでのOLS推定値は,以下の通りである(括弧内の数値は標準誤差である).

$$\widehat{CO}_t = -266.6 + 0.46YD_t + 0.56CO_{t-1} \qquad (12.11)$$
$$(0.10) \qquad (0.10)$$
$$4.70 \qquad 5.66$$
$$\overline{R}^2 = 0.999 \qquad N = 32 \qquad (1976年から2007年)$$

もし$\hat{\beta}_0 = 0.46$と$\hat{\lambda} = 0.56$をP=1の場合の(12.8)式に代入するならば,$\hat{\beta}_1 = \hat{\beta}_0 \hat{\lambda}^1 = (0.46)(0.56)^1 = 0.26$を得る.もしこの手順を続けるならば,(12.11)式は

$$\widehat{CO}_t = -605.91 + 0.46YD_t + 0.26YD_{t-1} + 0.14YD_{t-2} + 0.08YD_{t-3} + \cdots \quad (12.12)$$

と等しくなる[2].動学モデルで我々が期待するように,(12.12)式のYDの係数は,たしかに減衰していく.

この推定値を,動学モデル形式でない同様の回帰式のOLS推定と比較するために,(12.12)式と同じ数だけ遅れ(ラグ)をともなう変数をもっている特殊分布ラグ回帰式を推定する必要がある.そうしたアドホックな式は,

$$CO_t = \alpha_0 + \beta_0 YD_t + \beta_1 YD_{t-1} + \beta_2 YD_{t-2} + \beta_3 YD_{t-3} + \varepsilon_t \qquad (12.13)$$

である.もし,同じデータを使用して(12.13)式を推定すると以下を得る.

$$\widehat{CO}_t = -695.89 + 0.73YD_t + 0.38YD_{t-1} + 0.006YD_{t-2} - 0.08YD_{t-3} \quad (12.14)$$

(12.14)式の係数はどうなっているだろうか.ラグが増えるにつれて,YDの係数は急激に減衰していき,実際のところ,t−3の係数はマイナスに至っている.経済理論からも常識からも,こうした減衰パターンを期待できない.このような望ましくない結果は,遅れ(ラグ)をともなう変数X間の深刻な多重共線性によるものである.したがって,多くの計量経済学者は,(12.10)式の動学モデルのような遅れ(ラグ)をともなう従属変数が回帰式の右辺にある単純化された仕組みを用いて消費関数を推定する.

(12.11)式の結果の興味深い解釈は,モデルから得られる長期乗数に関するものである.長期乗数は,遅れ(ラグ)をともなう効果を全部受けた後の,所

---

(2) 定数項は$\alpha_0/(1-\lambda)$に等しいことに留意すること.

得の変化が消費に及ぼすトータルの影響を測っている．この推定値を求める1つの方法は，それぞれの$\hat{\beta}$をすべて総計することであるが，別のもっと簡単な方法は，$\hat{\beta}_0[1/(1-\hat{\lambda})]=\hat{\beta}_0+\hat{\beta}_0\hat{\lambda}+\hat{\beta}_0\hat{\lambda}^2+\hat{\beta}_0\hat{\lambda}^3+\cdots$を計算することであり，(12.11)式のケースにおいて長期乗数は$0.46[1/(1-0.56)]\cong 1.05$となる．しかし，N＝32という標本サイズは，小標本バイアスに直面しやすい．そのため，得られた結果をこれ以上分析すべきでない．このデータセットとモデルの別の回帰式に関しては，14.3節を見ること．(12.11)式のような動学式の系列相関を検定し，調整することに関しては，次節で学ぶ．

（12.2）系列相関と動学モデル

　系列相関の結果は，我々が考察しているモデルのタイプに決定的に依存している．(12.2)式のような特殊分布ラグモデルの場合，系列相関は，9.2節で概観した影響をもつ．すなわち，系列相関によってOLSは最小分散不偏推定量ではなくなり，系列相関によって標準誤差$\mathrm{SE}(\hat{\beta})$は偏り（バイアス）をもち，系列相関はOLS推定量$\hat{\beta}$それ自体にバイアスを引き起こさない．

　しかし，(12.3)式のような動学モデルの場合，この効果はすべて変わり，実際に系列相関はOLS推定量$\hat{\beta}$に偏り（バイアス）を引き起こす．これらを合わせて考慮すると，事実上，9章で議論した系列相関の結果，その検出，それへの対処法は，ラグつき従属変数が存在する場合において，すべて不正確なものとなるか，あるいは，修正されるべきものとなるのである．

動学モデルで系列相関がバイアスを引き起こす

　もし，ラグつき従属変数が回帰式の独立変数となっており，その回帰式の誤差項が系列相関するならば，大標本においても，係数のOLS推定値は偏り（バイアス）をもつ．このバイアスがどこからくるかを考えるために，(12.3)式のような動学モデルを考えよう（しばらくの間，矢印↑を無視しよう）．

$$Y_t=\alpha_0+\beta_0 X_t+\lambda \overset{\uparrow}{Y_{t-1}}+\overset{\uparrow}{u_t} \qquad (12.3)$$

そして，誤差項u_tが系列相関すると仮定し，$u_t=\rho u_{t-1}+\varepsilon_t$と表そう．ここで，$\varepsilon_t$は古典的仮定を満たす誤差項である．もし，この系列相関する誤差項を(12.3)式に代入するならば，以下を得る．

$$Y_t = \alpha_0 + \beta_0 X_t + \lambda Y_{t-1}^{\uparrow} + \rho u_{t-1}^{\uparrow} + \varepsilon_t \tag{12.15}$$

(12.3)式を一期遅らせると，以下を得る．

$$Y_{t-1}^{\uparrow} = \alpha_0 + \beta_0 X_{t-1} + \lambda Y_{t-2} + u_{t-1}^{\uparrow} \tag{12.16}$$

前期の誤差項(u_{t-1})が正であるとき，何が起こるだろうか．(12.16)式で，u_{t-1}が正となると，Y_{t-1}は大きくなる．（この変化は，(12.16)式のu_{t-1}と，(12.3)式，(12.15)式，(12.16)式のY_{t-1}に付されている上向き矢印↑で表されている．）さらに，u_{t-1}が正となると，$u_t = \rho u_{t-1} + \varepsilon_t$であって，係数$\rho$が普通は正であるから，(12.3)式の$u_t$も正になりやすい（これらの変化は，(12.15)式と(12.3)式の上向き矢印↑で表されている）．

(12.3)式における矢印を見てみよう．Y_{t-1}とu_tは相関している．そのような相関があると，古典的な仮定Ⅲ，すなわち，誤差項がどの説明変数とも相関しないという仮定を，成立させなくしてしまう．

こうした系列相関から，推定値はバイアスをもつ結果となってしまう．特に，係数λの推定値が偏り（バイアス）をもってしまう理由は，Y_tの変化は実際のところu_tによって引き起こされているのであるが，OLSは，Y_tの変化の一部がY_{t-1}によって引き起こされたものとみなしてしまうからである．本質的に，補正されていない系列相関は，除外変数(u_{t-1})のようにふるまう．除外変数が，回帰式に取り込まれた独立変数のうちの1つの変数と相関するときはいつでも，偏り（バイアス）を引き起こすという理由から，そして，u_{t-1}はY_{t-1}と相関しているという理由から，遅れ（ラグ）をともなう従属変数と系列相関が組み合わさると，係数推定値に偏り（バイアス）を引き起こしてしまうのである[3]．

動学モデルにおける系列相関はまた，推定係数の標準誤差の推定値と残差を偏り（バイアス）のあるものにしてしまう．標準誤差の推定値に偏りがあると，大標本の場合でさえも，仮説検定が妥当でなくなる．残差に偏りがあると，ダービン＝ワトソンd検定のような残差にもとづく検定が潜在的に妥当でなくなる．

---

[3] 真正系列相関が，ラグつき従属変数を含まない回帰式の係数推定値に偏り（バイアス）を引き起こさない理由は，除外変数u_{t-1}が，回帰式に取り込まれたどの独立変数とも相関しないからである．

動学モデルにおける系列相関の検定

これまで,系列相関を検定するために9.3節のダービン=ワトソンd検定に頼ってきた.しかし,前述したように,ラグつき従属変数が回帰式の独立変数となっている場合,ダービン=ワトソンd検定は潜在的に妥当でない.これはなぜかというと,前節の最後の段落で述べたように,残差に偏り(バイアス)があれば,DW d統計量(ダービン=ワトソン統計量)は2へと偏ってしまう.DW d統計量が2へと偏ることは,ダービン=ワトソン検定がときどき動学モデルの系列相関の存在を検出できないということを意味する[4](要するに,動学モデルに実際は系列相関がある場合であっても,残差バイアスがあればDW d統計量が2に近くなってしまって,系列相関がないという誤った判断が下されてしまう).

広く使われる別の方法は,**ラグランジュ乗数系列相関**(Lagrange Multiplier Serial Correlation, LMSC)**検定**とよばれる一般的な検定手順の特殊ケースを利用することである.

LMSC検定とは,(もとのモデルの説明変数をすべて含んでいる1本の式において),遅れ(ラグ)をともなう残差が,もとの式の残差をどれほどうまく説明するかを分析することによって,系列相関を検定するために使用される方法である.もし遅れ(ラグ)をともなう残差が,今期の残差を説明するのに有意であるならば,(それはカイ二乗検定によって示されるが),そのとき,系列相関がないという帰無仮説を棄却できる.興味深いことに,我々は動学モデルに対してLMSC検定を使うことを示唆しているけれども,ラグつき従属変数のない式の系列相関を検定するために,9章でダービン=ワトソン検定を使用する代わりに,LMSC検定を使用することもできたであろう.一般的なラグランジュ乗数検定方法は,モデル特定化の検定,不均一分散の検定,そして,別の計量問題に応用される[5].

---

[4] その反対は問題ではない.ラグつき従属変数が存在する場合において系列相関を知らせるダービン=ワトソンd検定は,DW d統計量が2へと偏るにもかかわらず,それでもなお系列相関をより強く肯定するのである.

[5] たとえば,ある読者は,10.3節のホワイトの検定がラグランジュ乗数検定であったことを覚えているかもしれない.ラグランジュ乗数検定がさまざまな用途に用いられることを調査したものや,ラグランジュ乗数検定のワルド検定や尤度比検定との関係を議論したものに関しては,Rob Engle, "Wald, Likelihood Ratio, and Lagrange Multiplier Tests in Econometrics," in Z. Griliches and M. D. Intriligator (eds), *Handbook*↗

ラグランジュ乗数を用いて典型的な動学モデル $[Y_t=\alpha_0+\beta_0 X_t+\lambda Y_{t-1}+u_t]$ の系列相関を検定するには，以下の3ステップで行う．

1. 推定された式から残差を計算する．

$$e_t = Y_t - \hat{Y_t} = Y_t - \hat{\alpha_0} - \hat{\beta_0} X_{1t} - \hat{\lambda} Y_{t-1} \tag{12.17}$$

2. これらの残差 (e_t) を従属変数とし，遅れ（ラグ）をともなう残差 (e_{t-1}) だけでなくもとの式の右辺のすべての変数 (X_t, Y_{t-1}, u_t) を独立変数とする補助式を定式化する．

$$e_t = a_0 + a_1 X_t + a_2 Y_{t-1} + a_3 e_{t-1} + u_t \tag{12.18}$$

3. OLSを使用して (12.18) 式を推定し，以下のラグランジュ乗数検定統計量

$$LM = N*R^2 \tag{12.19}$$

を用いて，$a_3=0$ という帰無仮説を検定する．ここで，Nは標本サイズであり，R^2 は自由度未調整決定係数である．大標本の場合，ラグランジュ乗数検定統計量LMは，カイ二乗分布に従い，自由度は帰無仮説における制約の数に等しい（ここでのケースでは $a_3=0$ の制約式が1本だから自由度が1である）．もしラグランジュ乗数検定統計量LMが，巻末統計表8の χ^2 臨界値よりも大きいならば，$a_3=0$ という帰無仮説を棄却し，もとの式において実際に系列相関が存在すると結論づける．

2階の系列相関，あるいはより高階の系列相関をLMSC検定するためには，遅れ（ラグ）をともなう残差を補助式 (12.18) 式に追加（2階の場合は e_{t-2} を追加，3階の場合は e_{t-2} と e_{t-3} を追加）する．3階の系列相関の検定の場合，$a_3=a_4=a_5=0$ という帰無仮説を置く．そのような帰無仮説はカイ二乗検定における自由度を3へと増やす．それは，補助式に3つの制約が課されている（3個の係数が同時にゼロと等しく設定されている）からである．1つ以上のラグつき従属変数でLMSC検定するためには，もとの式に遅れをともなう（ラグつき）変数（Y_{t-2}, Y_{t-3} など）を追加する．

↘ *of Econometrics*, Volume II (Amsterdam: Elsevier Science Publishers, 1984) を参照せよ．

動学モデルにおける系列相関の補正

動学モデルから系列相関を除去する試みとして3つの戦略がある．(1)特定化の改良，(2)操作変数法，(3)修正された一般化最小二乗法（GLS）である．

第1の戦略は，妥当な変数を除外していたり，あるいは，実際の分布ラグパターンを正確に把握できなかったりすることが原因で，疑似系列相関になってしまう可能性を考慮することである．不幸にも，これまでの章で見てきたように，除外変数や改良されたラグ構造を見つけ出すのは，言うは易く行うは難し．逐次的に特定化を探すという危険性がある理由から，この選択肢（第1の戦略）は，理論的に正当性をもっているような別の特定化が存在する場合においてのみ，考慮されるべきである．

第2の戦略，いわゆる操作変数法は，もとの式の Y_{t-1} に対して操作変数（Y_{t-1} とはよく相関し，u_t とは相関しない変数）を代入して，Y_{t-1} と u_t の間の相関を除去することである．操作変数を使うのは，原理的に簡単で理にかなった選択肢であるけれども，元の式の分布ラグの性質を保持するような代理変数を見つけ出すことは常に容易ではない．操作変数法に関する一貫した議論に関しては，14.3節を見よ．

動学モデル（あるいはラグつき従属変数や類似の誤差項構造をもつモデル）で系列相関を解決する3番目の戦略は，繰り返し最尤法を使用して，系列相関の要素を推定し，そして，系列相関が除去されるようにもとの式を変換することである．この手法は，9.4節で概観した一般化最小二乗法（GLS）の手順に類似しており，複雑性がないわけではない．特に，標本が大規模である必要があり，推定係数の標準誤差は潜在的に調整される必要があり，また，その推定法はなんらかの状況の下で欠陥のあるものとなる[6]．

本質的に，系列相関は動学モデルにおいて偏り（バイアス）を引き起こす．しかし，式からそうした系列相関を除去することは，容易な事ではない．

12.3 グレンジャー因果性

特殊分布ラグモデルの1つの応用は，経済的関係における因果性の方向に関

---

[6] これらの複雑性に関しては，R. Betancourt and H. Kelejian, "Lagged Endogenous Variables and Cochrane-Orcutt Procedure," *Econometrica*, Vol. 49, No. 4, pp. 1073-1078 を見よ．

する証拠を提供することである．そのような検定は，2つの変数が関連し合っていることはわかっているのだが，どちらの変数がもう一方の変数を動かす原因になっているのかがわからないという場合に，有用である．たとえば，たいていの経済学者は，貨幣供給の増大が GDP を刺激すると信じている．しかし，GDP の増加によって，結局のところ，金融当局が貨幣供給量を増加させるのだと思っている別の経済学者もいる．どっちの言い分が正しいのだろうか．

因果性が未定であるようなそのような質問に対する1つ目の方法は，2つの変数が同時に決定されると理論化することである．14章で同時方程式モデルの推定を行うであろう．そのような質問に対する2つ目の方法は，いわゆるグレンジャー因果性を検定することである．

因果性を検定できることを我々はどうやって主張できるだろうか．とりわけ，たとえたいていの経済的関係が，その性質上，因果性のあるものであっても，回帰分析はそのような因果性を証明できないと，上巻1章で言及しなかっただろうか．我々は理論的因果性を実際に検定できない，というのが答えである．代わりに我々はグレンジャー因果性を検定する．

グレンジャー因果性（Granger causality）あるいは先行性とは，ある時系列変数が，別の変数よりも先に整合的で予想通りに変化する状況である[7]．グレンジャー因果性は重要である．なぜならば，どの変数が別の変数よりも先行しているか，あるいは，別の変数の変化をもたらしているかを分析することができるからである．後で見るように，そのような先行変数は予測目的においてきわめて有用である．

しかしながら，グレンジャー因果性は重要であるにもかかわらず，それによって我々は厳密な方法で経済の因果性を証明できると思い込んではいけない．もしある変数が別の変数よりも先行している（グレンジャー因果性をもつ）場合であっても，最初のある変数が別の変数を変化させているとは確信できない[8]．

---

(7) C. W. J. Grenger, "Investigating Causal Relations by Econometric Models and Cross-Spectral Methods," *Econometrica*, Vol. 37, No. 3, pp. 424-438. を参照せよ．

(8) 本書第5版において，この段落を「たとえば，クリスマスカードは典型的にクリスマス前に届く．しかし，クリスマスはカードの到着によって引き起こされたわけではないことは明らかだ」と言って締めくくった．しかしながら，これはグレンジャー因果性の本当の例ではない．なぜなら，クリスマスの日は固定されており，したがって，時系列変数ではないからである．Erdal Atukeren, "Christmas cards, Easter bunnies, ↗

結果として，事象 A が常に事象 B に先行して起こることを示すことができても，事象 A が事象 B を引き起こしたことを示すことはできない．

グレンジャー因果性に関して数多くのさまざまな検定がある．そして，その多様な方法のすべてにおいて，何らかの形で分布ラグモデルが関わっている[9]．我々はグレンジャーによって最初に開発された検定法の拡張版を使用したい．グレンジャーが示唆したところによれば，A から Y へのグレンジャー因果性があるかどうかを見るためには，以下の回帰

$$Y_t = \beta_0 + \beta_1 Y_{t-1} + \cdots + \beta_p Y_{t-p} + \alpha_1 A_{t-1} + \cdots + \alpha_p A_{t-p} + \varepsilon_t \qquad (12.20)$$

を実行して，遅れをともなう（ラグつき）変数 A の係数（α）が同時にゼロに等しいという帰無仮説を検定するべきである[10]．もし F 検定を使ってこの帰無仮説を棄却できるならば，そのとき A から Y へのグレンジャー因果性があるという証拠をつかむ．もし p=1 ならば，(12.20)式は，動学モデル (12.3)式に類似しているということに留意せよ．

この検定の応用は，双方向へと，グレンジャー因果性検定を 2 回実施することを必要とする．つまり，(12.20)式を実行し，さらに，

$$A_t = \beta_0 + \beta_1 A_{t-1} + \cdots + \beta_p A_{t-p} + \alpha_1 Y_{t-1} + \cdots + \alpha_p Y_{t-p} + \varepsilon_t \qquad (12.21)$$

も実行して，遅れをともなう（ラグつき）変数 Y の係数（ふたたび，α）が同時にゼロである帰無仮説を検定することによって，両方向でグレンジャー因果性を検定するのである．もし F 検定が (12.20)式で有意であり，(12.21)式で有意でないならば，A から Y へのグレンジャー因果性があると結論づけられる．

---

and Grenger-causality," *Quality & Quantitiy*, Vol. 42, No. 6, Dec. 2008, pp. 835-844. を参照せよ．因果性の深い議論に関しては，Kevin Hoover, *Causality in Macroeconomics* (Cambridge: Cambridge University Press, 2001) を参照せよ．

[9] John Geweke, R. Meese, and W. Dent, "Comparing Alternative Tests of Causality in Temporal Systems," *Journal of Econometrics*, Vol. 21, pp. 161-194. と Rodney Jacobs, Edward Leamer, and Michael Ward, "Difficulties with Testing for Causation," *Economic Inquiry*, Vol. 17, No. 3, pp. 401-413. を参照せよ．

[10] そのような同時検定には，上巻5.6節の F 検定の使用を必要とする．

12.4 見せかけの相関と非定常性

　時系列データの 1 つの問題は，独立変数が従属変数と同一の基調を成す傾向（トレンド）をもっているならば，独立変数が実際よりも有意となりやすいことである．たとえば，猛烈なインフレの国では，ほとんどすべての名目変数は，他のすべての名目変数と高い相関があるように見えるであろう．それはなぜか？　名目変数はインフレに対して調整されていないので，すべての名目変数は強力なインフレ要因をもつであろう．このインフレ要因は，通常，何らかの実質的な因果関係を上回っているであろう．なぜなら，たとえ名目変数が相関していなくても，インフレ要因によって名目変数が相関しているかのように見せかけるからである．

　そのような問題は，**見せかけの相関**（spurious correlation），すなわち，実質的な本来の因果関係によって引き起こされることのない 2 個かそれ以上の変数の間にある強い関係の例である．もし従属変数と 1 個かそれ以上の独立変数が見せかけの相関をしているような回帰を実行するならば，その結果は*見せかけの回帰*（spurious regression）であり，そのような見せかけの回帰の t 値と全体の当てはまり（フィット）は水増しされたものか，あるいは，信用できないものとなりやすい．

　見せかけの相関を引き起こす多くの原因が存在する．たとえば，横断面（クロスセクション）データセットでは，見せかけの相関は，従属変数と 1 つの独立変数を，それら 2 つの変数よりも大きく変化しやすい第 3 の変数で割ることによって起こりうる．しかしながら，本節の焦点は，時系列データに当てられる．特に，*非定常時系列*（nonstationary time series）によって引き起こされる見せかけの相関に焦点が当てられる．

定常・非定常な時系列

　定常な時系列とは，平均や分散などの基本的な性質が時間を通じて変化しないというものである．対照的に，非定常な時系列とは，1 つ以上の基本的な性質が時間を通じて変化するものをいう．たとえば，経済の 1 人当たり実質産出量は一般的に時間を通じて増加するため，非定常である．対照的に，1 人当たり実質産出量の成長率はしばしば時間を通じて上昇せずに一定であるので，たとえ成長率

の基になっている変数である1人当たり実質産出量の水準値が非定常であっても，その成長率は定常である．平均が一定であっても，もしも分散のような別の性質が時間を通じて変化するならば，そうした時系列は非定常になりうる．

より正式に定義すると，もし以下に挙げる3つの性質

1. 時系列変数 X_t の平均が時間を通じて一定である
2. X_t の分散が時間を通じて一定である
3. X_t と X_{t-k} の間の単相関係数が，遅れ（ラグ）の長さ（つまり時間差）(k)に依存しており，任意のkに対して他の変数には依存していない[11]

がすべて成立するならば，時系列変数 X_t は**定常**（stationary）である．もし3つの性質のうちの1つ以上が成立しないならば，時系列変数 X_t は**非定常**（nonstationary）である．もし時系列が非定常ならば，その問題はしばしば**非定常性**（nonstationarity）とよばれる．

定常な時系列に関する我々の定義は，定常または非定常な*変数*（variables）に焦点が当てられているが，*誤差項*（error terms）（したがって，残差）もまた非定常になりうるということに留意しておくことが重要である．実際，すでに非定常な誤差項をもつという経験をしている．時系列データにおける不均一分散の多くのケースでは，誤差項の分散が時間を通じて増加傾向にある．この種の不均一分散の誤差項もまた非定常なのである．

回帰分析に関する非定常性の主要な結果は，決定係数 R^2 と非定常な独立変数のt値を膨張させる見せかけの相関であり，それは不正確なモデル特定化をもたらす．これが起こる理由は，回帰推定手順が，非定常変数 X_t にも影響を及ぼす何らかの要因（たとえば，トレンド）によって実際に引き起こされた Y_t の変化を非定常変数 X_t によるものとするからである．したがって，決定係数 R^2 とt値を上昇させる非定常性のため，変数はともに動く．これは特に，マクロ計量経済学において重要であり，マクロ経済の文献は，非定常性の兆候に関するさまざまな時系列を検証している論文によって占められている[12]．

---

(11) 定常性には2つの異なる定義が存在する．ここで使用した特定の定義は，最も頻繁に引用される定義を単純化したものであり，さまざまな著者によって，弱定常性，広義の定常性，共分散定常性とよばれているものである．

(12) たとえば，C.R. Nelson and C.I. Plosser, "Trends and Random Walks in Macroeconomics Time Series: Some Evidence and Implication," *Journal of Monetary Economics*,↗

いくつかの変数が非定常となる主な理由は，変数が時間を通じて急速に増加するからである．この種の変数をともなっている見せかけの回帰結果は，しばしば，単純な時間トレンド（t=1, 2, 3, …, T）を独立変数として回帰式に追加することによって回避できる．

不幸にも，多くの経済時系列変数は，時間トレンドを除去した後でさえも非定常である．こうした非定常性は，典型的に，変数がまるで「酔っぱらって歩いている」かのような動きをする形態をとる．**ランダムウォーク（酔歩）**（random walk）とは，次期の値が，今期の値と確率的誤差項の合計に等しくなっている時系列変数である．ランダムウォーク変数は，固有の均衡値をもたず，ある種の長期的平均値に近づくことなく行き来するので，非定常である．

非定常性とランダムウォークとの関係をよりよく理解するために，Y_t は，それ自身の過去の値のみを含む式（*自己相関*, autoregressive）

$$Y_t = \gamma Y_{t-1} + v_t \tag{12.22}$$

によって生成されると仮定しよう．ここで，v_t は古典的誤差項である．

(12.22)式を見てみよう．もし $|\gamma|<1$ ならば，標本サイズが大きくなるにつれて，Y_t の期待値がゆくゆくはゼロに近づいていく（そして定常となる）ことがわかるだろうか（v_t は古典的残差なのでその期待値はゼロに等しいことを想起しよう）．同様に，もし $|\gamma|>1$ ならば，Y_t の期待値が連続的に増加していき，Y_t が非定常となることがわかるだろうか．これはトレンドが原因の非定常性である．しかし，それは見せかけの回帰結果をもたらしうる．

最も重要なことであるが，もし $|\gamma|=1$ ならばどうなるだろうか．この場合，

$$Y_t = Y_{t-1} + v_t \tag{12.23}$$

であり，ランダムウォークとなる．Y_t の期待値がどの値にも収束しない．それは非定常であることを意味する．(12.23)式のように，$\gamma=1$ の状況は，**単位根**（unit root）とよばれる．もし変数が単位根をもつならば，(12.23)式が成立し，その変数はランダムウォークに従い，非定常となる．単位根と非定常性の関係は非常に強いので，たいていの計量経済学者は，トレンドと単位根の両方

↘Vol. 10, pp. 169-182. と, J. Cambell and N. G. Mankiw, "Permanebt and Transitory Components in Macroeconomic Fluctuations," *American Economic Review*, Vol. 77, No. 2, pp. 111-117. を参照せよ．

が非定常性をもたらしうることを認識していたとしても,単位根と非定常性という用語をほとんど同じ意味合いで使用する.

見せかけの回帰

本章の4節の最初で注意しておいたように,1本の式の中で,もし従属変数と少なくとも1つの独立変数が非定常であれば,OLS回帰結果が見せかけの回帰となる可能性がある[13].

線形回帰モデル

$$Y_t = \alpha_0 + \beta_0 X_t + u_t \tag{12.24}$$

を考えよう.もしXとYの両方が非定常であるならば,それらは因果関係がないのに高い相関をもつ.そして,自由度修正済み決定係数$\overline{R}^2$と,$\hat{\beta}_0$のt値を過大にしてしまうという点で,我々の標準的な回帰推論尺度はほとんど確実に非常に誤ったものとなる.

たとえば,以下の推定式を見てみよう.

$$\widehat{PRICE}_t = -27.8 + 0.070 TUITION_t \tag{12.25}$$
$$(0.006)$$
$$t = \quad 11.4$$
$$\overline{R}^2 = 0.94 \quad T=10 \quad (年次)$$

この式のR^2とTUITIONの係数のt値が明らかに有意であるが,その変数の定義は何か? PRICEがポートランド(オレゴン州最大の都市)におけるガソリン1ガロンの価格であり,TUITIONは,ロサンゼルスにあるオクシデンタル・カレッジでの1セメスター(1年間のうちの半期分)の授業料である.ガソリン価格と授業料のどちらも名目ドルで測られている.オクシデンタル・カレッジでの授業料の増加が,ポートランドのガソリン価格を引き上げる可能性はあるだろうか.すべてのオクシデンタル・カレッジの学生がポートランドのガソリンスタンドの所有者の子供でなかったならば,オクシデンタル・カレッジの授業料増加が,ポートランドのガソリン価格を引き上げる可能性はない.何が起こっているのか.1970年代はインフレの時代であった.そのため,

---

[13] C. W. J. Granger and P. Newbold, "Spurious Regression in Econometrics," *Journal of Econometrics*, Vol. 2, pp. 111-120. を参照せよ.

すべての名目変数が，(12.25)式と同様に当てはまる回帰式の結果となりやすい．オクシデンタル・カレッジの授業料とポートランドのガソリン価格の両方は非定常な変数であり，この特定の回帰結果は明らかに見せかけのものである．

見せかけの回帰結果を回避するためには，回帰分析を実行する前に，時系列変数が定常であるようにすることがきわめて重要である．

ディッキー＝フラー検定

推定する回帰式が見せかけのものではないことを保証するために，非定常性の検定をすることが重要である．すべての変数が定常であると論理的に確証できるならば，見せかけの回帰を心配する必要はない．時系列が非定常かどうかをどうやって判断できるのだろうか．最初の段階として，視覚的にデータを検証してみることである．多くの時系列データの場合，データ（そしてデータのダイアグラム）を検証してみて，変数の平均が時間を通じて劇的に増加している場合に，時系列は非定常であると判断できる．

このトレンドが除去された後，非定常性を検定する標準的な方法は，**ディッキー＝フラー検定**（Dickey-Fuller test）である[14]．それは，当該変数が単位根[15]をもつという仮説を検証するものであり，単位根をもつ結果であれば，その当該変数の1階の差分形式での表現から恩恵を受けることになるだろう．

ディッキー＝フラー検定がどのように作用するかをよく理解するために，単位根が定常性と非定常性の間の差異において果たす役割についての議論を振り返ってみよう．Yが定常であるか，それとも，非定常であるかを判断するには，

$$Y_t = \gamma Y_{t-1} + v_t \tag{12.22}$$

のγの値を知ればよかったことを思い起こそう．もし$|\gamma|<1$ならばYは定常

---

[14] D. A. Dickey and W. A. Fuller, "Distribution of the Estimators for Autoregressive Time-Series with a Unit Root," *Journal of the American Statistical Association*, Vol. 74, pp. 427-431. 誤差項が系列相関する場合に使用される拡張版ディッキー＝フラー検定［Augmented Dickey-Fuller（ADF）検定］など，ディッキー＝フラー検定にはさまざまな形式がある．

[15] 単位根について詳しくは，John Y. Campbell and Pierre Peron, "Pitfalls and Opportunities: What Macroeconomists Should Know About Unit Roots," *NBER Macroeconomics Annual* (Cambridge, MA: MIT Press, 1991), pp. 141-219. を参照せよ．

であり，もし$|\gamma|>1$ならばYは非定常となる．しかし，$|\gamma|=1$ならば，単位根によりY_tは非定常となる．よって，自己相関モデルは，もし$|\gamma|<1$ならば定常であり，もし$|\gamma|\geq 1$ならば非定常となると結論づけることができる．

以上のような定常性と単位根の議論から，(12.22)式を推定し，Yが定常であるかどうかを知るために，$|\gamma|<1$であるかどうかを判断することは意味がある．それがまさにディッキー゠フラー検定のやり方である．第1に，(12.22)式の両辺からY_{t-1}を差し引くと，

$$(Y_t - Y_{t-1}) = (\gamma - 1)Y_{t-1} + v_t \tag{12.26}$$

となる．もし$\Delta Y_t = Y_t - Y_{t-1}$と定義するならば，ディッキー゠フラー検定における最も単純な定式化

$$\Delta Y_t = \beta_1 Y_{t-1} + v_t \tag{12.27}$$

を得る．ここで，$\beta_1 = \gamma - 1$である．帰無仮説はY_tが単位根をもつというものであり，対立仮説はY_tが定常であるとする．もしY_tが単位根をもつならば，$\gamma = 1$であり，$\beta_1 = 0$である．もしY_tが定常ならば，$|\gamma|<1$であり，$\beta_1 < 0$である．したがって，$\beta_1 = 0$という帰無仮説における片側検定を行う．

$$H_0 : \beta_1 = 0$$
$$H_A : \beta_1 < 0$$

興味深いことに，ディッキー゠フラー検定には実際のところ3つのバージョンがある．

1. $\Delta Y_t = \beta_1 Y_{t-1} + v_t$ (12.27)式
2. (12.27)式に定数項が追加されたもの，つまり (12.28)式
3. (12.27)式に定数項とトレンド項が追加されたもの，つまり (12.29)式

もしY_tが$Y_t = \gamma Y_{t-1} + v_t$ (12.22)式に従うならば，$\Delta Y_t = \beta_1 Y_{t-1} + v_t$ (12.27)式のディッキー゠フラー検定の定式化は正しい．しかし，もしY_tが(12.22)式に従っていないならば，検定法を変えなくてはいけない．たとえば，(12.22)式は定数を含んでいると我々が信じているならば，適切なディッキー゠フラー検定式は

表 12.1 ディッキー=フラー検定の大標本棄却値

片側有意水準	0.01	0.025	0.05	0.10
t_c	3.43	3.12	2.86	2.57

$$\Delta Y_t = \beta_0 + \beta_1 Y_{t-1} + v_t \tag{12.28}$$

である．同様に，もし Y_t がトレンド "t" (t=1, 2, 3,..., T) を含むと我々が信じているならば，検定式に係数をもつ変数として "t" を追加することになり，妥当なディッキー=フラー検定式は

$$\Delta Y_t = \beta_0 + \beta_1 Y_{t-1} + \beta_2 t + v_t \tag{12.29}$$

となる．使用するディッキー=フラー検定の定式化がどのような形のものであれ，決定ルールは β_1 の推定値にもとづいている．もし $\hat{\beta}_1$ が0よりも有意に小さいならば，非定常性の帰無仮説を棄却できる．もし $\hat{\beta}_1$ が0よりも有意に小さくないならば，非定常性の帰無仮説を棄却できない（上巻5章で学んだように，もし帰無仮説を棄却できないならば，Yが非定常であるということを「証明した」ことにはならないということを思い起こそう）．

しかし，注意すべきことがある．標準的な t 分布表は，ディッキー=フラー検定に適用できない．棄却値は，適用可能なディッキー=フラー検定のバージョンに依存している．定数項もトレンドもない（12.27)式の場合，t_c の大標本値は表 12.1 に挙げられている[16]．

表 12.1 に表示されていないけれども，ディッキー=フラー検定の小標本の棄却 t 値は，巻末統計表1（標準的な t 分布表）に比べると，約60％大きい．たとえば，自由度50の (12.27)式の β_1 の片側有意水準2.5％の t 検定は，標準的な t 検定だと 2.01 であるのに比べて，ディッキー=フラー検定の場合だと

---

[16] 単位根検定は負の期待値をもつ片側検定であるから，たいていの出典では，ディッキー=フラー検定の負の棄却値を挙げている．しかしながら，本書の t 検定の決定ルールは，t 値の絶対値にもとづいているので，負の棄却値によってすべての帰無仮説が棄却されてしまうであろう．結果として，表 12.1 の棄却値は，正の値である．ディッキー=フラー検定の調整された棄却 t 値に関しては，J. G. MacKinnon, "Critical Values of Cointegration Tests," in Rob Engle and C. W. J. Granger, eds., *Long-Run Economic Relationships: Readings in Cointegration* (New York: Oxford University Press, 1991), Chapter 13. を参照せよ．たいていのソフトウェアパッケージは，これらの棄却値にディッキー=フラー検定からのアウトプットを提供している．

3.22 の棄却 t 値をもつ．

　ディッキー＝フラー検定式とそのそれぞれの特定化の棄却値は，誤差項が系列相関しないという仮定の下で導出されていることに注意しておこう．もし誤差項が系列相関するならば，回帰の特定化はこの系列相関を考慮に入れて修正されなくてはいけない．この調整はディッキー＝フラー検定式に，いくつかの遅れをともなう（ラグつき）1階の差分を独立変数として追加する形式をとる．追加されるラグ（遅れ）の数を選択するいくつかのよい方法がある．しかし，現在のところ，これらの方法のどれが最適であるのかに関して，普遍的な合意には至っていない．

共和分

　もしディッキー＝フラー検定が非定常性を明らかにしたならば，何をすべきだろうか．

　伝統的な方法は，1階の差分（$\Delta Y = Y_t - Y_{t-1}$ と $\Delta X = X_t - X_{t-1}$）をとり，式の Y_t と X_t を1階の差分を使って置き換える．経済データの場合は，通常，1階の差分をとることによって，非定常な時系列データを定常な時系列データに変換することができる．不幸にも，変数がもとの単位（X_t と Y_t）で表現されている時，非定常性を訂正するために1階の差分を使用すると，経済理論が変数間の均衡関係の形式で与える情報を捨ててしまうことになる．結果として，もとの単位から差分をとった形式へシフトすることの費用と便益を注意深く比較することなしに，1階の差分を使用するべきではない．特に，残差が共和分検定されるまで，1階の差分を使用するべきではない．

　共和分検定（cointegration）は，式の誤差項を定常にするように，そして，どのような見せかけの回帰結果も式から除去するように，式の変数の非定常性の度合を調和（マッチング）させることから構成される．たとえ個々の変数が非定常であっても，非定常な変数の線形結合が定常となる（あるいは，共和分関係（cointegrated）にある）ことは可能である．もし，ある一組の変数間に長期均衡関係が存在するならば，それらの変数は共和分関係にあるという．もしそれらの変数が共和分関係にあるならば，たとえ従属変数と少なくとも1つの独立変数が非定常であっても，見せかけの回帰を避けることができる．

　これがどう作用するかを見るため，(12.24)式に戻ろう．

$$Y_t = \alpha_0 + \beta_0 X_t + u_t \tag{12.24}$$

前節で見たように，もし X_t と Y_t が非定常であるならば，見せかけの回帰結果を得る可能性がある．もし非定常な2つの変数が共和分関係にあるならば，(12.24)式から意味のある結果を得る可能性があることを理解するために X_t と Y_t の両方が単位根を含むケースに焦点を当てよう．共和分で重要なのは，u_t の挙動である．

もし (12.24) 式を u_t について解けば，

$$u_t = Y_t - \alpha_0 - \beta_0 X_t \tag{12.30}$$

を得る．(12.30)式において，u_t は2つの非定常な変数の関数である．そのため，u_t もまた非定常であるとたしかに予想するかもしれない．しかし，必ずしも u_t が非定常であるとは限らない．特に X_t と Y_t が関係していると想定しよう．もっと具体的に言えば，もし経済理論が (12.24) 式を均衡として支持するならば，そのとき，その均衡からの乖離は勝手気ままにどこまでも大きくなるはずはない．

したがって，もし Y_t と X_t が関係しているならば，たとえ X_t と Y_t が非定常であっても，誤差項 u_t は定常になりうる．もし，u_t が定常ならば，Y_t と X_t の単位根は相殺され，Y_t と X_t は共和分関係にあると言われる[17]．

したがって，もし X_t と Y_t が共和分関係にあるならば，(12.24) 式の係数の OLS 推定は見せかけの回帰結果を避けることができるということがわかる．X_t と Y_t が共和分関係にあるかどうかを判断するためには，(12.24) 式の OLS 推定から始めて，OLS 残差を計算する．

$$e_t = Y_t - \widehat{\alpha}_0 - \widehat{\beta}_0 X_t \tag{12.31}$$

残差に関してディッキー=フラー検定を行う．ふたたび，標準的な t 値はこの応用に適切でない．そのため，調整された棄却 t 値が使用されなくてはいけない[18]．しかし，これらの調整された棄却値は標準的な棄却 t 値よりもごくわ

---

[17] 共和分について詳しくは，Peter Kennedy, *A Guide to Econometrics* (Malden, MA: Blackwell, 2008), pp. 309-313 and 327-330, と B. Bhaskara Rau, ed., *Cointegration for the Applied Economist* (New York: St. Martin's Press, 1994) を参照せよ．

[18] J. G. MacKinnon, "Critical Values of Cointegration Tests," in Rob Engle and C. W. J. Granger, eds., *Long-Run Economic Relationships: Readings in Cointegration* (New

ずかに高いだけである．そのため，巻末統計表1の数値を，より正確な数字の大ざっぱな推定値として使用可能である．もし，残差において単位根の帰無仮説を棄却できるならば Y_t と X_t が共和分関係にあり，OLS 推定値は見せかけとならないことが結論づけられる．

要約すれば，もしディッキー＝フラー検定が，我々の変数が単位根をもつことを明らかにすれば，第1段階は，残差の共和分検定である．もし非定常な変数が共和分関係でないならば，そのとき，式は1階の差分（ΔY と ΔX）を使って推定されるべきである．しかし，もし非定常な変数が共和分関係にあるならば，式は，（差分形式でなく）そのもとの単位で推定することができる[19]．

非定常時系列に対処するための標準的なステップ

少なくともこれまでの章に比べると，本章の内容はかなり複雑であり，少し立ち止まって，12.4節で示唆されたさまざまな段階を要約しておこう．非定常な時系列が見せかけの回帰結果を引き起こすかもしれないという可能性に対処するために，時系列の多くの実証研究は，標準的な段階を踏んでいる．

1. モデルを特定化する．このモデルは，ラグつき変数のない時系列の回帰式，（12.3）式で表される最も単純な形式での動学モデル，あるいは，従属変数と独立変数の両方にラグを含む動学モデルのいずれでもよい．
2. ディッキー＝フラー検定の妥当なバージョン［（12.27）式，（12.28）式，

York: Oxford University Press, 1991), Chapter 13. と Rob Engle and C. W. J. Granger, "Co-integration and Error Correction: Representation, Estimation and Testing," *Econometrica*, Vol. 55, No. 2. を参照せよ．

[19] この場合，誤差修正モデル（Error Correction Model（ECM））とよばれるもとの式のバージョンを使うことが一般的な方法である．ECM の式がかなり複雑である一方，モデルそれ自体は，共和分概念の論理的な拡張である．もし2つの変数が共和分関係にあるならば，それらを結びつける均衡関係が存在する．したがって，これら2つの変数の回帰は，この均衡関係を残差とともに推定したものであり，これら2つの変数が均衡からどのくらい乖離しているかを測定するものである．変数間の動学的関係を定式化する際，従属変数の現在の変化が，独立変数の現在の変化によって影響を受けるだけでなく，それ以前の期間でこれらの変数が均衡から逸脱した程度（共和分過程からの残差）によっても影響を受ける，ということを経済理論は示唆している．結果として得られる式が ECM である．ECM についての詳細は，Peter Kennedy, *A Guide to Econometircs* (Malden, MA: Blackwell, 2008), pp. 299-301 と 322-323. を参照せよ．

(12.29)式]を使用して,すべての変数の非定常性の検定(単位根検定)を行う.
3. もし変数が単位根をもたないならば,もとの単位(YとX)で式を推定する.
4. もし変数が単位根をもつならば,ディッキー＝フラー検定を使用して,式の残差について共和分検定を行う.
5. もし変数が単位根をもっているが,変数同士が共和分関係にないならば,モデルを1階の差分形式に変更して,式を推定する.
6. もし変数が単位根をもっていて,変数同士が共和分関係(長期均衡関係)にあるならば,もとの単位で式を推定する.

12.5 まとめと練習問題

1. 分布ラグモデルはYの現在の値を,Xの現在と過去の値の関数として説明する.したがって,遅れ(ラグ)をともなう期間の数だけ,Xの影響が散らばっていく.任意の制約のない(アドホックな)分布ラグ回帰式のOLS推定は,多重共線性,自由度,時間を通じた係数の非連続的パターンにはらむ問題に直面することになる.

2. ラグが長くなればなるほど,ラグつき独立変数の係数が幾何級的に減少していくということを仮定することによって,動学モデルは,これらの問題を回避する.この場合,動学モデルは,

$$Y_t = \alpha_0 + \beta_0 X_t + \lambda Y_{t-1} + u_t$$

となる.ここで,Y_{t-1}は,ラグつき従属変数であり,$0<\lambda<1$である.

3. 小標本において,動学モデルのOLS推定値はバイアスをもち,信頼できない仮説検定の性質をもつ.大標本においてさえも,もし誤差項が系列相関するならば,動学モデルの係数のOLS推定値はバイアスをもつ.

4. 動学モデルにおいて,ダービン＝ワトソンd検定は時々,系列相関の存

在を突き止めることができない．なぜならdが2へ偏るからである．最も使用される別の方法は，ラグランジュ乗数検定である．

5. グレンジャー因果性あるいは先行性は，別の変数が変化する前に，ある時系列変数が整合的に，予想通りに変化する状況である．もしある変数が別の変数よりも先行する（ある変数から別の変数へのグレンジャーの因果性がある）場合においても，ある変数が別の変数の変化を「引き起こした」と確実に言うことはできない．

6. 非定常な時系列変数は，（平均や分散などが）時間を通じてかなりの変化を示す変数である．もし従属変数と少なくとも1つの独立変数が非定常であるならば，回帰は自由度修正済み決定係数 $\overline{R}^2$ と非定常な独立変数のt値を大きくする見せかけの相関に直面するかもしれない．

7. 非定常性はディッキー＝フラー検定を使って見つけ出すことができる．もし変数が非定常である（単位根をもつ）ならば，式の残差は，ディッキー＝フラー検定を使って共和分検定されなければいけない．もし変数が非定常であるけれども共和分関係にないならば，式は1階の差分形式で推定すべきである．もし変数が非定常でありかつ共和分関係にあるならば，式はもとの単位で推定できる．

練習問題

メキシコにおける実質貨幣残高に対する需要を推定するために，以下の式を考えよう．括弧内は標準誤差を表す．

$$\widehat{\ln M_t} = 2.00 - 0.10\ln R_t + 0.70\ln Y_t + 0.60\ln M_{t-1}$$
$$(0.10) \quad (0.35) \quad (0.10)$$
$$\overline{R}^2 = 0.90 \quad DW = 1.80 \quad N = 26$$

ここで，

$M_t =$ t年の貨幣ストック（100万ペソ）

R_t ＝ t 年における長期利子率（％）

Y_t ＝ t 年における実質 GNP（100万ペソ）

a．Y と M の間の経済的関係は，この式からどう表されるか？
b．M との関係の点で，Y と R はどれほど類似しているか？
c．この式は系列相関をもっているように見えるだろうか？　説明しなさい．

第13章　ダミー従属変数の使い方

13.1 線形確率モデル
13.2 二項ロジット・モデル
13.3 他のダミー従属変数の使い方
13.4 まとめと練習問題

今まで，ダミー変数の議論は独立変数に限定されてきた．しかしながら，従属変数が0か1の値をとるダミー変数として適切に取り扱われる，多くの重要な研究トピックがある．

特に，消費者選択を分析する研究者はダミー従属変数（質的従属変数ともよばれる）をしばしば取り扱わなくてはならない．たとえば，高校生は大学に行くかどうかをどのようにして決定するのだろうか？　何がペプシ・コーラをコカ・コーラと区別するのだろうか？　どのようにして，人々に自家用車の代わりに公共交通機関を利用するよう説得できるだろうか？　これらのトピックの計量経済学的研究，またはある種の離散的な選択を含むあらゆるトピックスの研究に関して，従属変数は典型的にダミー変数である．

本章の最初の2節において，ダミー従属変数をもつ方程式を推定するための，2つの頻繁に用いられる方法である，線形確率モデルと二項ロジット・モデルを示す．最後の節で，他の2つの有益なダミー従属変数の技法，二項プロビット・モデルと多項ロジット・モデルを簡単に議論する．

13.1　線形確率モデル

線形確率モデルとは何か？

ダミー従属変数をもつモデルを推定するための最も明らかな方法は，典型的な線形計量方程式でOLSを実行することである．**線形確率モデル**（linear probability model）とは，単にダミー従属変数を説明するために用いられる係数が線形関係にある次のような方程式である．

$$D_i = \beta_0 + \beta_1 X_{1i} + \beta_2 X_{2i} + \varepsilon_i \tag{13.1}$$

ただし，D_i はダミー変数であり，X，β，ε はそれぞれ，典型的な独立変数，回帰係数，そして誤差項である．

たとえば，あなたが，なぜある州では知事が女性であるのに，他の州では女性でないのかということに関心があるとしよう．そのようなモデルにおいて，妥当な従属変数はダミー変数 D_i だろう．たとえば，D_i は知事が女性である州では1，そうでない州では0を取るダミー変数である．もし女性の割合が高く，上流社会の保守層の割合が少ない州は女性知事をもつようであるという仮説を立てるとすると，線形確率モデルは次のようになる．

$$D_i = \beta_0 + \beta_1 F_i + \beta_2 R_i + \varepsilon_i \tag{13.2}$$

ただし，

D_i = i 番目の州が女性知事ならば1，そうでないならば0と取るダミー変数
F_i = i 番目の州の人口のうち，女性の割合
R_i = i 番目の州に登録されている有権者のうち，保守層の割合

線形確率モデルという用語は，左辺の期待値が $D_i = 1$ の確率を測定している一方，方程式の右辺が線形であるという事実に由来している．左辺の期待値が $D_i = 1$ の確率を測定しているということを理解するために，(13.2)式を推定し，ある特定の州で $\widehat{D_i}$ の値として 0.10 を得たとしよう．それは何を意味するのだろうか？ さてもし知事が女性ならば $D = 1$ であり，知事が男性であれば $D = 0$ を取るので，$\widehat{D_i}$ が 0.10 の州では，州の独立変数の値にもとづいて，州知事が女性である確率が 10% であるというのがおそらく最もよいと考えられることである．このように，$\widehat{D_i}$ は i 番目の観測値が $D_i = 1$ を取る確率を測定しているのである．そして，$\widehat{D_i}$ は次のように表される．

$$\widehat{D_i} = \Pr(D_i = 1) = \hat{\beta}_0 + \hat{\beta}_1 F_i + \hat{\beta}_2 R_i \tag{13.3}$$

ここで，$\Pr(D_i = 1)$ は i 番目の観測値が $D_i = 1$ を取る確率を示している．

(13.3)式の係数を我々はどのように解釈すべきだろうか？ $\widehat{D_i}$ は $D_i = 1$ であ

る確率を測定しているのであるから，線形確率モデルの係数は，方程式の他の独立変数を一定として，ある独立変数の1単位の増加によって，$D_i=1$である確率が何パーセント・ポイント変化するかを示すことになる．

しかしながら，離散的な決定がなされる前に，確率$\Pr(D_i=1)$はその状況を反映しているので，現実の確率を決して観測することができない．選択が行われた後で，その選択の結果だけが観測できるのである．そして，従属変数D_iは0か1しかとることができない．たとえ期待値が0と1の間のあらゆる値をとることができるとしても，従属変数(D_i)について，2つの極端な値（0または1）しか観測できないのである．

線形確率モデルの問題

残念なことに，OLSによってダミー従属変数をともなう方程式の係数を推定すると，次の2つの主要な問題に直面する[1]．

1. $\bar{R}^2$は全体的な当てはまりの正確な尺度にはならない．ダミー従属変数を含むモデルにおいて，モデルが意思決定者の選択をいかによく説明しているかについて，$\bar{R}^2$はほとんど何も言っていない．それがなぜかを理解するために，図**13.1**を見てみよう．D_iは1または0に等しい．しかし，$\hat{D}_i$は1つの極端から他の極端（マイナス無限大からプラス無限大）まで連続的に移動する．このことはX_{1i}のある範囲で，$\hat{D}_i$がD_iとはまったく異なることが起こりうることを意味する．このように，たとえモデルがこの0-1の選択を非常にうまく説明したとしても，$\bar{R}^2$は1よりはるかに低くなりそうである．したがって，$\bar{R}^2$（またはR^2）はダミー従属変数を含むモデルの全体的当てはまりの尺度として，信頼されるべきではない．

2. $\hat{D}_i$は0と1の範囲にあるわけではない．D_iはダミー変数であるので，

---

[1] さらに，Dが2つの値（0または1）しかとらないことが主な理由で，線形確率モデルの誤差項は，均一分散でも，正規分布しているわけでもない．しかしながら，実際問題，OLS推定に対するこれらの問題の影響は小さく，多くの研究者は潜在的な不均一分散や非正規性を無視し，OLSを直接に線形確率モデルに適用している．R. G. McGillvray, "Estimating the Linear Probability Function," *Econometrica*, Vol. 38, pp. 775-776.

D_i の期待値 $\widehat{D}_i$ は 0 と 1 の範囲に限定される．結局のところ，確率が 2.6 (ついでに言えばまたは -2.6) に等しいという予測は，ほとんど意味をなさない．しかしながら，(13.3)式を見直してみよう．独立変数の値と β に依存して，右辺は意味のある範囲の外に出ることは可能だろう．たとえば，もし (13.3)式のすべての X と β が 1.0 であるならば，$\widehat{D}_i$ は 3.0 に等しくなり，1.0 より大幅に大きくなる．

これらの 2 つの主要な問題の 1 番目は，ダミー従属変数をもつ方程式に関して $\overline{R}^2$ に対するさまざまな代替尺度があるので，解決することが不可能ではない[2]．特定の推定された方程式が正しく説明される，標本のうちの観測値の割合にもとづいて尺度を開発することが望ましい．この方法を用いるために，$\widehat{D}_i > 0.5$ であると $D_i = 1$ を予測し，$\widehat{D}_i < 0.5$ であると $D_i = 0$ を予測するとしよう．これらの予測値[3]を実現値 D_i と比較すると，正しく説明された観測値の割合を計算することができる．

残念ながら，全標本に関して，$\overline{R}^2$ の代わりに正しく説明された割合を用いることにも欠点がある．観測値のうち 85% が 1 であり，15% が 0 であると仮定せよ．標本の 85% が正しく説明されているというのはよさそうに思える．しかし，その結果は，すべての観測値が 1 であると単純に推測するのも同然である．よりよい方法は，正しく説明される 1 の割合と，正しく説明される 0 の割合を計算し，これら 2 つの割合の平均を報告することであるかもしれない．この平均を省略して $\overline{R}_p^2$ とよぼう．すなわち，$\overline{R}_p^2$ は正しく説明される 1 の割合と正しく説明される 0 の割合の平均として定義する．$\overline{R}_p^2$ は新しい統計量であるので，$\overline{R}_p^2$，$\overline{R}^2$ ともに本章を通して計算し，議論することにする．

---

[2] 次の 2 つの文献を参照のこと．M. R. Veal and K. F. Zimmerman, "Pseudo-R^2 Measures for Some Common Limited Dependent Variables Models," *Journal of Economic Surveys*, Vol. 10, No. 3, pp. 241-259. C. S. McIntosh and J. J. Dorfman, "Qualitative Forecast Evaluation: A Comparison of Two Performance Measures," *American Journal of Agricultural Economics*, Vol. 74, pp. 209-214.

[3] $D_i = 1$ の予測を $D_i = 0$ の予測から区別する値として，$\widehat{D}_i = 0.5$ を用いることは標準的であるけれども，0.5 を用いることが必要であるという理由はない．これは，0.5 が大きすぎるか，または小さすぎるかという状況を想像することが可能だからである．たとえば，$D_i = 1$ に分類するのが正しいときの利得が $D_i = 0$ に分類するのが正しいときのものよりはるかに低いならば，0.5 より低い値のほうが理にかなっているかもしれない．この見解について，Peter Kennedy に感謝する．

第13章　ダミー従属変数の使い方　181

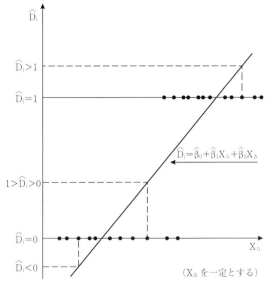

図 13.1　線形確率モデル

線形確率モデルにおいて，D_i の観測されたすべての値は，0 または 1 である．しかし，$\widehat{D}_i$ は線形に 1 つの極端から他の極端へと移動する．結果として，モデルが意思決定者の選択を非常にうまく説明していたとしても，$\overline{R}^2$ はしばしば非常に低くなる．それに加えて，例外的に大きいまたは小さい X_{1i} の値が（X_{2i} を一定として）0 から 1 までの意味をもつ範囲から外れた $\widehat{D}_i$ の値を生じさせうる．

　たいていの研究者にとって，線形確率モデルの大きな難題は，予測される D_i の値の無制限性である．状況を図によって解釈するために，図 **13.1** を再点検してみよう．X_i と $\widehat{D}_i$ が線形関係にあるので，$\widehat{D}_i$ が 0 と 1 の間の区間の外に落ちることがある．この無制限性の問題にもかかわらず，線形確率モデルを用いることで，克服できないほどの困難は生じないかもしれない．特に，線形確率モデルにおける係数推定値の符号と一般的な有意水準は，本章の後の部分で議論する代替的な関数のそれらと，しばしば類似するからである．

　無制限性の問題を避ける最も簡単な方法は，$\widehat{D}_i$ が 1 より大きい値すべてに $\widehat{D}_i = 1.0$ を，$\widehat{D}_i$ がマイナスのときすべての値に $\widehat{D}_i = 0.0$ を割り当てることである．線形確率モデルが 2.0 の確率を予測する観測値は，モデルが 1.0 と予測する観測値より，1.0 に等しくなりそうであると判断され，そしてそれらは一緒くたに扱われるので，この方法は無制限性を無視することによって問題を解決

する.さらに,結果は確実に,たしかにばかばかしい予測をしているので,$\widehat{D_i}=1$ はそれほど有益でさえない.なめらかで意味のあるやり方で,$\widehat{D_i}$ を 0 と 1 の範囲に押し込める体系的な方法が必要なのである.13.2節でそのような方法である二項ロジット・モデルを提示する.

線形確率モデルの例

ロジット・モデルの検討に移る前に,女性の労働参加の非集計データによる研究を例にして線形確率モデルを調べてみよう.

仕事をもっている,または仕事を探している人を労働力に含めると定義しよう.このように,女性の労働力参加の非集計(人によるクロスセクション・データ)研究は,次のダミー従属変数を含めて適切にモデル化される.

$D_i=1$　もし i 番目の女性が職についているか,または探しているならば,
　　　0　そうでないならば(労働力でない)

先行研究のサーベイは,多くの潜在的に適切な独立変数があることを明らかにしている.最も重要な変数のうち,2つは結婚の有無と女性の教育年数である.未婚で教育年数が長い女性はそうでない女性に比べて労働力により多くとどまるだろうから,これらの変数の予想される符号条件はかなり明らかである.

$$D_i = f(\overset{-}{M_i}, \overset{+}{S_i}) + \varepsilon_i \qquad (13.4)$$

ただし,

　　M_i = もし i 番目の女性が結婚していれば 1,そうでなければ 0
　　S_i = i 番目の女性の教育年数

データは表 **13.1** に示されている.読者がデータセットを自ら入力しやすいように,標本数は 30 に限定した.あいにく,そのように小標本にすると,仮説検定の信頼性をかなり欠くものになる.もう1つの典型的に用いられる変数 (O_i = i 番目女性にとって利用可能な他の所得) は,この標本では利用可能ではないので,そのために可能な除外された変数がバイアスを取り込むことになる.

もし両方の独立変数について線形関数を選ぶならば,次のような線形確率モデルを得る.

$$D_i = \beta_0 + \beta_1 M_i + \beta_2 S_i + \varepsilon_i \tag{13.5}$$

いま表 **13.1** の女性労働参加率のデータを用いて (13.5)式を推定すると，次の推定結果を得る（カッコ内は標準誤差）．

$$\widehat{D_i} = -0.28 - 0.38 M_i + 0.09 S_i \tag{13.6}$$
$$(0.15) \quad (0.03)$$
$$N = 30 \quad \overline{R}^2 = 0.32 \quad \overline{R}_p^2 = 0.81$$

これらの結果はどのように見えるか？ 小標本であることと，O_i が利用可能でないために除外変数による偏りの可能性にもかかわらず，2 つの独立変数は予想された符号条件をもつ有意な係数推定値を得ている．さらに，$\overline{R}^2$ が 0.32 は（D_i が 0 か 1 しかとらないので，0.70 よりはるかに高い $\overline{R}^2$ を得ることはほぼ不可能である）線形確率モデルとしてはかなり高い．当てはまりのよさのさらなる証拠は，0.81 というかなり高い $\overline{R}_p^2$ であり，これは，選択は平均して 81% が (13.6)式によって「正確に」説明されていたことを意味する．

しかしながら，(13.6)式の係数推定値を解釈するときには注意が必要である．線形確率モデルにおける傾きの係数は，（他の独立変数を一定として）その独立変数の 1 単位の増加によって生じる D_i が 1 である確率の変化を表していることを思い出そう．この関係から考えると，推定された係数は経済的に意味をなすだろうか？ 答えはイエスである．労働参加している女性の確率は，もし（教育年数を所与として）彼女が結婚しているならば，38% に低下する．教育年数が 1 年増加すると，（婚姻の状態を所与として）労働参加率が 9% 上昇する．

表 **13.1** には $\widehat{D_i}$ の値も含まれている．$\widehat{D_i}$ は実際にはたびたび 0 から 1 までの意味のある範囲から外にあり，前述した問題を生じることに留意すべきである．したがって，$\widehat{D_i}$ の無制限性の問題に立ち向かうためには，新しい推定手法が必要である．そこで，その 1 つを見てみよう．

13.2 二項ロジット・モデル

二項ロジットとは何か？

二項ロジット（binomial logit）は，一種の累積ロジスティック関数を用いる

表 13.1 女性の労働参加率のデータ

	D_i	M_i	A_i	S_i	$\widehat{D}_i$
1	1.0	0.0	31.0	16.0	1.20
2	1.0	1.0	34.0	14.0	0.63
3	1.0	1.0	41.0	16.0	0.82
4	0.0	0.0	67.0	9.0	0.55
5	1.0	0.0	25.0	12.0	0.83
6	0.0	1.0	58.0	12.0	0.45
7	1.0	0.0	45.0	14.0	1.01
8	1.0	0.0	55.0	10.0	0.64
9	0.0	0.0	43.0	12.0	0.83
10	1.0	0.0	55.0	8.0	0.45
11	1.0	0.0	25.0	11.0	0.73
12	1.0	0.0	41.0	14.0	1.01
13	0.0	1.0	62.0	12.0	0.45
14	1.0	1.0	51.0	13.0	0.54
15	0.0	1.0	39.0	9.0	0.17
16	1.0	0.0	35.0	10.0	0.64
17	1.0	1.0	40.0	14.0	0.63
18	0.0	1.0	43.0	10.0	0.26
19	0.0	1.0	37.0	12.0	0.45
20	1.0	0.0	27.0	13.0	0.92
21	1.0	0.0	28.0	14.0	1.01
22	1.0	1.0	48.0	12.0	0.45
23	0.0	1.0	66.0	7.0	−0.01
24	0.0	1.0	44.0	11.0	0.35
25	0.0	1.0	21.0	12.0	0.45
26	1.0	1.0	40.0	10.0	0.26
27	1.0	0.0	41.0	15.0	1.11
28	0.0	1.0	23.0	10.0	0.26
29	0.0	1.0	31.0	11.0	0.35
30	1.0	1.0	44.0	12.0	0.45

(Datafile=WOMEN13)

ことによって線形確率モデルの無制限性の問題を避けるダミー従属変数を含む方程式に関する推定技法である．

$$D_i = \frac{1}{1+e^{-[\beta_0+\beta_1 X_{1i}+\beta_2 X_{2i}+\varepsilon_i]}} \tag{13.7}$$

ロジットによって生じた $\widehat{D}_i$ は，いまや 0 と 1 の間に制限されているか？答えはイエスである．しかし，なぜ (13.7) 式をつぶさに見ることが必要であるかを理解しないといけない．$\widehat{D}_i$ の最大値はいくらだろうか？ さて，もし

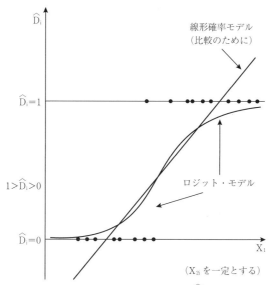

図 13.2 二項ロジット・モデルにおいて，$\widehat{D_i}$ は 0 と 1 の間の値をとる

二項ロジット・モデルでは，$\widehat{D_i}$ は X_1 と非線形に関係している．そのため，X_{2i} を一定として，X_{1i} の例外的に大きいまたは小さい値に対して，$\widehat{D_i}$ の値は 0 と 1 の間の意味のある範囲の外に生じないだろう．

$\beta_0 + \beta_1 X_{1i} + \beta_2 X_{2i}$ が無限大であれば，次の関係を得る．

$$\widehat{D_i} = \frac{1}{1+e^{-\infty}} = \frac{1}{1} = 1 \tag{13.8}$$

なぜならば，$e^{-\infty}$ はゼロに等しいからである．$\widehat{D_i}$ の最小値はいくらだろうか？ もし $\beta_0 + \beta_1 X_{1i} + \beta_2 X_{2i}$ がマイナス無限大であれば，$\widehat{D_i}$ は以下の通りである．

$$\widehat{D_i} = \frac{1}{1+e^{\infty}} = \frac{1}{\infty} = 0 \tag{13.9}$$

このように $\widehat{D_i}$ は 1 と 0 との間の値をとる．図 **13.2** に見られるように，$\widehat{D_i}$ は 1 と 0 へゆっくりと（漸近的に）近づく．それゆえ，二項ロジット・モデルは，ダミー従属変数を取り扱う上で，線形確率モデルが直面する主要な問題を避けるのである．その上，現実のデータはしばしば図 **13.2** のように S 字型のパターンによってうまく描写されることがわかるので，ロジットはほとんどの研究者に対して，非常に高い満足感を与える．

　ロジットは OLS を用いて推定できない．代わりに，**最尤推定法**（maximum

likelihood, ML) を用いる．これは，係数に関して非線形である方程式にとって特に有益な反復推定技法である．ML推定は，観測される標本データセットの尤度を最大にする係数推定値を選ぶという点で，最小二乗法とは本質的に異なる[4]．興味深いことに，OLS推定値とML推定値は必ずしも異なるわけではない．(正規性の仮定も含む) 古典的な仮定を満足する線形方程式に関して，ML推定値はOLS推定値と等しい．

最尤推定法が用いられる理由の1つは，MLはたくさんの望ましい大標本特性をもっていることである．MLは一致性があり，漸近的に有効 (大標本において，不偏で分散が最小) である．大標本で，MLは正規分布に従う係数推定値を生じるという追加的な長所をもっており，典型的な仮説検定の技法を利用することができる．したがって，ロジットの標本数は線形回帰より十分に多くあるべきである．標本数が500あるいはそれ以上をめざす研究者もいる．

ロジットの標本は2つの代替的な選択値が妥当にバランスしていることを確認することもまた重要である．たとえば，もし標本の98％が代替的なAを選び，2％がBを選ぶならば，500の無作為標本は，10の観測値だけBを選ぶだろう．そのような状況では，係数推定値はそれらの10個の観測値の特性に過剰に依存するだろう．よりよい方法は，Bから比例的に標本を選ばないことであろう．標本のうちの部分グループに異なる標本率をとることによっては，線形回帰においてもそうであるように，ロジット・モデルの傾き係数に偏りを生じない[5]．

ロジットを推定するときML法を (13.7)式に適用する．しかし，その方程式の関数型は複雑であるので，それを少し簡単にしよう．第1に，数段階の数学的手続きによって (13.7)式を書き換え，方程式の右辺を線形確率モデルと

---

(4) 実際に，MLプログラムは，Xのデータセットを所与として，標本 $(Y_1, Y_2, ..., Y_N)$ における従属変数の特定の値のセットを観測する確率 (尤度) の対数値を最大化する係数推定値を選ぶ．最尤法のより詳細は以下の文献を参照のこと．Robert S. Pindyck and Daniel L. Rubinfeld, *Econometric Models and Economic Forecasts* (New York: MacGraw-Hill, 1998), pp. 51-53, pp. 329-330.

(5) しかしながら，定数項は調整のために必要である．$\hat{\beta}_0$ に $[\ln(p_1)-\ln(p_2)]$ を掛ける．ここで，p_1 は，もし $D_i=1$ ならば選ばれる観測値の割合であり，p_2 はもし $D_i=0$ ならば選ばれる観測値の割合である．詳しくは次の文献を参照のこと．G. S. Maddala, *Limited Dependent and Qualitative Variables in Econometrics* (Cambridge: Cambridge University Press, 1983), pp. 90-91.

同じようにすることができる.

$$\ln\left(\frac{D_i}{[1-D_i]}\right)=\beta_0+\beta_1 X_{1i}+\beta_2 X_{2i}+\varepsilon_i \tag{13.10}$$

ここで，D_i はダミー変数である.

しかし，(13.10)式は，方程式の左辺に D_i と $(1-D_i)$ の比の対数が含まれているので，少しばかり扱いにくくさえある．ちなみにこの比は「オッズの対数 (log of the odds)」とよばれている．話をさらに簡単にするために，(13.10)式の左辺のロジット関数型に対して省略表現を採用する．

$$L:\Pr(D_i=1)=\ln\left(\frac{D_i}{[1-D_i]}\right) \tag{13.11}$$

L は，方程式が（(13.7)式から導かれた）(13.10)式におけるロジット関数型であり，$\Pr(D_i=1)$ は従属変数がダミー変数であり，推定されたロジット方程式によって得られる $\widehat{D_i}$ は $D_i=1$ となる確率の推定値であることを注意する記号であることを示している．いま，(13.11)式を(13.10)式に代入すると，次の式を得る．

$$L:\Pr(D_i=1)=\beta_0+\beta_1 X_{1i}+\beta_2 X_{2i}+\varepsilon_i \tag{13.12}$$

(13.12)式は推定されたロジット方程式に関する標準的な表現形式である．

推定されたロジット係数の解釈

ひとたび二項ロジットを推定してしまうと，前章で議論された技法を用いて，仮説検定と潜在的な計量経済学の問題の分析にとりかかることができる．係数の符号は線形確率モデルにおいてそうであるのと同じ意味をもち，t検定がロジット係数に対する仮説検定に利用できる．

しかし，推定されたロジット係数を経済学的に解釈するとき，これらすべてが変わってくる．特に，推定されたロジット係数の絶対値の大きさは，同じ定式化と同じデータを使って推定された線形確率モデルにおける係数の絶対値の大きさとは，どちらかというとまったく違ってくる．どうなっているのだろうか？

これらの違いには2つの理由がある．第1に，(13.1)式と(13.10)式を比較することによって理解できるように，ロジット方程式の従属変数は線形確率モデルの従属変数と同じではない．従属変数が違っているので，係数が違うこと

は当然である．ロジット係数が線形確率モデルのそれと違う第2の理由は，ロジット係数がより可変的でさえあることである．図**13.2**を見てみよう．$\widehat{D_i}$が0から1まで変化するにしたがって，ロジットのグラフの傾きは変化している．このように，（他の独立変数を一定として，）ある独立変数1単位の増加によって生じる$\widehat{D_i}=1$である確率が，$\widehat{D_i}=0$から$\widehat{D_i}=1$まで移動するにしたがって，変化するだろう．

このような意味で，ロジット係数の推定値をどのように解釈できるだろうか？ $\widehat{D_i}=1$である確率に対する独立変数の効果を測るためにそれら（ロジット係数の推定値）をいかに利用できるだろうか？ 結局，この質問に答える3つの妥当な方法があることが判明する．

1. *平均観測値を変える*．すべての独立変数の平均を，推定されたロジット方程式に代入し，「平均」$\widehat{D_i}$を求めることによって「平均」観測値を計算する．そして，興味のある独立変数を1単位増加させ，$\widehat{D_i}$を再計算する．2つの$\widehat{D_i}$の差が，ある平均観測値に関して，（他の独立変数を一定として）ある独立変数が1単位増加したときの，$\widehat{D_i}=1$である確率に対する効果である．このアプローチは，独立変数のひとつまたはそれ以上がダミー変数であるとき（たとえば，何が平均の性別であるか？），意味があるとはいいがたいという弱点をもっている．しかし，もしダミー独立変数を，"平均の女性"を0，"平均の男性"を1と設定することによって，"平均の女性"と"平均の男性"に関する効果を推定するならば，この弱点に対処することは可能である．

2. *偏微分を利用せよ*．もしロジットの導関数[6]を取ると，方程式の他の独立変数を一定として，X_{1i}の1単位の増加による$\widehat{D_i}$の期待値の変化が$\hat{\beta_1}\widehat{D_i}(1-\widehat{D_i})$に等しいことが判明するだろう．この定式化を利用するために，β_1とD_iの推定値を代入する．おわかりの通り，Xの限界効果は，実際，$\widehat{D_i}$の値に依存する．

3. *0.25のおおよその推定値を利用せよ*．先の2つの方法はかなり正確であ

---

[6] Ramu Ramanathan, *Introductory Exconometrics* (Fort Worth: Harcourt Brace, 1998), p. 607.

るが，それらはそれほど手軽ではない．しかしながら，もし$\hat{D}_i=0.5$を先の方程式に代入するならば，そしてもしロジット係数に0.25を掛けるならば，線形確率モデルの係数と同じになるだろうという，はるかに多くの有益な結果を得る[7]．

結局，どのアプローチが推薦されるのか？ 厳密に正確であることを必要とされる場合を除くすべての状況にとって，第3の方法に魅力を感じるだろう．ロジット係数の経済的意味づけについて大雑把な近似を得るために，0.25を掛けよう（または，4で割ろう）．しかし，方程式の従属変数はまだ，$\hat{D}_i=1$となる確率であることを忘れないように．

全体的な当てはまりを測定することもまた簡単なことではない．従属変数の関数型が変わってしまうので，ロジットの当てはまりを他の比較可能な線形確率モデルと比べるために，$\bar{R}^2$を利用すべきではないことを思い起こそう．さらに，ダミー従属変数を含む方程式で，$\bar{R}^2$を用いる上で固有の一般的欠点を忘れてはならない．以上のことから，13.1節で示した正確な予測の平均割合$\bar{R}^2_p$を用いることを提案しよう．

ロジットの推定値を解釈する何らかの実践練習をするために，前節で用いた女性労働力参加に対するロジットを推定しよう．線形確率モデルのOLS推定値は次の(13.6)式の通りである．

$$\hat{D}_i = -0.28 - 0.38 M_i + 0.09 S_i \tag{13.6}$$
$$(0.15)\ (0.03)$$
$$N=30 \qquad \bar{R}^2=0.32 \qquad \bar{R}^2_p=0.81$$

ただし，

$D_i=1$（i番目の女性が労働力であるとき），0（そうでないとき）
$M_i=1$（i番目の女性が結婚しているとき），0（そうでないとき）
$S_i=$ i番目の女性の教育年数

---

[7] たとえば，次の文献を参照のこと．Jeff Wooldridge, *Introductory Econometrics* (Mason, OH: Southwester, 2009), p. 584. Wooldridge はまた，プロビット係数を線形確率係数に変換するために 0.4 を掛けることを提案している．プロビットについては簡単に13.3節で議論する．

もし（表 **13.1** から）上と同じデータと同じ独立変数に対してロジットを推定するならば，次の結果を得る．

$$\widehat{L:\Pr(D_i=1)} = -5.89 - 2.59 M_i + 0.69 S_i \qquad (13.13)$$
$$(1.18) \quad (0.31)$$
$$t = \quad -2.19 \quad 2.19$$
$$N=30 \quad \overline{R}_p^2 = 0.81 \quad \text{iteration} = 5$$

(13.6)式と (13.13)式を比較しよう．予想されたように，傾き係数の符号と一般的な有意性は同じである．先に提案したように，ロジット係数を 4 で割ったとしても，それら（ロジット係数）は線形確率モデルの係数よりも大きい．これらの違いにもかかわらず，特に従属変数と推定手法が異なることに注意して，全体的な当てはまりは大雑把に比較可能である．この例では，2 つの推定手順は，ロジットが 0 から 1 の範囲外に $\widehat{D}_i$ を発生させないという点で，主に異なっている．

しかし，もしこの例の標本の大きさが線形確率モデルにとって小さすぎるならば，それはロジットについても小さすぎることになる．したがって，(13.13)式のあらゆる詳細な分析は疑わしいものになる．その代わりに，はるかに大きな標本をもつ例を見つけるほうがよい．

二項ロジットの利用に関するより完全な例

二項ロジットのより完全な例として，カリフォルニア州車両関連省（California State Department of Motor Vehicles）における運転免許試験の合格確率のモデルを考察しよう．免許を取得するために，それぞれのドライバーは筆記試験と車上試験に合格しなければならない．試験は 0 点から 100 点の間で採点されるけれども，大事なのは試験に合格し，免許を獲得することである．

試験は交通と安全の法律を詰込み勉強する必要があるので，自動車教習所の生徒はどれだけの時間を勉強に使うかを決定しなければならない．もし彼らが十分に勉強しなければ，不合格となり再試験を受けないといけないので，彼らは時間を浪費する．しかしながら，もし彼らが勉強しすぎたとしても，時間を浪費してしまうことになる．なぜならば，合格最低限より上の点数を獲得したとしても，高得点の人が試験後に運転がはるかにうまくできているという事実（もちろん，それ自身計量経済学研究を行う価値があることかもしれない）はなく，高得点に対する特別な贈り物がないからである．

第13章 ダミー従属変数の使い方

最近2人の学生が，誰かが自動車運転免許試験に合格するかどうかを説明する方程式を開発するために，受験者に対するデータを集めることを決めた．彼らは，そのモデル，特に勉強時間の係数推定値が，どれだけの時間を試験勉強に使うべきかを決める助けとなるだろうと期待している（もちろん，データを収集し，モデルを走らせることは，すべての交通条例を記憶することよりも時間のかかることであるが，それは別の問題である）．

文献を点検し，変数を選択し，符号条件の仮説を立てた後で，従属変数がダミー変数であるので，適切な関数型が二項ロジットであることに，学生は気がついた．

$D_i = 1$　i番目の受験者が，最初の試験で合格した場合
　　　 0　i番目の受験者が，最初の試験で不合格となった場合

彼らの仮説を立てた方程式は次の通りである．

$$D_i = f(\overset{+}{A_i}, \overset{+}{H_i}, \overset{+}{E_i}, \overset{+}{C_i}) + \varepsilon_i \quad (13.14)$$

ただし，

A_i = i番目の受験者の年齢
H_i = i番目の受験者が勉強した時間数（通常は1時間以内！）
E_i = i番目の受験者の第1言語が英語である場合1，そうでない場合0をとるダミー変数
C_i = i番目の受験者が大学出身者であれば1，そうでない場合0をとるダミー変数

480人の受験者からデータを集めたのち，学生は次の方程式を推定した．

$$\widehat{L: \Pr(D_i = 1)} = 1.18 + 0.011 A_i + 2.70 H_i + 1.62 E_i + 3.97 C_i \quad (13.15)$$
$$\qquad\qquad\qquad\quad (0.009)\quad (0.54)\quad (0.34)\quad (0.99)$$
$$\qquad\qquad\qquad t = \;\;1.23\quad\;\; 4.97\quad\;\; 4.65\quad\;\; 4.00$$
$$N = 480 \quad \overline{R}_p^2 = 0.74 \quad \text{iteration} = 5$$

これらの結果が典型的な線形回帰の結果とどれだけ似ているかに注意せよ．すべての係数は予想された符号をもっており，1つを除いて，有意にゼロから異なっている．テスト合格確率に対する独立変数の効果について意味のある推定

値を得るために，ロジットの係数を 4 で割る必要があることを思い出そう．たとえば，$\hat{\beta}_H$ を 4 で割っても，時間当たりの勉強量の効果は非常に大きくなる．この推定値によれば，3 つの独立変数が一定であるとして，試験に合格する確率は67.5％まで上昇するだろう．$\overline{R}_p^2$ が 0.74 であり，方程式は (13.15)式における 4 つの変数だけで標本のほぼ 4 分の 3 を正確に説明していることに注意せよ．

　2 人の学生はどうしたか？　方程式は彼らの助けとなったか？　結局，受験者は何時間勉強すると決めたのか？　彼らは，受験者の年齢，大学教育の経験，そして英語圏の背景を一定として，たとえ H_i をゼロとしても，受験者それぞれの $\hat{D}_i$ の期待値は，きわめて高いことを発見した．それで彼らは具体的に何をしたのか？　彼らは，「大事を取って」半時間勉強し，やすやすと合格した．このように彼らは，州の歴史上の他の誰より試験に合格するためにより多く時間を割いてきたのである．

13.3　他のダミー従属変数の使い方

　二項ロジットはダミー従属変数を含む方程式に対して最も頻繁に使われる推定技法であるが，決して唯一の方法ではない．本節では，特定の状況のもとで有益である二項プロビットと多項ロジットという 2 つの代替的方法に言及しよう．本節の主要な目標は，これらの推定技法を簡単に叙述することであって，それらの詳細を取り扱うわけではない[8]．

二項プロビット・モデル

　二項プロビット・モデル (binomial probit model) は，一種の累積正規分布を用いることによって，ダミー従属変数を含む方程式に対して，線形確率モデルの無制限性の問題を避ける推定技法である．

$$P_i = \frac{1}{\sqrt{2\pi}} \int_{-\infty}^{Z_i} e^{-s^2/2} ds \tag{13.16}$$

---

[8]　より詳しくは次の 2 つの文献を参照のこと．G.S. Maddala, *Limited Dependent Variables and Qualitative Variables in Econometrics* (Cambridge University Press, 1983), T. Amemiya, "Qualitative Response Models: A Survey," *Journal of Economic Literature*, Vol. 19, pp. 1483-1536. これらのサーベイは，制限範囲をもつ従属変数や他の特殊な状況に対して有益であるトービット・モデルのような追加的技法も対象としている．

ただし，

$P_i =$ ダミー変数 $D_i = 1$ である確率
$Z_i = \beta_0 + \beta_1 X_{1i} + \beta_2 X_{2i}$
$s =$ 標準正規変数

プロビットと前節で検討したロジットとは異なるものであるが，次のように似た形で書き直すことができる．

$$Z_i = \Phi^{-1}(P_i) = \beta_0 + \beta_1 X_{1i} + \beta_2 X_{2i} \tag{13.17}$$

ここで，Φ^{-1}は正規累積分布の逆関数である．プロビット・モデルは通常（13.16）式の形のモデルに対して，最尤推定法を適用することによって推定される．しかし，結果はしばしば（13.17）式の形で示される．

ロジットもプロビットもともに累積分布関数であるという点から，両者が類似の性質をもつことになる．たとえば，プロビットのグラフは図**13.2**のロジットとほぼ厳密に等しく見える．さらに，プロビットもまた，仮説検定を意味があるようにするために，かなり大きな標本であることが必要とされる．最後に，$\bar{R}^2$もまた全体的な当てはまりの尺度として疑わしい値である．

研究者の視点からみると，多くの経済変数は正規分布に従っているので，プロビットは理論的に好ましいものである．非常に大きな標本では，最尤推定法はかなり一般的な条件のもとで漸近的に正規分布に従うことが明らかにされているので，この利点はなくなる．

プロビットの例として，先のロジットと線形確率モデルの例に用いた，女性の労働力参加のデータについて，方程式を推定してみよう（括弧内は標準誤差）．

$$\widehat{Z_i} = \widehat{\Phi^{-1}(P_i)} = -3.44 - 1.44 M_i + 0.40 S_i \tag{13.18}$$
$$(0.62) \quad (0.17)$$
$$N = 30 \quad \bar{R}_p^2 = 0.81 \quad \text{iteration} = 5$$

前節の（13.13）式とこの結果を比較しよう．この例において，係数の大きさについてわずかな違いがあるのを除いて，ロジット・モデルとプロビット・モデルは実質的に同様の結果をもたらしている．

多項ロジット・モデル

多くの場合，3つ以上の質的な選択が可能である．たとえば，いくつかの市において，通勤者は，通勤のために，車，バス，地下鉄の選択肢をもつ．3つ以上の代替手段から1つを選ぶモデルをいかに設定し，いかに推定するのだろうか？

1つの答えは，選択は逐次的になされるという仮説を設定し，二項の選択の連続として多項選択の決定をモデル化することである．たとえば，通勤者はまず自家用車を運転するかどうかを決定するかもしれない．そして，自家用車利用か公共交通機関利用かの二項モデルを設定するかもしれない．公共交通機関を選択する通勤者にとって，次の段階はバスに乗るか地下鉄に乗るかどうかを選択することだろう．そして，その選択のための2番目の二項モデルを設定するだろう．**逐次二項ロジット**（sequential binary logit）とよばれるこのモデルは，扱いにくく，時には非現実的でさえある．しかし，逐次二項ロジットは研究者が二項技法を用いることによって，本質的に多項決定である問題をモデル化することができるようにしている．

もし多項代替案の間の選択が本当に同時になされるならば，よりよいアプローチは，決定に関する多項ロジット・モデルを設定することである．**多項ロジット・モデル**（multinomial logit model）は，さまざまな離散的な代替案が同時に考慮できるように二項ロジット技法を拡張したものである．もしN個の代替案があるならば，この選択を描写するために，特定の代替案が選ばれるときにのみ1を取るN−1個のダミー変数が必要となる．たとえば，i番目の人が代替案の番号1を選択したときD_{1i}は1を取り，そうでない場合に0を取るとしよう．前述の通り，D_{1i}が1に等しい確率P_{1i}を観測することができない．

多項ロジットにおいて，1つの代替案が「基本」代替案として選ばれ，そしてロジット方程式の中の他のそれぞれの選択が基本代替案と比較される．重要な違いは，これらの方程式の従属変数が基本代替案と比較して選ばれるi番目の代替案とのオッズの対数であることである．

$$\ln\left(\frac{P_{1i}}{P_{bi}}\right) \qquad (13.19)$$

ただし，

P_{1i}＝i番目の人が最初の代替案を選ぶ確率

P_{bi}＝i番目の人が基本代替案を選ぶ確率

もしN個の代替案があるならば，最後の方程式の係数は初めのN−1個の方程式の係数から計算できるので，多項ロジット・モデル体系の中に，N−1個の異なるロジット方程式が必要である（もしあなたがA/C=6とB/C=2であることを知っているならば，A/B=3を計算することができる）．たとえば，以前に引用した通勤者の通勤手段の例のように，もしN=3であれば，そして，基本代替案がバスに乗ることであるならば，多項ロジット・モデルは2本の方程式体系になる．

$$\ln\left(\frac{P_{si}}{P_{bi}}\right)=\alpha_0+\alpha_1 X_{1i}+\alpha_2 X_{2i} \tag{13.20}$$

$$\ln\left(\frac{P_{ci}}{P_{bi}}\right)=\beta_0+\beta_1 X_{1i}+\beta_2 X_{2i} \tag{13.21}$$

ここで，S=地下鉄，c=自家用車，b=バスである．

13.4 まとめと練習問題

1. 線形確率モデルは，ダミー従属変数(D_i)を説明するために用いられる係数に対する線形方程式である．D_iの期待値はD_iが1である確率である．

2. OLSによる線形確率モデルの推定は2つの主要な問題に直面する．
   a. $\overline{R}^2$は全体的な当てはまりの正確な尺度にはならない．
   b. D_iの期待値は0と1の間に限定されていない．

3. ダミー従属変数をもつ方程式の全体的な当てはまりを測定するとき，$\overline{R}^2$の代替指標は$\overline{R}_p^2$である．これは，標本において，ある特定の推定された方程式が正確に説明する観測値の平均的な割合である．

4. 二項ロジットは一種の累積ロジスティック関数を用いることによって，線形確率モデルがもつ無制限性の問題を避けるための，ダミー従属変数をもつ方程式の推定技法である．

$$L: \Pr(D_i=1) = \ln\left(\frac{D_i}{[1-D_i]}\right) = \beta_0 + \beta_1 X_{1i} + \beta_2 X_{2i} + \varepsilon_i$$

5. 二項ロジットは，最尤法と大標本を用いて推定される最良の手法である．ロジットの傾き係数は，所与の選択のオッズの対数に対して，（他の説明変数を一定として）独立変数が1単位増加した効果を測定する．

6. 二項プロビット・モデルは，累積正規分布関数を用いた，ダミー従属変数をもつ方程式の推定技法である．二項プロビットは二項ロジットと極めて似た性質をもつ．

7. 多項ロジット・モデルは，3つ以上の選択肢が同時に考慮されることを認める二項ロジットの拡張である．

練習問題

1. アマティア（R. Amatya）[9]はネパールにおける35歳から44歳までの1,145人の継続既婚女性に対して，妊娠調節（避妊）に関する次のようなロジット・モデルを推定した．

$$\widehat{L: \Pr(D_i=1)} = -4.47 + 2.03 WN_i + 1.45 ME_i$$
$$(0.36) \quad (0.14)$$
$$t = \quad 5.64 \quad\quad 10.36$$

ただし，

D_i ＝ i 番目の女性が認識される形で避妊を行ったことがある場合1，そうでない場合は0をとる．
WN_i ＝ i 番目の女性がさらに子どもを望まない場合1，そうでない場合0
ME_i ＝ i 番目の女性が知っている避妊方法の数

---

[9] Ramesh Amatya, "Supply-Demand Analysis of Differences in Contraceptive Use in Seven Asian Nations."（1988年にロサンゼルスで開催された Western Economic Association の年次大会に提出された論文）

a．WN と ME の係数の理論的意味を説明しなさい．もしこれが線形確率モデルであれば，あなたの答えはどのように異なるか？
b．傾き係数の推定値の符号，大きさ，そして有意性は，あなたの予想を満たしているか？ なぜか，またなぜそうでないか？
c．この方程式における定数項の理論的重要性は何か？
d．もしあなたがこの方程式の定式化を1つ変えるとしたら，何を変えるか？ 理由も説明しなさい．

第14章　同時方程式

14.1 構造方程式と誘導型方程式
14.2 最小二乗法（OLS）のバイアス
14.3 二段階最小二乗法（2SLS）
14.4 識別問題
14.5 まとめと練習問題
14.6 付録：変数における測定誤差

　経済学や経営学で最も重要となるモデルは，本来，同時に決定される．たとえば，需要と供給は，明らかに同時に決定される．鶏肉の供給を見ることなしに鶏肉の需要を分析することは，重要なつながりを見逃してしまうことになり，重大な誤りをもたらす．ケインズの総需要モデルから合理的期待体系まで，事実上，マクロ経済学の主要な全手法は，本来は同時決定である．本来は単一方程式で現れるモデルでさえも，考えている以上に同時決定であることがわかる．たとえば，住宅価格は，経済活動水準，代替的な資産の現行の金利，多くの他の同時に決定する変数によって，大きく影響される．

　もしOLSでの同時方程式システムの推定が単一方程式で出合わない多くの困難を引き起こさなければ，同時方程式の問題は，計量経済学者にとって重要ではないだろう．より重要なのは，全説明変数が誤差項と無相関であるという古典的仮定IIIに，同時方程式モデルでは違反してしまうことである．主にこのため，OLSの係数推定値は，同時方程式モデルでバイアスをもつ．結果として，二段階最小二乗法とよばれる代替的な推定方法が，通常，OLSの代わりに採用される．

　経済学において非常に重要であり，また，推定するときにOLSがバイアスをもつならば，なぜ同時方程式の議論を今まで待っていたのか不思議に思うかもしれない．その答えは，全体のシステムでいずれかの方程式の定式化が変わ

るたびに方程式の同時推定は毎回変化するので，以前の章のように，研究者が定式化の問題を扱う準備を十分にしなければならないからだ．そのため，単一方程式の推定にかなり精通するまで，同時体系の推定方法を学ぶのは無意味なのである．

14.1 構造方程式と誘導型方程式

同時方程式の推定で直面する問題を検討する前に，いくつかの概念を導入する必要がある．

同時方程式システムの特徴

鶏と卵は，どちらが先に生じたのだろうか．鶏と卵は**同時に決まる**（jointly determined）ので，この質問に満足のいくように答えるのは不可能である．つまり，変数間には，2方向の因果関係がある．卵が多ければ多いほど鶏を多く得られるが，また，鶏が多ければ多いほど卵を多く得られる[1]．より現実的には，経済の世界は，同時方程式の適用を必要とする*フィードバック効果と双因果性*（feedback effects and dual causality）で満ちている．以前に述べた需要と供給や簡単なマクロ経済モデルの他に，人口の大きさと食料供給の双因果性，賃金と物価の同時決定，外国為替レートと国際貿易や資本移動の相互依存が挙げられる．次の典型的な計量経済学方程式を考えてみよう．

$$Y_t = \beta_0 + \beta_1 X_{1t} + \beta_2 X_{2t} + \varepsilon_t \tag{14.1}$$

同時体系は，XがYに与える影響につけ加えて，Yが明らかに少なくとも1つのXに影響をもつ．

このような内容は，通常，同時に決定される変数（変数Y，**内生変数**，endogenous variable）と同時に決定されない変数（変数X，**外生変数**，exogenous variables）の間で区別することでモデル化される．

---

[1] これはまた，どのくらい空腹かに依存する．空腹は，どのくらい熱心に働いているかの関数であり，どのくらい熱心に働くかは，どのくらい多くの鶏を世話できるかに依存する（この鶏と卵の例は年間のモデルで同時決定だが，時間の遅れが含まれるので，正確には四半期や月次で同時決定ではないだろう）．

$$Y_{1t} = \alpha_0 + \alpha_1 Y_{2t} + \alpha_2 X_{1t} + \alpha_3 X_{2t} + \varepsilon_{1t} \tag{14.2}$$

$$Y_{2t} = \beta_0 + \beta_1 Y_{1t} + \beta_2 X_{3t} + \beta_3 X_{2t} + \varepsilon_{2t} \tag{14.3}$$

たとえば，Y_1とY_2は鶏肉の量と価格，X_1は消費者の所得，X_2は牛肉の価格（牛肉は消費と生産の両方で鶏肉の代替財である），X_3は鶏の飼料価格かもしれない．これらの定義で，(14.2)式は鶏肉の消費者行動を特徴づけ，(14.3)式は鶏肉の供給者行動を特徴づけるだろう．これらの行動方程式は，構造方程式ともよばれる．**構造方程式**（structural equations）は，内生変数と外生変数両方で表現することにより，各内生変数の背後にある基本的な経済理論を特徴づける．内在するすべてのフィードバックの循環を見るために，研究者は，全体のシステムとして構造方程式を見なければならない．たとえば，Yが同時決定され，そのためY_1の変化がY_2の変化を引き起こし，今度は，それがふたたび（again）Y_1の変化を引き起こすだろう．このフィードバックをX_1の変化と対比すると，X_1は最終的には一巡してもとに戻らず，ふたたびX_1に変化をもたらさないだろう．αやβは*構造係数*（structural coefficients）であり，単一方程式の回帰係数でなされたように，これらの符号について仮説が立てられる．

　注意すべきなのは，変数が内生的であるのは同時に決定されるからであり，両方程式に現れるからではないことである．言い換えると，X_2は牛肉価格だが，制御されずに別の要因となり，実際は外生変数となる．その理由は，X_2が鶏肉市場内で同時に決まらないためである．しかし，全経済の大きな一般均衡モデルでは，そのような価格変数はおそらく内生的になるだろう．特定の変数が内生的であるか外生的であるかは，どのように決められるのだろうか．いくつかの変数はほとんどいつも外生的だが（たとえば，天気），他の多くの変数は内生的か外生的かのどちらかであり，システム内の他の方程式の特徴や数に依存している．したがって，内生変数と外生変数間の区別は，通常，どのように研究者が研究計画の範囲を定義するかに依存する．

　ときには，ラグつき内生変数が同時体系に現れる．それは，通常，システム内の方程式が分布ラグ方程式のときである（12章で述べられた）．注意してほしいのは，そのようなラグつき内生変数は，現在の期間では同時に決定されないのである．これらの変数は，ラグのない内生変数よりも外生変数と多くの共通点をもつ．問題を避けるため，**先決変数**（predetermined variable）という用

語を定義する．先決変数は，すべての外生変数とラグつき内生変数を含む．「先決」は，外生変数とラグつき内生変数が特定の方程式の外側で決まるか，現在より前で決まるかを意味する．ラグのない内生変数は，先決にならない．それは，内生変数が現在の期間のシステムで同時に決まるからである．したがって，同時方程式システムについて議論するとき，計量経済学者は内生変数と先決変数の観点で説明する傾向にある．

簡単な供給と需要モデルの定式化について見てみよう．「コーラ」ソフト・ドリンク産業の例である．

$$Q_{Dt} = \alpha_0 + \alpha_1 P_t + \alpha_2 X_{1t} + \alpha_3 X_{2t} + \varepsilon_{Dt} \tag{14.4}$$

$$Q_{St} = \beta_0 + \beta_1 P_t + \beta_2 X_{3t} + \varepsilon_{St} \tag{14.5}$$

$$Q_{St} = Q_{Dt} \quad (均衡条件)$$

ここで，

Q_{Dt} = 期間 t におけるコーラの需要量
Q_{St} = 期間 t におけるコーラの供給量
P_t = 期間 t におけるコーラの価格
X_{1t} = 期間 t におけるコーラの広告費
X_{2t} = "需要側" の別の外生変数（たとえば，所得，物価，他の飲料の広告費）
X_{3t} = "供給側" の外生変数（たとえば，人工甘味料の価格や生産の他要因）
ε_t = 古典的誤差項（各方程式は誤差項をもち，添え字 "D" と "S" は需要と供給を示す）

この場合，価格と量は同時に決定されるが，内生変数の1つである価格は，どの方程式の左辺にもない．内生変数が，少なくとも1つの方程式で左辺に現れると機械的に想定するのは誤りである．(14.2)式と (14.3)式の鶏肉の例であったように，この場合，供給量を右辺にし，価格を左辺にした (14.5)式を簡単に書ける．推定される係数は異なるが，根本的な関係は同じである．また，内生変数と同じだけの数の方程式が必要とされることにも注意すべきだ．この場合では，3つの内生変数は，Q_D, Q_S, P である．

(14.4)式と (14.5)式において，価格変数の係数に予想される符号は何であろうか．需要方程式では価格が負となり，供給方程式では正であると予想されるだろう．価格が高くなればなるほど，結局，需要量は減少するであろうが，供

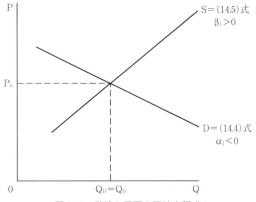

図 14.1　供給と需要の同時方程式

2つの内生変数を同時に決める同時方程式の例として，ある製品の需要と供給がある．この場合，(14.4)式は右下がりの需要曲線で，(14.5)式は右上がりの供給曲線である．2つの曲線は，この市場の価格と量の均衡で交差する．

給量は増加するだろう．これらの符号は，結果的に，典型的な供給と需要の使い慣れた図式（図 14.1）をもたらすだろう．しかし，(14.4)式と (14.5)式を再度見てみると，それらが同一ではあるが異なった先決変数をもつことに気づく．もし誤って需要方程式内に供給側の先決変数を入れるか，その逆を行うと，何が起こるだろうか．どの方程式が需要・供給のどちらを表示していたかを見極めることが困難となり，内生変数 P の係数の予想される符号はあいまいになるだろう．結果として，体系内の構造方程式を定式化するときは，注意が必要である．

同時方程式体系は古典的仮定Ⅲを破る

古典的仮定Ⅲは，誤差項と各説明変数が互いに無相関でなければならないと上巻4章で述べていることを思い出そう．もしそのような相関があれば，OLS 回帰の推定は，実際は誤差項の変動によってもたらされた従属変数の変動を特定の説明変数のせいにしてしまう．その結果，偏った推定値となるだろう．

なぜ同時方程式が誤差項と説明変数間の独立の想定に反するかを理解するために，（誤差で繰り返される）同時方程式体系 (14.2)式と (14.3)式をふたたび見てみよう．

$$Y_{1t} = \alpha_0 + \alpha_1 Y_{2t} + \alpha_2 X_{1t} + \alpha_3 X_{2t} + \varepsilon_{1t} \tag{14.2}$$

$$Y_{2t} = \beta_0 + \beta_1 Y_{1t} + \beta_2 X_{3t} + \beta_3 X_{2t} + \varepsilon_{2t} \tag{14.3}$$

この体系を使い,誤差項の1つが増加し,方程式の他は一定であるときに,何が起こるかを見てみよう.

1. ε_1 がある特定の期間に増加するならば,Y_1 もまた (14.2)式によって増加するだろう.
2. Y_1 が増加すれば,Y_2 もまた (14.3)式から増加するだろう[2].
3. しかし,もし Y_2 が (14.3)式で増加するならば,説明変数である (14.2)式においてふたたび増加する.

こうして,ある式の誤差項の増加は,同じ式における説明変数の増加を引き起こす.もし ε_1 が増加すれば,Y_1 が増加し,さらに Y_2 も増加し,誤差項と説明変数間の独立性の想定に反する.

これは,ここで扱った特定の式に関係した,特異な結果ではない.実際この結果は,他の誤差項や式,同時体系でも起こる.古典的仮定Ⅲに違反するためにただ必要なのは,同時方程式体系内で同時に決定する内生変数が存在することである.

誘導型方程式

同時方程式体系を表現する替わりの方法は,**誘導型方程式**(reduced-form equations)を使用することである.この方程式は,誤差項の観点において特定の内生変数と,同時体系内の全先決変数(外生変数とラグつき内生変数)を単純に表す.

構造方程式 (14.2)式と (14.3)式の誘導型方程式は,次のようになる.

---

[2] これは,β_1 が正であると想定している.β_1 が負であれば,Y_2 は減少し,ε_1 と Y_2 の間には負の相関があるだろう.しかし,この負の相関は,やはり古典的仮定Ⅲに違反する.(14.2)式と (14.3)式両方とも Y_1 が左辺になることにもまた注意すべきである.もし2変数が同時に決定されるならば,どちらが従属変数でも独立変数でも問題とならない.その理由は,両変数が実際に互いに依存しているためである.この種の同時体系は,(14.4)式と (14.5)式において描写されたコーラのモデルで使われた.

$$Y_{1t} = \pi_0 + \pi_1 X_{1t} + \pi_2 X_{2t} + \pi_3 X_{3t} + v_{1t} \tag{14.6}$$

$$Y_{2t} = \pi_4 + \pi_5 X_{1t} + \pi_6 X_{2t} + \pi_7 X_{3t} + v_{2t} \tag{14.7}$$

ここで，vは確率的な誤差項であり，πは**誘導型係数**（reduced-form coefficients）とよばれる．なぜなら，これらは，誘導型方程式内における先決変数の係数であるからである．各方程式は，唯一の内生変数，従属変数をもち，また，正確に同じ数の先決変数をもつことに注目しよう．π_1やπ_5のような誘導型係数は，**インパクト乗数**（impact multipliers）として知られている．その理由は，全体の同時体系からフィードバック効果を考慮した後，先決変数の値が1単位増加するときの内生変数への波及効果を計測しているためである．

誘導型方程式を使うのには，少なくとも3つの理由がある．

1. 誘導型方程式は固有の同時性をもたないので，古典的仮定Ⅲに違反しない．したがって，誘導型方程式は，この章で議論される問題に直面することなくOLSで推定できる．
2. インパクト乗数としての誘導型係数の解釈は，経済学的な意味と有益な応用を意味する．たとえば，当初1年目における1ドル当たりのインパクトの観点で，減税と政府支出の増加を比較したいなら，インパクト乗数（誘導型係数もしくはπ）の推定値がそのような比較を可能にする．
3. おそらく，より重要なことは，誘導型方程式は同時方程式で最も使用される推定方法において決定的な役割を果たすことである．この方法は，二段階最小二乗法であり，14.3節で説明される．

まとめのために，コーラの需要と供給モデルに戻り，このモデルの誘導型方程式を定式化しよう．((14.4)式と(14.5)式に戻り，進む前に正しい答えを得られるか確かめてみよう．)均衡条件はQ_DをQ_Sと等しくさせることなので，2つの誘導型方程式のみが必要とされる．

$$Q_t = \pi_0 + \pi_1 X_{1t} + \pi_2 X_{2t} + \pi_3 X_{3t} + v_{1t} \tag{14.8}$$

$$P_t = \pi_4 + \pi_5 X_{1t} + \pi_6 X_{2t} + \pi_7 X_{3t} + v_{2t} \tag{14.9}$$

Pは決して構造方程式の左辺に現れないが，Pは内生変数であり，当然そのように扱われるべきである．

(14.2) 最小二乗法（OLS）のバイアス

すべての古典的仮定は，OLS 推定値を BLUE にするために，満たされていなければならない．仮定の1つが崩れると，どの性質がもはや保たれないかを見つけ出さなければならない．OLS を直接的に同時体系の構造方程式に適用することは，係数のバイアスを生む．そのようなバイアスは，同時方程式バイアス，もしくは同時性バイアスとよばれる．

同時性バイアスの理解

同時性バイアス（simultaneity bias）は，同時体系において，OLS 推定された構造係数 $(\hat{\beta})$ の期待値が真の β と等しくならない事実を述べている．したがって，同時体系内で次の問題に直面する．

$$E(\hat{\beta}) \neq \beta \tag{14.10}$$

なぜ同時性バイアスが存在するのだろうか？ 14.1節を思い出そう．同時方程式システムにおいて，内生変数（Y）が説明変数として現れるときにはいつでも，誤差項（ε）が内生変数と相関する傾向にある．(14.11)式と (14.12)式のような典型的な構造方程式において，この相関が意味することを示そう（簡単化のため，正の係数を想定する）．

$$Y_{1t} = \beta_0 + \beta_1 Y_{2t} + \beta_2 X_t + \varepsilon_{1t} \tag{14.11}$$

$$Y_{2t} = \alpha_0 + \alpha_1 Y_{1t} + \alpha_2 Z_t + \varepsilon_{2t} \tag{14.12}$$

誤差項（ε_1）は観測されず，ε_1 がいつ平均を超えるかわからないので，もし全期間で Y_1 が平均より上であれば，Y_2 も同じように平均よりも上であろう．その結果，OLS 推定プログラムは，誤差項 ε_1 によって引き起こされた Y_1 の増加が Y_2 の増加の原因となる．こうして典型的には，β_1 の過大推定の原因となりやすいだろう．この過大推定が，同時性バイアスである．誤差項が極端に負であれば，Y_{1t} はそうでない場合よりも小さくなり，Y_{2t} がその小さくなる原因となる．コンピュータプログラムは，Y_1 の減少を Y_2 が原因とし，ふたたび β_1 の過大推定を引き起こす（つまり，上方バイアスを誘発する）．

Y_1 と Y_2 は互いに依存しているので，2変数の因果関係が両方向に働くこと

を思い出そう.その結果,OLSで推定されるとき,もはやβ_1はY_2のY_1に対するXが一定のときのインパクトとして解釈されない.代わりに,$\hat{\beta}_1$は,2つの内生変数の相互に混ざった効果を測ることになる.さらに,β_2を考えよう.これは,Y_2が一定であるとき,Y_1に対するXの効果となっている.しかし,Y_1に変化があるとき,どのようにY_2が一定に保たれると期待できるだろうか.その結果,同時体系内のすべての推定係数に,潜在的なバイアスがある.

このバイアスは,どういうものだろうか.OLSによって推定された同時体系内では,回帰係数の期待値の式を導くことができる.この式は,誤差項といずれかの説明変数が相関している限り,バイアスのある係数推定値となることを示す.また,誤差項とその誤差項の方程式で説明変数として現れる内生変数の間で,バイアスが相関係数と同じ符号をもつことを示す.与えられた状況のもとで,バイアスの方向性は構造方程式とモデルの背後にある理論の詳細に依存するが,通常,経済や経営の例で相関係数は正となるので,バイアスは正となるだろう.

これは,OLSで推定された同時体系のすべての係数が,真の母集団係数の悪い近似となることを意味しない.しかし,同時方程式体系が推定されるときはいつでも,OLSに替わる方法を考えることが不可欠である.最もよく使用される代替的な推定方法(二段階最小二乗法)を吟味する前に,同時性バイアスの例を見てみよう.

同時性バイアスの例

OLSの同時方程式推定への適用がどのようにバイアスを引き起こすかを示すため,ここではバイアス推定の例を生成するモンテカルロ実験を使った[3].真のβを知らなければ,どのバイアスが存在するかを知ることは不可能なので,

---

(3) モンテカルロ(Monte Carlo)実験は,典型的に7つの手順で行うコンピュータで生成されたシミュレーションである.1.特定の係数値と誤差項の分布をもつ「真」のモデルを想定する.2.独立変数の値を選択する.3.推定方法を選択する(通常はOLS).4.想定された分布から無作為に生成された誤差項と,想定されたモデルを用いて,従属変数のさまざまな標本を生成する.生成される標本数は,数千となることが多い.5.推定方法を用いて,さまざまな標本からβの推定値を計算する.6.結果をまとめ,評価する.7.異なった値,異なった分布,異なる推定方法を用いて,感応度分析を考察する.

「真」だと考えられる係数を任意に選択した．この「真」の係数にもとづくデータが確率的に生成され，生成されたデータから OLS 係数の推定値が繰り返し得られた．これらの推定値の期待値は，真の係数からかなり異なっており，同時体系内での係数の OLS 推定値におけるバイアスをよく表している．

ここでは，バイアスの例として次の需要・供給モデルが使われた．

$$Q_t = \beta_0 + \beta_1 P_t + \beta_2 X_t + \varepsilon_{Dt} \tag{14.13}$$

$$Q_t = \alpha_0 + \alpha_1 P_t + \alpha_2 Z_t + \varepsilon_{St} \tag{14.14}$$

ここで,

$Q_t =$ 時点 t において需要または供給される量
$P_t =$ 時点 t での価格
$X_t =$ 所得のような「需要側」の外生変数
$Z_t =$ 天気のような「供給側」の外生変数
$\varepsilon_t =$ 古典的な誤差項（各方程式で異なる）

最初の手順は，このモデルの期待値に対応する真の係数値を選ぶことである．

$$\beta_1 = -1 \quad \beta_2 = +1 \quad \alpha_1 = +1 \quad \alpha_2 = +1$$

言い換えると，価格と需要量の間には負の関係，価格と供給量の間には正の関係，外生変数と関連する従属変数の間には正の関係がある．

次の手順は，真の値にもとづいた多くの無作為なデータを生成することである．これは，異なったデータを生成（この場合，5,000回）する前に，データの特性を定式化することを意味している[4]．

最後の手順は，OLS を生成されたデータに適用して，需要方程式(14.13)の推定される係数を計算することだ（同様の結果が供給方程式でも得られた）．5,000回の回帰分析結果の算術平均は，下記になった．

$$\hat{Q}_{Dt} = \hat{\beta}_0 - 0.37 P_t + 1.84 X_t \tag{14.15}$$

つまり，$\hat{\beta}_1$ の期待値は -1.00 になるべきだが，代わりに -0.37 となった．$\hat{\beta}_2$ の期待値は $+1.00$ になるべきだが，代わりに 1.84 となった．

---

[4] 他の仮定として，誤差項が正規分布に従うこと，$\beta_0 = 0$, $\alpha_0 = 0$, $\sigma_S^2 = 3$, $\sigma_D^2 = 2$, $r_{XZ} = 0.4$, $N = 20$ が置かれた．また，2つの方程式の誤差項は，無相関であることが想定された．

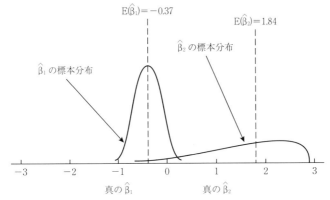

図 14.2 OLS 推定値の同時性バイアスを示す標本分布

14.2節における実験では,同時性バイアスは,真の値 −1.00 と比較して −0.37 の平均値をもった $\hat{\beta}_1$ の推定値の分布で明らかである.$\hat{\beta}_2$ の推定値では,真の値 1.00 と比較して,1.84 の平均値となった.

$$E(\hat{\beta}_1) = -0.37 \neq -1.00$$
$$E(\hat{\beta}_2) = 1.84 \neq 1.00$$

これが同時性バイアスである.図 **14.2** における $\hat{\beta}$ の標本分布の図式が示すように,β_1 の OLS 推定値はほとんど −1.00 に近くなく,β_2 の OLS 推定値は広い範囲に分布していた.

14.3 二段階最小二乗法 (2SLS)

どのように同時性バイアスを除去(もしくは,少なくとも減少)できるだろうか.同時性バイアスを緩和する数多くの推定方法はあるが,OLS の代替方法として最も頻繁に使用されるのが二段階最小二乗法(2SLS)である.

二段階最小二乗法とは何か?

同時方程式が古典的仮定Ⅲに反するため,OLS はバイアスに直面する.したがって,この問題に対する1つの解決方法は,その仮定に反しない方法を探ることである.もし次のような変数を見つけられるならば,そのような方法が可能となるだろう.

1. 内生変数にとっての望ましい代理変数であり,かつ
2. 誤差項と無相関である.

説明変数として現れる内生変数の代わりに新しい変数を使用できるならば,新たな説明変数は誤差項と無相関で古典的仮定Ⅲが満たされるだろう.

つまり,次のシステムにおいて,(14.16)式を考えてみよう.

$$Y_{1t}=\beta_0+\beta_1 Y_{2t}+\beta_2 X_{1t}+\varepsilon_{1t} \tag{14.16}$$

$$Y_{2t}=\alpha_0+\alpha_1 Y_{1t}+\alpha_2 X_{2t}+\varepsilon_{2t} \tag{14.17}$$

Y_2 と高い相関であるが ε_1 と無相関である変数が発見されれば,(14.16)式の右辺において Y_2 の代わりに新たな変数を使用でき,古典的仮定Ⅲに適合するだろう.この新しい変数は,操作変数とよばれる.**操作変数** (instrumental variable) は,(説明変数であるときに) 内生変数の代わりとなる.これは内生変数にとって望ましい置き換えであり,誤差項と独立している.

操作変数とどの内生変数の間にも共有の因果関係はないので,操作変数の使用は,古典的仮定Ⅲを満たす.しかし,そのような変数を見つける作業は,また別の話だ.どのように,これらの性質をもつ変数を発見することができるだろうか.同時方程式システムでは,操作変数を見つけるのは簡単だ.それは,2SLSの使用である.

二段階最小二乗法 (2SLS) は,同時方程式システムで説明変数として現れる内生変数を置き換えるために,操作変数を体系的に作り出す方法である.2SLSは,置き換えを必要とする右辺の内生変数の誘導型での回帰を走らすことで,操作変数として,誘導型での回帰から得られた $\widehat{Y}$ (もしくはその推定値) を使うことである.なぜこのようにするのだろうか? 同時体系でのすべての先決変数は,すべての内生変数にとって,操作変数の候補となる.しかし,もしも1個しか選ばれなければ,情報を捨てることになる.これを避けるため,すべての先決変数の線形結合が使われるのだ.すべての先決変数の関数として,与えられた内生変数の回帰による線形結合が形成される.つまり,内生変数の予測値が望まれる操作変数となる.したがって,2SLSの手順は次のようになる.

一段階目:構造方程式システムにおいて説明変数として現れる各内生変数

の誘導型方程式でOLSを実行する．

先決変数（外生変数とラグつき内生変数）は誘導型の誤差項と無相関なので，誘導型係数（π）のOLS推定値は，偏りがない．これらの$\widehat{\pi}$は，内生変数の推定値を計算するために使われる．

$$\widehat{Y}_{1t}=\widehat{\pi}_0+\widehat{\pi}_1 X_{1t}+\widehat{\pi}_2 X_{2t} \tag{14.18}$$

$$\widehat{Y}_{2t}=\widehat{\pi}_3+\widehat{\pi}_4 X_{1t}+\widehat{\pi}_5 X_{2t} \tag{14.19}$$

これらの$\widehat{Y}$は，構造方程式で操作変数として使われる．

二段階目：構造方程式の右辺（のみ）で現れるYの代わりに誘導型$\widehat{Y}$を使用し，修正された構造方程式をOLSで推定する．

つまり，二段階目は，次の方程式をOLSで推定することから成り立つ．

$$Y_{1t}=\beta_0+\beta_1 \widehat{Y}_{2t}+\beta_2 X_{1t}+u_{1t} \tag{14.20}$$

$$Y_{2t}=\alpha_0+\alpha_1 \widehat{Y}_{1t}+\alpha_2 X_{2t}+u_{2t} \tag{14.21}$$

注目すべきなのは，従属変数がまたもとの内生変数であることと，置き換えが構造方程式の右辺で現れる内生変数のみであることである．この手順は，（大標本で）一致性をもつ（小標本では）バイアスをもつ構造方程式の係数推定値を生み出す．

(14.20)式と(14.21)式のような二段階方程式がOLSで推定されるならば，SE($\widehat{\beta}$)は正しくなく，必ずコンピュータの2SLS推定手順を使うことになる[5]．

2SLSの記述は，m個の異なった同時構造方程式に一般化される．各誘導型方程式は，説明変数として，方程式の全体のシステムですべての先決変数をもつ．誘導型方程式のOLS推定値は，m個の構造方程式で説明変数として現れるすべての内生変数の推定値を計算するために使われる．内生的な従属変数の元の値をこれらの推定値に置き換えた後，OLSが構造方程式全体のすべての確率方程式に適用される．

---

[5] EViewsやStataを含むほとんどの計量経済学ソフトウェアパッケージは，2SLSのオプションを提供している．この問題の詳細については，この章の注9を参照．

二段階最小二乗法の特徴

1. *2SLSの推定値は，小標本ではまだバイアスをもつ．* 小標本では，2SLS によってもたらされる$\hat{\beta}$の期待値が，まだ真のβに等しくない[6]．しかし，標本数が大きくなると，$\hat{\beta}$の期待値は真のβに近づく．標本数が増加すると，OLS と 2SLS 両方の分散が減少する．OLS 推定値は誤った数値の非常に正確な推定値となり，2SLS は正しい数値の非常に正確な推定値となる．この結果，標本数が大きくなるほど，2SLS の手法はより望ましくなる．

   説明のために，14.2節の例をふたたび見てみよう．β_1の 2SLS 推定値は，-1.25 であった．この推定値はバイアスをもつが，OLS 推定値 -0.37 よりは真の値（$\beta_1 = -1.00$）にかなり近い．その後，この例に戻り，標本サイズ 20 から成る異なった5,000個の標本から，標本サイズ 50 の異なった5,000個の標本までデータを拡張した．期待されたように，2SLS の $\hat{\beta}_1$ の平均は，真の値 -1.00 と比較して，-1.25 から -1.06 まで変わった．対照的に，OLS の平均推定値は，-0.37 から -0.44 となった．このような結果は典型的なものである．大標本は 2SLS にバイアスのない推定値をもたらすが，OLS は，それでもバイアスのある推定値を生み出すだろう．

2. *小標本での 2SLS におけるバイアスは，典型的に，OLS におけるバイアスの逆の符号となる．* OLS におけるバイアスは典型的に正であり，同時体系で OLS によってもたらされる $\hat{\beta}$ は，真の β より大きくなりやすいと示唆していたことを思い出そう．2SLS では，期待されるバイアスが負であり，2SLS によってもたらされる $\hat{\beta}$ は真の β より小さくなりがちである．与えられたどのようなデータでも，2SLS の推定値は OLS 推定値よりも大きくなりうるが，大多数の 2SLS 推定値は，対応する OLS 推定値より小さくなる傾向にあることが示される．大標本では，2SLS におけるバイアスはほとんどない．

   14.2節の例に戻ろう．β_1の真の値 -1.00 と比較して，以前述べたように，小標本の 2SLS の平均推定値は -1.25 であった．これは，2SLS 推

---

[6] このバイアスは，一段階目の誘導型回帰で生成される $\hat{Y}$ と ε の間に残っている相関によって引き起こされる．相関の効果は，標本が増加すると減少する傾向がある．しかし，小標本でさえ，2SLS での期待されるバイアスが，通常，OLS での期待されるバイアスより小さくなることに注目すべきだ．

定値が負のバイアスであったことを示す．一方で，OLS 推定値は -0.37 の平均となった．-0.37 は -1.00 より正に近く，OLS 推定値は正のバイアスを示した．通常起こるように，こうして OLS によって観測されるバイアスは，2SLS によって観測されるバイアスと逆であった．

3. *誘導型方程式の当てはまりがかなり乏しいなら，2SLS は大標本においても方程式のバイアスを除去しないだろう．* 操作変数が内生変数にとって望ましい代用になっていることを思い出してほしい．誘導型方程式の当てはまりが乏しい範囲では，操作変数がもとの内生変数と高い相関をもたず，2SLS が効果的になると期待する理由がない．誘導型方程式の当てはまりが増加するとき，2SLS の有効性が増加する．

4. *2SLS 推定値は，増加した分散と $SE(\hat{\beta})$ をもつ．* 2SLS は $\hat{\beta}$ におけるバイアスの程度を減らす優れた手段である一方，減少したバイアスには支払うべき代償がある．この代償は，2SLS 推定値が同じ方程式の OLS 推定値よりも高い分散と $SE(\hat{\beta})$ をもつ傾向にあるということだ．

結局，2SLS は，OLS よりも多くの場合，同時体系の係数の望ましい推定量となるだろう．この一般的な法則の主要な例外は，問題の誘導型方程式の当てはまりが小標本でかなり悪いときである．

二段階最小二乗法の例

アメリカ経済の単純な線形ケインズ・マクロモデルで，2SLS の問題に取り組んでみよう．次のような体系に定式化する．

$$Y_t = CO_t + I_t + G_t + NX_t \tag{14.22}$$

$$CO_t = \beta_0 + \beta_1 YD_t + \beta_2 CO_{t-1} + \varepsilon_{1t} \tag{14.23}$$

$$YD_t = Y_t - T_t \tag{14.24}$$

$$I_t = \beta_3 + \beta_4 Y_t + \beta_5 r_{t-1} + \varepsilon_{2t} \tag{14.25}$$

ここで，

Y_t ＝ t 年における国内総生産（GDP）

CO_t = t 年における総個人消費
I_t = t 年における総民間国内投資
G_t = t 年における財とサービスの政府購入
NX_t = t 年における財とサービスの純輸出（輸出 − 輸入）
T_t = t 年における税（実際に税に等しいのは，減価償却や企業利益，政府移転収支，GDP を換算するのに必要な可処分所得への調整）
r_t = t 年における利子率
YD_t = t 年における可処分所得

名目の百分率で測られた利子率を除いて，すべての変数は実質換算（2000年基準の10億ドルで測られている）である．この例のデータは1976年から2007年までであり，**表14.1** に提示されている．

(14.22)式から (14.25)式は体系の構造方程式であるが，(14.23)式と (14.25)式のみ確率的（行動）であり，推定される必要がある．他の2つは恒等式で，係数なしで決定される．

少し立ち止まって，この体系を見てみよう．どの変数が内生的だろうか．どれが先決変数だろうか．内生変数は，体系内で同時に決められる Y_t, CO_t, YD_t, I_t である．なぜこれらの4変数が同時に決められるかを見るために，それらの1つを変え，その結果をこの体系を通して見てみると，この変化は原因となったもとの変数に返ってくることに注目しよう．たとえば，もし I_t が増加するならば，これが Y_t の増加を引き起こし，それがふたたび I_t の右辺に返ってくるだろう．それらは同時に決定される．

利子率についてはどうだろうか．r_t は内生変数だろうか．驚くべき答えは，厳密にいえば r_t はこのシステムにおいて内生的でない．なぜなら，r_{t-1}（r_t ではなく）が投資式に現れるからである．したがって，この簡単なモデルにおいて，利子率からの同時的フィードバックはない[7]．

この答えが与えられた下では，どれが先決変数だろうか．先決変数は，G_t, NX_t, T_t, CO_{t-1}, r_{t-1} である．まとめると，同時体系は4つの構造式，4つの内生変数，5つの先決変数をもつ．

---

(7) この文章は技術的に正しいが，誇張されている．特に，計量経済学者が r_{t-1} を理論的な理由で同時体系の一部と考えたい状況がある．しかし，ラグつきの利子率効果をもつ単純なケインズモデルでは，この式は，同時体系の中にはない．

表 14.1 マクロモデルのデータ

YEAR	Y	CO	I	G	YD	r
1975	NA	2876.9	NA	NA	NA	8.83
1976	4540.9	3035.5	544.7	1031.9	3432.2	8.43
1977	4750.5	3164.1	627.0	1043.3	3552.9	8.02
1978	5015.0	3303.1	702.6	1074.0	3718.8	8.73
1979	5173.4	3383.4	725.0	1094.1	3811.2	9.63
1980	5161.7	3374.1	645.3	1115.4	3857.7	11.94
1981	5291.7	3422.2	704.9	1125.6	3960.0	14.17
1982	5189.3	3470.3	606.0	1145.4	4044.9	13.79
1983	5423.8	3668.6	662.5	1187.3	4177.7	12.04
1984	5813.6	3863.3	857.7	1227.0	4494.1	12.71
1985	6053.7	4064.0	849.7	1312.5	4645.2	11.37
1986	6263.6	4228.9	843.9	1392.5	4791.0	9.02
1987	6475.1	4369.8	870.0	1426.7	4874.5	9.38
1988	6742.7	4546.9	890.5	1445.1	5082.6	9.71
1989	6981.4	4675.0	926.2	1482.5	5224.8	9.26
1990	7112.5	4770.3	895.1	1530.0	5324.2	9.32
1991	7100.5	4778.4	822.2	1547.2	5351.7	8.77
1992	7336.6	4934.8	889.0	1555.3	5536.3	8.14
1993	7532.7	5099.8	968.3	1541.1	5594.2	7.22
1994	7835.5	5290.7	1099.6	1541.3	5746.4	7.96
1995	8031.7	5433.5	1134.0	1549.7	5905.7	7.59
1996	8328.9	5619.4	1234.3	1564.9	6080.9	7.37
1997	8703.5	5831.8	1387.7	1594.0	6295.8	7.26
1998	9066.9	6125.8	1524.1	1624.4	6663.9	6.53
1999	9470.3	6438.6	1642.6	1686.9	6861.3	7.04
2000	9817.0	6739.4	1735.5	1721.6	7194.0	7.62
2001	9890.7	6910.4	1598.4	1780.3	7333.3	7.08
2002	10048.8	7099.3	1557.1	1858.8	7562.2	6.49
2003	10301.0	7295.3	1613.1	1904.8	7729.9	5.67
2004	10675.8	7561.4	1770.2	1931.8	8008.9	5.63
2005	10989.5	7791.7	1873.5	1939.0	8121.4	5.24
2006	11294.8	8029.0	1912.5	1971.2	8407.0	5.59
2007	11523.9	8252.8	1809.7	2012.1	8644.0	5.56

出所：*The Economic Report of the President, 2009.*
注：T と NX は (14.22)式と (14.24)式を使って計算されている。　　　　　　　(Datafile＝MACRO14)

確率的な構造方程式の経済的意味は何だろうか．(14.23)式の消費関数は，12章で議論された分布ラグ消費関数をもつ動学モデルである．12.1節では，表**14.1**からのデータで(14.23)式を OLS 推定しており，この厳密な式を議論した．読者には，この分析を読み返してほしい．

(14.25)式の投資関数は，単純化された乗数と資本の構成費用を含む．乗数項 $β_4$ は，GDP の増加によって生成される投資の要因を測る．したがって，ケインズモデルでは，$β_4$ は正になると期待されるだろう．一方で，資本費用が高くなるほど，(乗数効果を一定に保って) 投資は少なくなると期待されるだろう．主にこの理由は，限界資本投資における収益の期待率が，さらに高い資本費用を埋め合わせるにはもはや十分でないためだ．したがって，$β_5$ は負であると予想される．投資プロジェクトを計画し，開始するのは時間がかかる．そのため，利子率は1年の遅れがある[8]．

一段階目：内生変数は4つあるが，それらの2つのみが確率的方程式の右辺に現れる．そのため，2つの誘導型方程式が 2SLS を適用して推定されなければならない．これらの誘導型方程式は，自動的に 2SLS 推定プログラムによって推定されるが，1つを見てみるのは有益だ．

$$\widehat{YD}_t = -258.55 + 0.78G_t - 0.37NX_t + 0.52T_t + 0.67CO_{t-1} + 37.63r_{t-1} \quad (14.26)$$
$$\quad\quad\quad (0.22)\quad (0.16)\quad (0.14)\quad (0.09)\quad\quad (9.14)$$
$$t=\quad 3.49\quad -2.30\quad\quad 3.68\quad\quad 7.60\quad\quad\quad 4.12$$
$$N=32\quad \bar{R}^2=0.998\quad DW=2.21$$

この誘導型は，全体の当てはまりは優れているが，深刻な多重共線性を確実に抱えている．誘導型ではどのような仮説も検定せず，統計的または理論的に不適切な変数を取り除かないことに注意しよう．2SLS の一段階目での全体の目的は，意味のある誘導型推定式を生成することではなく，二段階目における内生変数の代替として使う有益な操作変数（$\widehat{Y}$ など）を生成することだ．これ

---

[8] この投資式は，投資関数の加速度と新古典派理論の簡単な混合である．前者は，生産水準の変化が投資の鍵となる決定要因であることを強調し，後者は，資本の使用者費用（企業が資産を所有する結果として負う機会費用）が鍵となることを強調している．消費と投資の決定要因の紹介として，いずれかの中級マクロ経済学のテキストを参照してほしい．

を行うため，(14.26)式のような誘導型方程式に5つの全先決変数の実際の値を代入し，32観測値の $\widehat{Y}_t$ と $\widehat{YD}_t$ を計算する．

二段階目：(14.23)式と (14.25)式の右辺に現れる内生変数の代わりに $\widehat{Y}_t$ と $\widehat{YD}_t$ を使う．たとえば，(14.26)式からの $\widehat{YD}_t$ は，(14.23)式に代入され，結果として次のようになる．

$$CO_t = \beta_0 + \beta_1 \widehat{YD}_t + \beta_2 CO_{t-1} + \varepsilon_{1t} \tag{14.27}$$

(14.27)式と表 **14.1** のデータで与えられる他の二段階目の方程式が推定されるならば，次の2SLSの結果が得られる[9]．

$$\widehat{CO}_t = -209.06 + 0.37\widehat{YD}_t + 0.66CO_{t-1} \tag{14.28}$$
$$\qquad\qquad\qquad (0.13)\qquad (0.14)$$
$$\qquad\qquad\qquad\ 2.73\qquad\ \ 4.84$$
$$N=32 \qquad \overline{R}^2=0.999 \qquad DW=0.83$$

$$\widehat{I}_t = -261.48 + 0.19\widehat{Y}_t - 9.55r_{t-1} \tag{14.29}$$
$$\qquad\qquad\quad (0.01)\quad (11.20)$$
$$\qquad\qquad\quad\ 15.82\quad -0.85$$
$$N=32 \qquad \overline{R}^2=0.956 \qquad DW=0.47$$

2SLS の代わりに OLS 単独でこれらの式が推定されたならば，次のような結果が得られる．

$$\widehat{CO}_t = -266.65 + 0.46YD_t + 0.56CO_{t-1} \tag{14.30}$$
$$\qquad\qquad\qquad (0.10)\qquad (0.10)$$
$$\qquad\qquad\qquad\ 4.70\qquad\ \ 5.66$$
$$N=32\ (\text{年次，1976-2007年}) \qquad \overline{R}^2=0.999 \qquad DW=0.77$$

---

[9] 2SLS 推定とこのモデルについては，注意に値する．(14.28)式と (14.29)式の2SLS推定は，正しい．しかし，((14.26)式のように生成された操作変数 $\widehat{Y}$ と $\widehat{YD}$ を使用する) OLS でこれらの式を推定したならば，同じ推定値は得られるが，標準誤差（と t 値）の異なった推定値が得られるだろう．二段階目単独で OLS を実行することが，一段階目でなされたすべての事実を無視するために，この差が生じる．正確に推定された標準誤差と t 値を得るためには，2SLS プログラムでの推定がなされるべきだ．

$$\hat{I}_t = -267.16 + 0.19 Y_t - 9.26 r_{t-1} \qquad (14.31)$$
$$(0.01) \quad (11.19)$$
$$15.87 \quad -0.83$$
$$N=32 \quad \bar{R}^2=0.956 \quad DW=0.47$$

OLSと2SLSの結果を比較しよう．最初に，2つに大きな違いはないように思える．OLSがバイアスをもつならば，どのように起こるのだろうか．一段階目の誘導型方程式の当てはまりが優れているとき，(14.26)式のように，Yと$\hat{Y}$は視覚的に同一で，2SLSの二段階目は，OLS推定値とかなり似たようになる．第2に，OLS推定では正のバイアス，2SLS推定では小さい負のバイアスが予想される．しかし，OLSと2SLSの間の差は，予想される方向で半分程度のみ現れる．これは，以前に述べた誘導型の優れた当てはまりと同様に，2SLS推定の極端な多重共線性によって引き起こされた可能性がある．

また，ダービン＝ワトソン統計量を見てみよう．消費方程式における2に向かってのDWのバイアス（動学モデルのため）にかかわらず，DWは，全方程式で1.31（N=32, K=2の片側5％有意）のd_Lより十分低い．その結果，正の相関関係が両方程式の残差に現れやすい．しかし，2つの2SLS推定式にGLSを適用するのは，扱いにくい．これは特に，12.2節で述べられたように，消費関数におけるようなラグつき従属変数の式において，相関係数はバイアスを引き起こすためである．この問題に対する1つの解答は，GLSと2SLSを実行することである．

最後に，非定常性についてはどうだろうか．12章において，これらのような時系列モデルは非定常性に直面し，潜在的に見せかけの関係になることを学んだ．これらの回帰のいずれも見せかけの関係だろうか．データを見て推測できるように，このモデルの系列の一部は，実際，非定常である．幸運なことに，利子率は定常である．また，消費関数は十分に共和分していることがわかるので，(14.28)式と(14.30)式はおそらく有効に推定されうる．残念ながら，投資式は，GDPにとっての高いt値とr_{t-1}にとっての低いt値の結果となる非定常性を確実にもっている（その理由は，式における他のすべての変数が非定常であるときに，r_{t-1}が定常であるためである）．実際，ほとんどのマクロモデルが，投資式における利子率変数の有意性（あるいは符号）の問題に直面する．部分的に，これは，少なくとも，式における変数の非定常性のためである．し

かしながら，このテキストでこれまで取り上げられた手法が与えられたもとで，この状況を改善できることはほとんどない．

これらの警告は別にして，このモデルは，同時体系を推定するための2SLSの完全な使用例を提供している．しかし，2SLSの適用は，推定されている式に「識別されている」ことが必要となる．そのため，同時方程式の分析をまとめる前に，識別の問題を強調する必要がある．

14.4 識別問題

方程式が*識別*（identified）されていなければ，二段階最小二乗法は適用できない．同時体系でどのような式を推定する前にも，識別問題が強調されなければならない．方程式が識別された時点で，その式は2SLSで推定される．しかし，方程式が*識別されなければ*（unidentified），どんなに大標本であろうとも2SLSを使うことができない．そのような識別されない方程式はOLSで推定されるが，識別されない方程式のOLS推定値は，解釈が困難となる．その理由は，推定値が必ずしも推定したい係数と適合しないためだ．（2SLSで推定されることが可能で）識別されている方程式では，結果としてもたらされる2SLS推定値が望ましいものだと保証するものでないことを指摘するのは重要となる．問われているこの問題は，2SLS推定値がどのように望ましいかでななく，2SLS推定値がとにかく得られるかどうかである．

識別問題とは何か？

識別（identification）は，同時体系での方程式に2SLSを適用するための前提条件である．問題となっている方程式がシステムで他のすべてから区別できるために，システムの先決変数が方程式から十分に除かれるときのみ，構造方程式は識別される．同時体系における1つの式は識別されるかもしれないが，他は識別されないかもしれないことに注意してほしい．

識別できない式とは，どのようなものだろうか．どのようなものであるかを見るために，価格と需要のみが定式化される供給と需要の同時体系を考えてみよう．

$$Q_{Dt} = \alpha_0 + \alpha_1 P_t + \varepsilon_{Dt} \quad \text{（需要）} \quad (14.32)$$

$$Q_{St} = \beta_0 + \beta_1 P_t + \varepsilon_{St} \quad \text{（供給）} \quad (14.33)$$

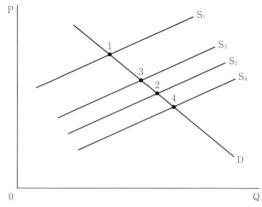

図 14.3　変化する供給曲線は需要曲線の識別をもたらす
供給曲線はシフトするが需要曲線はシフトしないのであれば、需要曲線に沿って移動が起き、需要曲線の識別と推定をもたらす（供給曲線にはもたらさない）。

ここで、$Q_{Dt}=Q_{St}$ である。需要方程式として1つの式に名前がつけられ、もう1つは供給方程式とされたが、コンピュータはそれらをデータから識別することができないだろう。その理由は、両方程式で右辺と左辺の変数がまったく同じであるからだ。これらの2式の間で区別するために含まれる先決変数なしには、需要から供給を区別するのは不可能だろう。

もし天気（W）のような先決変数を農業生産の供給方程式に加えたら、どうなるだろうか。このとき、(14.33)式は、次のようになる。

$$Q_{St}=\beta_0+\beta_1 P_t+\beta_2 W_t+\varepsilon_{St} \tag{14.34}$$

そのような状況において、Wが変化した全期間で、供給曲線はシフトするが、需要曲線はシフトしない。そのため、最終的に、需要曲線がどういうものであるかの望ましい図をまとめられるだろう。

図 **14.3** は、これを実例によって明らかにしている。4つの異なったWが与えられると、4つの異なった供給曲線が得られ、これらは、一定の需要曲線と異なった均衡価格と量で交わる（交差点1から4）。これらの均衡は、実世界で観測できるデータであり、すべてコンピュータに読み込ませることができる。結果として、少なくとも1つの先決変数が除外されたので、需要曲線が識別されるだろう。先決変数は変化するが、需要曲線は変化しなかったとき、需要量が需要曲線に沿って動くように供給曲線がシフトする。そうして需要曲線の係

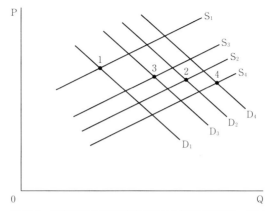

図 14.4 供給曲線と需要曲線の両方が変化すれば，どちらの曲線も識別されない

供給曲線と需要曲線の両方が同じ変数に反応して変化すれば，1つの均衡から別の均衡へ移動が起き，結果として生じるデータの点は，どちらの曲線も識別しない．そのような識別をできるようにするためには，少なくとも1つの外生変数要因が，他は一定で，1つの曲線の変化を引き起こさなければならない．

数を推定するのに十分な情報が得られる．一方で，供給曲線の形がどのようなものであっても手掛かりを与えてくれないので，供給曲線は依然として未解明なままだ．要するに，需要曲線は，システム内に含まれたが需要方程式から除外された先決変数によって，識別された．供給曲線は，そのような除外される先決変数がないので，識別されない．

たとえ同様に W を需要曲線に加えても，供給曲線は識別されないだろう．実際，両方程式に W があれば，2式はふたたび同一となる．W が変化したとき両者はシフトするが，これらのシフトは両曲線に何の情報も与えないだろう．図 **14.4** で描かれるように，観察される均衡価格と量は，需要曲線も供給曲線も説明しない確率的な交点になるだろう．つまり，供給曲線のシフトは以前と同じであるが，今は需要曲線もまた W とともにシフトする．この場合，需要曲線も供給曲線も識別することができない[10]．

両曲線を識別するための方法は，次のように，各方程式で他にはない少なくとも1つの先決変数をもつことである．

---

[10] 例外は，2式において W の真の係数に関する相対的な大きさがわかることであるが，そのような知識はありそうにない．

$$Q_{Dt} = \alpha_0 + \alpha_1 P_t + \alpha_2 X_t + \varepsilon_{Dt} \qquad (14.35)$$

$$Q_{St} = \beta_0 + \beta_1 P_t + \beta_2 W_t + \varepsilon_{St} \qquad (14.36)$$

今，Wが変化するとき，供給曲線はシフトし，均衡価格と量におけるデータから需要曲線を識別できる．Xが変化するとき，需要曲線はシフトし，データから供給曲線を識別できる．

すなわち，識別とは，同時体系内で2SLSを方程式に適用するための前提条件である．問題となる方程式の形状を区別するために観測される均衡点を使えるような体系内で，先決変数が準備されるときのみ，構造方程式は識別される．しかし，ほとんどの体系は以前よりもかなり複雑なので，計量経済学者は方程式が識別されるかどうかを決める一般的な手法を必要とする．典型的に使用されるこの手法は，識別の*次数条件*（order condition）である．

識別の次数条件

次数条件（order condition）とは，同時体系内の特定の方程式が潜在的に識別されるかを見つけ出す体系的な手法である．ある式が次数条件に合えば，全体で識別可能だが，これはかなりまれな場合である．したがって，次数条件は識別の必要条件だが，十分条件ではない[11]．

次数条件とは何だろうか．同時体系で2種類の変数を述べるために，内生的や先決といった表現を使ったことを思い出そう．内生変数は，現在の期間において体系内で共通して決まる変数である．先決変数は，外生変数とモデルの中にあるかもしれないラグつき内生変数である．体系の各方程式で，次の内容を決める必要がある．

1. 全同時体系における先決変数（外生変数とラグつき内生変数）の数
2. 問題となる式で推定される（定数項を除く）回帰係数の数

次数条件：ある式が識別されるための必要条件は，システムにおける先決

---

[11] 方程式が識別される十分条件は階数条件とよばれるが，ほとんどの研究者は，2SLSで方程式を推定する前に，次数条件だけを調べる．それらの研究者は，（2SLSを式に適用する能力によって）階数条件が合っているかどうかをコンピュータの推定手順に見分けさせる．階数条件に興味がある研究者は，上級の計量経済学テキストを参考にすることが推奨される．

変数（外生変数とラグつき内生変数）の数が対象となる式における（定数項を除く）回帰係数の数に等しいか，もしくはその数より大きいことである．

方程式において，構造方程式は次の条件であれば次数条件に合う．

　　先決変数の数　　≥　　（定数項を除く）回帰係数の数
　（同時体系内）　　　　　　　　（方程式内）

次数条件の適用の2つの事例

この章で直面した同時方程式システムのいくつかに，次数条件を適用してみよう．たとえば，14.1節のコーラの需要と供給モデルをふたたび考える．

$$Q_{Dt} = \alpha_0 + \alpha_1 P_t + \alpha_2 X_{1t} + \alpha_3 X_{2t} + \varepsilon_{Dt} \tag{14.37}$$

$$Q_{St} = \beta_0 + \beta_1 P_t + \beta_2 X_{3t} + \varepsilon_{St} \tag{14.38}$$

$$Q_{St} = Q_{Dt} \tag{14.39}$$

(14.37)式は，次数条件により識別される．その理由は，システム内の先決変数の数（3つ：X_1, X_2, X_3）が方程式の回帰係数の数（3つ：α_1, α_2, α_3）と等しいからである．この特有な結果（等しいこと）は，(14.37)式が次数条件により*丁度識別* (exactly identified) されることを意味する．(14.38)式もまた，次数条件により識別される．その理由は，システム内に3つの先決変数がまだあるが，方程式内では2つの回帰係数のみあるからだ．この条件は，(14.38)式が*過剰識別* (overidentified) されることを意味する．2SLSは識別される（丁度識別と過剰識別）式に適用することができるが，識別されない式には適用できない．

さらに複雑な例は，14.3節の簡単なマクロ経済モデルである．

$$Y_t = CO_t + I_t + G_t + NX_t \tag{14.22}$$

$$CO_t = \beta_0 + \beta_1 YD_t + \beta_2 CO_{t-1} + \varepsilon_{1t} \tag{14.23}$$

$$YD_t = Y_t - T_t \tag{14.24}$$

$$I_t = \beta_3 + \beta_4 Y_t + \beta_5 r_{t-1} + \varepsilon_{2t} \tag{14.25}$$

これまで記してきたように，このシステム内には5つの先決変数（外生変数とラグつき内生変数）がある（G_t, NX_t, T_t, CO_{t-1}, r_{t-1}）．(14.23)式は2つの回

帰係数（β_1 と β_2）をもつので，この式は過剰に識別され（5＞2），識別の次数条件を満たす．読者が検証できるように，(14.25)式もまた過剰識別であるとわかる．2SLSのコンピュータプログラムは，実際，モデル内の β の推定値を見つけ出したので，事前に識別されることがわかっていた．(14.22)式と(14.24)式は識別されるが推定されないので，これらの式の識別特性を心配することはない．

14.5　まとめと練習問題

1. ほとんどの経済や経営モデルは，双方向の因果性，フィードバックの繰り返し，特有の変数の共通決定のため，本質的に同時に起こる．これら同時に決定する変数は内生的とよばれ，同時に決定しない変数は外生的とよばれる．

2. 構造方程式は，固有の変数の基礎となる理論を特徴づけ，このテキストで今まで使われた式の一種である．誘導型方程式は，単に同時体系内の誤差項と全先決変数（外生変数とラグつき内生変数）の観点から，固有の内生変数を表す．

3. 同時方程式モデルは，内生変数のフィードバック効果のため，誤差項と説明変数間の独立性の古典的仮定に反する．たとえば，方程式の誤差項の異常に高い観測値は，同時体系を通して作用し，最終的には問題となる方程式の説明変数として現れる内生変数の高い値の原因となる．したがって，無相関の仮定に反する（古典的仮定Ⅲ）．

4. OLSが同時体系の係数に適用されるならば，結果として生じる推定値はバイアスをもち，一致性をもたない．これは，主に古典的仮定Ⅲに反するために起こる．OLSの回帰パッケージ分析ソフトは，実際に（説明変数が相関している）誤差項によって引き起こされる被説明変数の変化を，説明変数によるものだとしてしまう．

5. 二段階最小二乗法は，同時方程式システムの推定で，バイアスの程度を減少させる方法である．この推計法は以下のように機能する．すなわち，

内生変数に替わる誤差項と独立した変数（操作変数とよばれる）を作り出すことで，この体系の誘導型方程式を系統的に用いる．この方法は，説明変数として現れる内生変数を置き換えた操作変数を使い，体系の構造方程式で，OLS を実行する．

6. 二段階最小二乗法の推定値はバイアスをもつが（OLS バイアスとは逆の符号），一致性をもつ（標本数が大きくなると，分散が 0 に近づきバイアスをもたなくなる）．誘導型方程式の当てはまりが乏しいならば，2SLS はあまりうまく機能しないだろう．標本数が大きくなればなるほど，2SLS を使うことが望ましくなる．

7. 2SLS は，識別されない式に適用できない．識別に必要な（しかし，十分でない）前提条件は，次数条件である．この条件は，システムの先決変数の数が対象となる方程式の回帰係数の数と等しいか，それよりも大きいことを必要とする．十分条件は，通常，係数を推定する 2SLS の能力によって決められる．

練習問題

ダモダール・グジャラート（Damodar Gujarati）は，アメリカの年次データで次のような 2 つの貨幣供給方程式を推定した[12]．最初は OLS で推定され，次に 2SLS で推定された（誘導型方程式における先決変数として，投資と政府支出が使用された）．

$$\text{OLS}: \quad \widehat{M2}_t = 115.0 + 0.561 \text{GDP}_t$$
$$(0.013)$$
$$t = 40.97 \quad \overline{R}^2 = 0.986$$
$$\text{2SLS}: \quad \widehat{M2}_t = 146.8 + 0.551 \widehat{\text{GDP}}_t$$
$$(0.013)$$
$$t = 41.24 \quad \overline{R}^2 = 0.987$$

---

[12] Damodar Gujarati, *Essentials of Econometrics* (Boston: Irwin McGraw-Hill, 1999), p. 492.

M2$_t$ = t 年における M2 マネーストック（10億ドル）
GDP$_t$ = t 年における国内総生産（10億ドル）

a. 2SLS 式の $\widehat{\text{GDP}}$ のハット記号（^）は，正確に何を意味しているか．
b. どちらの式が理論的な背景と整合しているか．説明しなさい．
c. どちらの式が，バイアスのある係数をもつ傾向にあるか．説明しなさい．
d. 1つの式を選ぶなら，どちらが好ましいか．その理由を説明しなさい（ヒント：残差は共和分していると想定しなさい）．
e. 友人が"どちらの式も見た目は一緒だから，どちらの式を使っても問題ではない"と主張するのであれば，どのように返答するかを説明しなさい．

14.6 付録：変数における測定誤差

これまで，データが正確に計測されたと暗に想定されていた．つまり，確率的な誤差項は測定誤差を含んでいるとして定義されていたが，そのような測定誤差の存在が係数推定に何をもたらすかは，明確に議論してこなかった．残念ながら，現実の世界では，測定誤差は一般的である．ほとんどすべての集計された国民統計のように，誤った計測は標本にもとづいているデータから生じたか，単に，データが誤って報告されたためである．原因が何であれ，**変数の測定誤差**（errors in the variables）は，従属変数または係数の推定に潜在的な影響を与えるのに十分な大きな独立変数の1つ，あるいは多くの計測上の誤りである．変数におけるそのような誤差は，「データの測定誤差」とよばれるのがよいかもしれない．このテーマでは，最初に従属変数での誤差に取り組み，その後，独立変数の誤差というより深刻な問題の検討に移る．ここでこのテーマを取り上げた理由は，独立変数における誤差が同時性バイアスと同様に，OLS推定値のバイアスの増加を引き起こすからである．

従属変数のデータにおける測定誤差

真の回帰モデルが次の式であると想定する．

第14章 同時方程式 227

$$Y_i = \beta_0 + \beta_1 X_i + \varepsilon_i \tag{14.40}$$

さらに，従属変数 Y_i が誤って計測されると想定する．そのため，Y_i の代わりに Y_i^* が観測される．

$$Y_i^* = Y_i + v_i \tag{14.41}$$

ここで，v_i は，古典的誤差項の全特性をもつ計測の誤差である．この誤った計測は，(14.40)式の推定に何をもたらすだろうか．

$Y_i^* = Y_i + v_i$ であるとき何が起こるかを見るため，(14.40)式の両辺に v_i を足してみよう．

$$Y_i + v_i = \beta_0 + \beta_1 X_i + \varepsilon_i + v_i \tag{14.42}$$

これは，次式と同じになる．

$$Y_i^* = \beta_0 + \beta_1 X_i + \varepsilon_i^* \tag{14.43}$$

ここで，$\varepsilon_i^* = (\varepsilon_i + v_i)$ である．つまり，実際には (14.40)式を推定したいときに，(14.43)式が推定される．(14.43)式の別の見方をしよう．v_i が変化するとき，従属変数と誤差項 ε_i^* の両方が一緒に動く．しかし，従属変数はいつも誤差項と相関するので，これは心配することではない．余分な動きは Y の変動性を増加し，式の全体の統計的当てはまりを減少させそうだが，従属変数の計測誤差は，β の推定値に何のバイアスも引き起こさない．

独立変数のデータにおける測定誤差

独立変数の1つかそれ以上のデータで誤計測があるときは，前述したようにはならない．残念ながら，独立変数におけるそのような誤差は，その性質上（また，対処上），同時性バイアスとかなり似ているバイアスを引き起こす．これを見るために，真の回帰モデルが (14.40)式であるとふたたび想定する．

$$Y_i = \beta_0 + \beta_1 X_i + \varepsilon_i \tag{14.40}$$

しかし，今は，独立変数 X_i が誤って計測されると想定する．そのため，X_i の代わりに X_i^* が観測される．

$$X_i^* = X_i + u_i \tag{14.44}$$

ここで，u_i は（14.41）式の v_i のような測定誤差である．誤った計測が（14.40）式の推定に何をもたらすかを見るために，（14.40）式に $0=\beta_1 u_i - \beta_1 u_i$ の項を足してみよう．その結果，次式が得られる．

$$Y_i = \beta_0 + \beta_1 X_i + \varepsilon_i + (\beta_1 u_i - \beta_1 u_i) \tag{14.45}$$

これは，次のように書き換えられる．

$$Y_i = \beta_0 + \beta_1 (X_i + u_i) + (\varepsilon_i - \beta_1 u_i) \tag{14.46}$$

もしくは，次のようになる．

$$Y_i = \beta_0 + \beta_1 X_i^* + \varepsilon_i^{**} \tag{14.47}$$

ここで，$\varepsilon_i^{**} = (\varepsilon_i - \beta_1 u_i)$ である．この場合，（14.40）式を推定しようとして，（14.47）式が推定される．しかし，u_i が変化するとき，（14.47）式に何が起こるかに注目しよう．u_i が変化するとき，確率的な誤差項 ε_i^{**} と説明変数 X_i^* は逆方向に動く．つまり，これらは相関している．それらの相関は，同時方程式における（14.1節で述べられた）古典的仮定への違反と非常に似ているという点で，古典的仮定Ⅲに直接的に違反する．当然のことながら，この違反は，変数における誤差のモデルで，同時方程式が原因となる同じ問題，すなわちバイアスを引き起こす．つまり，独立変数の測定誤差のため，（14.47）式の係数のOLS推定値はバイアスをもつ．

　独立変数の1つかそれ以上のデータで測定誤差によって引き起こされるバイアスの式を取り除くために頻繁に使用される手法は，*操作変数*（instrumental variable）を使用することであり，同時性バイアスを軽減するために使われたのと同じ方法である．Xの代わりは，Xと高い相関があり，ε と無相関であるものが選ばれる．2SLSは，操作変数の手法であったことを思い出そう．しかし，そのような手法は，あまり変数における誤差の問題に適用されない．その理由は，変数での誤差があると疑われるかもしれないが，それらが存在すると明確に知れるのはまれであり，両方の条件を満たす操作変数を見つけるのは困難なためである．その結果，X^* は通常見つけることができるのとほとんど変わらないXの代理変数となり，他の改善策はとられない．しかし，もしXにおける誤測定が大きいとわかるならば，何らかの改善策が必要とされるだろう．

　まとめると，独立変数の1つかそれ以上の測定誤差は，（14.47）式の誤差項

が独立変数と相関することを引き起こし，その結果，同時性バイアスと類似のバイアスをもたらす[13].

---

[13] 従属変数と独立変数の1つかそれ以上で誤差が存在するならば，全体の統計的な当てはまりの減少と推定された係数のバイアスの両方が，結果として生じるだろう．実際，有名な計量経済学者である Zvi Griliches は，それらの誤差から生じるデータでの誤差は，通常は標本や推定値から計算されており，手が込んだ推定方法を避けた方がよいと警告している．その理由は，それらの推定方法は，OLS よりデータの誤差に敏感だからである．Zvi Griliches, "Data and Econometricians-the Uneasy Alliance," *American Economic Review*, Vol. 75, No. 2, p. 199 を参照．B. D. McCullough and H. D. Vinod, "The Numerical Reliability of Econometric Software," *Journal of Economic Literature*, Vol. 37, pp. 633-665 もまた参照．

第15章　予測について

15.1　予測とは何か？
15.2　より複雑な予測の問題
15.3　ARIMAモデル
15.4　まとめと練習問題

　上巻1章において概説された計量経済学の使い方の中で，我々は予測について少しばかり議論した．予測を正確にすることは，計画が成功するためにはきわめて重要となる．よってビジネスや政府での計量経済学の利用において，予測が最重要なゴールである．たとえば，製造業では販売予測が必要であり，銀行では利子率の予測が必要となる．そして政府は失業率やインフレ率の予測が必要となる．

　多くのビジネス界や政府のリーダーにとって，*計量経済学*（econometrics）という言葉と*予測*（forecasting）は同じことを意味する．そのような単純化は計量経済学の評判を悪くする．なぜならば，多くの計量経済学者は正確な予測を作るための能力を過剰評価する．その結果，非現実的な主張と不幸な依頼人が生まれる．多分，そのうちの何人かの依頼人は，19世紀のニューヨーク州法（運よく執行されていないが，見たところ撤回もされていない）を称賛するであろう．その州法とは，「将来を予測しようとする」ものは，250ドルの罰金，6カ月間の懲役のどちらか，もしくはその両方を科せられるというものである[1]．多くの計量経済学者は，そのようなコンサルタントが，彼ら自身を「未来学者」や「預言者」とよぶことを望むかもしれないが，今日の世界では，計量経済学において予測の重要性を無視することは不可能である．

　将来の出来事の予測を成し遂げる方法はかなり多様である．その極端なものとして，予測を行うある者は，何百本の方程式からなるモデルを利用する[2]．

---
[1] ニューヨーク州刑法第899条：本法は，善意をもち，かつ，個人的謝礼なしで活動する教会団体には適用されない．

他の極端なものとしては，とても正確な予測が豊かな想像力と健全な少しの自信だけで作られる．

残念ながら短い1つの章では，予測の話題の一部でさえ網羅できないのが現実である．実際，このテーマ単独で多くの優れた本やジャーナルがある[3]．それらの代わりに，この章では，計量経済学における予測の利用方法の簡単な紹介をしよう．簡単な線型方程式を使うことから始め，2, 3のもう少し複雑な予測へと移っていく．この章の最後では，独立変数をまったく用いることなく従属変数の過去の動きで完全に予測を計算するARIMAとよばれるテクニックの紹介をする．ARIMAは予測のベンチマークとして広く一般的に使われてきた．よってARIMAは経済理論にもとづかないが，それを理解することは重要である．

15.1 予測とは何か？

一般に，予測とは未来を予測する行為のことである．計量経済学において，**予測**（forecasting）とは，同じデータセットの一部ではない観測値に対する従属変数の期待値の推定である．多くの予測では，予測された値は将来の時間に対して行うものである．そして，標本内にない国や人々といったクロスセクションの予測値でも同じである．用語を簡略化するために，予想（prediction）と予測（forecast）という言葉はこの章では区別なく用いることにする（何人かの著者は予測という言葉を時系列モデルに対する標本外の予想に限定している）．

我々はすでに予測方程式の例に出合っている．上巻1.4節の体重と身長の例を振り返り，そのモデルの目的は顧客の身長にもとづく体重当てだったことを思い出そう．その例では，予測を構築する第一段階は，(1.21)式を推定することであった．

$$\text{体重の推定値} = 103.4 + 6.38 \times \text{身長}（5\text{フィート超のインチ数}） \quad (1.21)$$

---

(2) そのようなモデルの興味深い比較としては次の論文がある．Ray C. Fair and Robert J. Shiller, "Comparing Information in Forecasts from Econometric Models," *American Economic Review*, Vol. 80, No. 3, pp. 375-389.

(3) たとえば，G. Elliott, C. W. J. Granger, and A. G. Timmermann, *Handbook of Economic Forecasting* (Oxford, UK: North-Holland Elsevier, 2006), and N. Carnot, V. Koen, and B. Tissot, *Economic Forecasting* (Basingstoke, UK: Palgrave MacMillan, 2005).

すなわち，我々は，顧客の平均体重は5フィートを超える1インチごとに103.4ポンドプラス6.38ポンドであると推定したのであった．実際に予測をするためには，我々は体重を予測したい人の身長を推定された式に代入さえすればよい．たとえば，身長が6フィート1インチの男性の体重は，次のように計算する．

$$\text{体重の予測値} = 103.4 + 6.38 \cdot (13 \text{インチ} : 6 \text{フィート} 1 \text{インチ} - 5 \text{フィート}) \tag{15.1}$$

もしくは

$$103.4 + 82.9 = 186.3 \text{ポンド}$$

体重当て方程式は，予測をするために単一方程式を利用した1つの例である．予測をするために，そのような方程式の利用は二段階に要約することができる．

1. *我々が予測をしたい項目を従属変数とする方程式の定式化と推定を行う．予測をしたい変数に対する方程式の定式化と推定によって予測方程式を得る．*

$$\hat{Y}_t = \hat{\beta}_0 + \hat{\beta}_1 X_{1t} + \hat{\beta}_2 X_{2t} \qquad (t = 1, 2, \ldots, T) \tag{15.2}$$

このような定式化と推定は，本書の1～14章におけるトピックスである．標本の大きさを表すのに（$t = 1, 2, \ldots, T$）を使うことは，時系列予測においてかなり標準的である（tは「時間」を意味する）．

2. *我々が予測をしたい観測値の独立変数を得て，それを予測方程式に代入する．*（15.2）式を使って予測をするために，これは X_1 と X_2 の $T+1$ 期の値を見つけ，それらを方程式に代入することを意味している．

$$\hat{Y}_{T+1} = \hat{\beta}_0 + \hat{\beta}_1 X_{1T+1} + \hat{\beta}_2 X_{2T+1} \tag{15.3}$$

この $\hat{Y}_{T+1}$ の意味は何か？ これは X_{1T+1}, X_{2T+1} にもとづいた $T+1$（標本外）の観測値と（15.2）式を生み出した定式化と推定された式から求められたYの予測値である．

これらのステップをよりはっきり理解するために，次の予測アプローチの2つの例を見てみよう．

鶏肉消費の予測：その方程式が，どれほどよく1人当たりの鶏肉消費の総計を予測するかを見るために，上巻6.1節の(6.8)式の鶏肉需要モデルに戻ってみよう．

$$\widehat{Y}_t = 27.7 - 0.11 PC_t + 0.03 PB_t + 0.23 YD_t \tag{6.8}$$

$$(0.03) \quad (0.02) \quad (0.01)$$

$$t = \quad -3.38 \quad +1.86 \quad +15.7$$

$$\overline{R}^2 = 0.9904 \quad N = 29 \text{ (年次，1974-2002年)} \quad DWd = 0.99$$

ここで，

  Y ＝1人当たりの鶏肉の消費量
  PC と PB＝1ポンド当たりの鶏肉と牛肉のそれぞれの価格
  YD ＝アメリカにおける1人当たりの可処分所得

これらの予測をできるだけ現実的にするために，(6.8)式の推定に使われたデータから最後の3年間のデータを除いて推定した．こうすることによって，式からの予測と実際に起こったことを比較することが可能になる．このモデルを使って予測するために，はじめに3つの独立変数の値を入手し，それを(6.8)式に代入する．たとえば2003年では，PC＝34.1, PB＝374.6, そして YD＝280.2 を代入する．

$$\widehat{Y}_{2003} = 27.7 - 0.11(34.1) + 0.03(374.6) + 0.23(280.2) = 99.63 \tag{15.4}$$

これを2005年まで続け，次の表を得た[4]．

年	予測	実際	パーセント誤差
2003	99.63	95.63	4.2
2004	105.06	98.58	6.6
2005	107.44	100.60	6.8

---

(4) 残りの変数の実際の値は次の通りである．PC：2004＝24.8, 2005＝26.8；PB：2004＝406.5, 2005＝409.1；YD：2004＝195.17, 2005＝306.16. EViews や Stata を含む多くのソフトウェアは，自動的に(15.4)式のような式を使いながら予測計算をする予測プログラムのモジュールを含んでいる．もしそのモジュールを利用した場合は，予測がかすかに異なることに気づくであろう．それは我々が係数の推定値を丸めたからである．

このモデルはどうだろうか？ 当然，美は見る人の目の中にあるということわざと同じように，予測の精度は主観的なものである．そしてその問題への解答はいくつもある[5]．最も簡単な方法は，パーセント誤差（絶対値での）の平均を計算する方法であり，このアプローチは，**平均絶対パーセント誤差**（mean absolute percentage error, MAPE）とよばれている．我々の予測に対する MAPE は5.9％である．

予測精度を評価する最も人気のある他の方法は**平均二乗誤差基準**（root mean square error criterion, RMSE）である．その計算方法は，各時点の予測誤差を二乗して，その平均を計算し，計算された平均の平方根を計算する．RMSE の１つの利点は，誤差が加えられる前に二乗を計算するため，誤差に多くのペナルティを課すということである．鶏肉の需要予測では，我々の予測の RMSE は5.97ポンド（もしくは６％）である．

図 15.1 を見ればわかるように，実際にはどの評価方法を使っても問題にならない．なぜならば（6.8）式によって生成された無条件予測値は実際の値をよく追跡しているからである．我々は６％ぐらいしか外していない．

株式価格の予測：先の事例から，ある学生たちは株価の予測モデルを構築して，市場でぼろ儲けしようと思うであろう．「もし６％以内で今から３年後までの株価を予測することができたとしたら」，「どの株を購入すればよいかを知っていることになる」と彼らは推論する．そのような予測がどのように機能しているかを見るために，ある特定の企業の単純化した四半期の株価モデルを見てみよう．ここではケロッグ社の株価を例にする（朝食用のシリアルや他の製品を製造している企業である）．

$$\widehat{PK}_t = -7.80 + 0.0096 DJA_t + 2.68 KEG_t + 16.18 DIV_t + 4.84 BVPS_t \quad (15.5)$$

$$(0.0024) \quad (2.83) \quad (22.7) \quad (1.47)$$

$$t = \quad 3.91 \quad 0.95 \quad 0.71 \quad 3.29$$

$$\overline{R}^2 = 0.95 \quad N = 35 \quad DW = 1.88$$

ここで，

---

[5] 予測精度の異なる７つの測り方の要約については，次の文献を参照．Peter Kennedy, *A Guide to Econometrics* (Malden, MA : Blackwell, 2008), pp. 334-335.

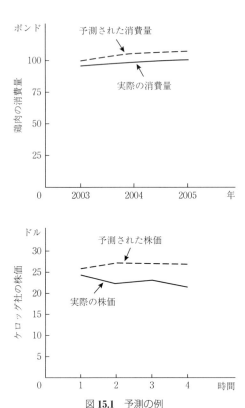

図 15.1 予測の例

鶏肉消費の例では，式の予測誤差の平均は6％付近である．証券価格のモデルに対しては，実際の独立変数の値と標本期間における素晴らしい当てはまりだとしても，正確な予測をすることはできない．

- PK_t ＝ ケロッグ社の第 t 四半期の株価
- DJA_t ＝ 第 t 四半期のダウ平均株価
- KEG_t ＝ ケロッグ社の利益成長（過去5年の年利益のパーセント変化）
- DIV_t ＝ 第 t 四半期のケロッグ社の配当
- $BVPS_t$＝ その期におけるケロッグ社の1株当たり純資産

推定された係数の符号は回帰を実行する前に立てた仮説の符号とすべて一致している．$\overline{R}^2$ は全体的によい当てはまりを示しており，ダービン＝ワトソン d 統計量は系列相関が存在しないという仮説を棄却できないことを示している．KEG と DIV の低い t 値は多重共線性（r＝0.985）によって引き起こされてい

るが，理論的に重要なため両方の変数は式に残している．(15.5)式におけるほとんどの変数が非定常であり，当てはまりをよくしていることも述べておこう．

(15.5)式を使って予測をするために，変数の次の四半期の実際の値を収集して，式の右辺に代入することで次の結果を得た．

四半期	予測	実際	パーセント誤差
1	26.32ドル	24.38ドル	8.0
2	27.37	22.38	22.3
3	27.19	23.00	18.2
4	27.13	21.88	24.0

我々の予測モデルはどうだったのであろう？ 標本期間内では，$\overline{R}^2$が0.95であったにもかかわらず，また，独立変数に実際の値を用いたにもかかわらず，そして標本からたった4四半期だけの予測にもかかわらず，そのモデルは20%くらいの誤差がある．もし我々の予測にもとづいてケロッグ社の株を購入したら，損をしていたであろう！ 株式価格を予測する他の試みも困難に直面するので，これは計量予測に対する合理的な利用ではないように思える．たとえ，予測方程式が素晴らしく当てはまっていたとしても，正確に予測をするには，個々の株価（そして多くの商品）はとても変わりやすく，そしてとても多くの数量化できない事柄に依存しすぎている！ この明らかな矛盾の理由は，過去にうまく機能した方程式が将来に対してうまく機能するかもしれないし，しないかもしれないということである．

15.2 より複雑な予測の問題

前節で生成された予測はとてもシンプルである．しかしながら，実際の予測のほとんどはいくつかのさらなる問題を含んでいる．たとえば

1. *未知のX*：標本の範囲外における独立変数の値を知っていると期待することは非現実的である．たとえば，ある株価を予測するときにダウ平均株価が将来いくらになるかは誰も知らない．そしてケロッグ社の株価を予測する際にはその知識を仮定している．将来の独立変数の値がわからないときに何が起こるであろうか？

2. *系列相関*：系列相関が生じているときは，予測方程式はGLSで推定される．予測方程式がGLSで推定されたときに，予測はどのように調整すべきか？
3. *信頼区間*：これまでのすべての予測は1つの値であった．しかし，そのような1つの値はほとんど正しくはない．実際の値が特定のパーセントでそこに落ちることを信頼できる区間を予測したら，もっと役に立ちそうではないだろうか？　どのようにしたらこのような信頼区間を開発できるか？
4. *同時方程式*：14章でみたように，多くの経済やビジネスの方程式は同時方程式モデルの一部である．従属変数の変化が予測を使うために使っている独立変数の値を次々と変えることを知っているときに，従属変数を予測するために独立変数をどのように使うか？

このような幾つかの問題でさえ，予測が15.1節で示されたものよりも複雑であることを確信させるのに十分である．

条件つき予測（予測期間に対する未知の X の値）

すべての独立変数の値が確実に既知である予測は**無条件予測**（unconditional forecast）とよばれる．しかし，先に述べたように，そのような無条件予測となる状況はまれである．それどころか，1つもしくはそれ以上の独立変数の実際の値が未知である**条件つき予測**（conditional forecast）を行わなければならない．我々は，Xの予測という条件つきでYの予測をしながら従属変数の予測をする方程式を使う前に，独立変数の予測値を得なければならない．正確な条件つき予測の1つの鍵は独立変数の正確な予測である．もし独立変数の予測が不偏であれば，条件つき予測を行った際に従属変数の予測にバイアスを生じさせない．しかしながら，独立変数の完璧な予測以外の予想はいずれも予測誤差を含むので，予測誤差にともなう期待誤差分散は無条件予測にともなうそれよりも大きくなるであろう．よって条件つき予測を用いる際には，不偏かつ最小分散である独立変数の予測値を見つけるようにすべきである．

独立変数のよい予測を得るために，定式化の選択において，潜在的な独立変数の予測可能性を考慮に入れるべきである．たとえば，予測を行う方程式の中に2つの余分な変数から1つを選択する場合，より簡単に正確な予測が行える

変数を選ぶべきである．それが可能なとき，あなたは X を自分自身で予測する必要がなく，誰か（たとえば計量予測を行う企業）によって定期的に予測された独立変数を選ぶべきである．

そもそも独立変数を注意深く選択することは，条件つきの予測が必要な際に，時々，それを回避することの手助けとなる．独立変数が先行指標の関数として表されることができるときにこの機会は生じる．**先行指標**（leading indicator）は従属変数の動きを予期する独立変数である．最もよく知られている先行指標である経済先行指数は毎月作られている．

たとえば，投資における利子率のインパクトは，典型的に利子率が動いてから2もしくは3四半期まで影響を受けない．これを見るために，14.3節の小規模マクロ経済モデルの投資関数を見てみよう．

$$I_t = \beta_0 + \beta_1 Y_t + \beta_2 r_{t-1} + \varepsilon_t \tag{15.6}$$

ここで I は粗投資であり，Y は GDP，そして r は利子率を表している．この方程式では，r の実際の値は I_{T+1} の予測を助けるために使われる．しかしながら，I_{T+2} を予測するためには I_{T+1} が必要になることを述べておく．それゆえ，r のような先行指標は1もしくは2期間のみに対する条件つき予測を回避するために役に立つ．長期の予測では，条件つき予測は通常必要である．

誤差項に系列相関があるもとでの予測

9章より，純粋な一次の系列相関とは現在の誤差項 ε_t は過去の誤差項によって影響を受けることを意味し，自己相関係数は ρ であったことを思い出そう．

$$\varepsilon_t = \rho \varepsilon_{t-1} + u_t$$

ここで u_t は自己相関のない誤差項である．また系列相関が厳しいときは，1つの改善策としては，(9.18)式に書かれている一般化最小二乗法（GLS）を実行することである．

$$Y_t - \rho Y_{t-1} = \beta_0 (1-\rho) + \beta_1 (X_{1t} - \rho X_{1t-1}) + u_t \tag{9.18}$$

残念ながら，GLS を利用して純粋な一次の系列相関を式から取り除くときは

いつでも，その式にともなう予測の手順は少し複雑になる．なぜこれが必要になるかを見るために，もし (9.18)式が推定されたときに，従属変数が次のようになることを見てみよう．

$$Y_t^* = Y_t - \hat{\rho} Y_{t-1} \tag{15.7}$$

もし予測のために GLS 式を用いると，Y_{T+1} というよりもむしろ Y_{T+1}^* の予測をしたことになるであろう．それゆえに，間違った変数の予測となるであろう．ある GLS 式を使って予測がなされたとき，予測を試みる前に (9.18)式は Y_t に関してあらかじめ解かれるべきである．

$$Y_t = \rho Y_{t-1} + \beta_0(1-\rho) + \beta_1(X_t - \rho X_{t-1}) + u_t \tag{15.8}$$

これで，今まで行ったのと同様に (15.8)式を用いて予測をすることができる．もし t に対して（T+1 期を予測するために）T+1 を代入し，さらに係数や ρ と X の推定値を式の右辺に代入すると以下の式を得る．

$$\hat{Y}_T = \hat{\rho} Y_T + \hat{\beta}_0(1-\hat{\rho}) + \hat{\beta}_1(\hat{X}_{T+1} - \hat{\rho} X_T) \tag{15.9}$$

系列相関[6]を修正するために GLS が用いられたときには，(15.9)式を予測のために使われるべきである．

これから誤差項に系列相関があるような予測の例に取り掛かろう．特に 15.1 節の例として使われた鶏肉需要のダービン＝ワトソン統計量は 0.99 であった，そのことは有意な一次の正の系列相関を示している．GLS で鶏肉需要の式を推定した結果として，(9.22)式を得た．

$$\hat{Y}_t = 27.7 - 0.08 PC_t + 0.02 PB_t + 0.24 YD_t \tag{9.22}$$
$$(0.05) \quad (0.02) \quad (0.02)$$
$$t = \quad -1.70 \quad +0.76 \quad +12.06$$
$$\overline{R}^2 = 0.9921 \quad N = 28 \quad \rho = 0.56$$

(9.22)式は GLS で推定されたため，Y は実際には Y_t^* であり，それは $(Y_t - \hat{\rho} Y_{t-1})$ と等しく，PC_T は実際には PC_t^* である．それゆえ (9.22)式を使って予測をするためには，(15.9)式もしくは以下の式に変換しなければならない．

---

[6] もし $\hat{\rho}$ が 0.3 より小さければ，多くの研究者は，(15.9)式の GLS 予測の代わりに彼らの予測として，OLS 予測プラス $\hat{\rho}$ 掛けるラグつき残差を利用することを好む．

$$\hat{Y}_{T+1} = 0.56 Y_T + 27.70(1-0.56) - 0.08(PC_{T+1} - 0.56 PC_T) \qquad (15.10)$$
$$+ 0.02(PB_{T+1} - 0.56 PB_T) + 0.23(YD_{T+1} - 0.56 YD_T)$$

独立変数の実際の値を (15.10) 式へ代入すると,以下の表を得る.

年	予測	実際	パーセント誤差
2003	97.54	95.63	2.0
2004	101.02	98.58	2.5
2005	102.38	100.60	1.8

GLS 予測の MAPE は 2.1% であり,OLS 予測よりもはるかによい.一般的に,系列相関があるもとでは,GLS は通常 OLS の予測パフォーマンスより優れている.

信頼区間の予測

これまで,このテキストで強調したことは点推定(もしくは単一の値)を得ることであった.これは係数の値や予測を推定するときには正しい.しかしながら,点推定値は(係数の推定に対する)異なる標本や異なる独立変数,もしくは(予測のための)係数から得られたそのような推定値の全体の範囲の中の1つであることを思いだそう.予測にはばらつきがあるという考えをもつことができれば,そのような点推定の有効性は改善される.一般的に使われるばらつきの尺度は*信頼区間*(confidence interval)とよばれ,ある一定のパーセントの確率(有意水準とよばれる)で推定された項目の実際の値を含む範囲として上巻5.2節で定義されている.これは,予測を行う人に対して,標本分布が存在することの警告として最も簡単な方法である.

あなたは,街で行われる独立記念日の花火大会のためにホットドッグを何個注文すればよいか決めようとしており,最良の点予測は24,000個のホットドッグを売ることであると仮定しよう.あなたはホットドッグをいくら注文すべきか? もしあなたが24,000個注文したら,ほとんどいつも足りなくなりそうである.通常,点予測は販売見込み数の分布の平均の推定値だからである.あなたは24,000個未満と同じくらいの頻度で,24,000個より多くを売るだろう.ホットドッグの販売数が95%確率で落ちる区間である信頼区間を知っているならば,いくらホットドッグを注文するかを決めるのは簡単である.それは

24,000個のホットドッグ予測の有用性が，信頼区間に依存して劇的に変化するからである．22,000から26,000までの区間は，ありそうな販売数であることをはっきりさせ，しかし4,000から44,000の区間は，事実上，何をするかについてあなたを暗闇に置き去りにするであろう．

いくらホットドッグを注文するかの決定は間違った注文数を抱えたときの費用に依存するであろう．それらの費用はホットドッグ当たりの販売数に対して過剰推定した場合と過小推定した場合とでは異なる．たとえば，あなたが十分な量を注文していなかったとすると，あなたはホットドッグの小売価格からソーセージ（そしてパン）の卸売価格を引いた額を失うであろう．なぜならば，他のコスト，従業員を雇ったり，ホットドッグを売るための店などの費用は本質的には固定されているからである．一方，あなたが多く注文した場合は，ソーセージとパンの卸売価格から売れ残ったパンなどで回収ができる価格を引いた分だけ失うであろう．結果的に，正しい注文数はあなたの利益幅と総費用概念における回収不能な投入物の重要性に依存する．

仮説検定で使った同様のテクニックが信頼区間を構築するために適用できる．ある点予測 $\hat{Y}_{T+1}$ が与えられると，その予測付近の信頼区間を作るために必要なのは，t_c すなわち t 分布の臨界値（望んでいる有意水準に対する）と S_F，つまり予測値の標準誤差である．

$$信頼区間 = \hat{Y}_{T+1} \pm S_F t_c \qquad (15.11)$$

もしくは，同様に

$$\hat{Y}_{T+1} - S_F t_c \leq Y_{T+1} \leq \hat{Y}_{T+1} + S_F t_c \qquad (15.12)$$

臨界値 t_c は巻末統計表1（自由度 $T-K-1$ の両側検定によるものである）で見つけることができる．1つの独立変数の方程式に対する予測の標準誤差 S_F は予測誤差分散の平方根と同じである．

$$S_F = \sqrt{s^2 \left[1 + 1/T + (\hat{X}_{T+1} - \overline{X})^2 \Big/ \sum_{t=1}^{T}(X_t - \overline{X})^2 \right]} \qquad (15.13)$$

ここで，

s^2 = 誤差項の推定された分散
T = 標本数
$\hat{X}_{T+1}$ = 単一の独立変数の予測値

第15章 予測について 243

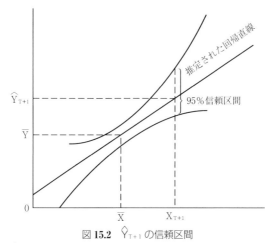

図 15.2 $\hat{Y}_{T+1}$ の信頼区間

$\hat{Y}_{T+1}$ の95％信頼区間は実際の Y_{T+1} が95％の確率で落ちる値の範囲を含んでいる．信頼区間は X_{T+1} が標本内の平均 $\overline{X}$ から離れるにつれて広くなることに注意しなさい．

$$\overline{X} = 観測された X の標本平均 ^{(7)}$$

である．

予測誤差分散は標本がより大きくなると，標本内で X がより変動すると，$\overline{X}$ がその標本平均により近くなると，減少することを (15.13)式は示している．1つの重要な含意は，Y を予測するために使う X が標本平均から離れれば離れるほど，$\hat{Y}$ の信頼区間は広くなっていくということである．これは図 **15.2** で見ることができる．信頼区間は実際に $\hat{X}_{T+1}$ が $\overline{X}$ から離れるにつれて広くなっている．標本範囲外の予測はよく行われることなので，研究者はこの現象に気づくべきである．また，(15.13)式は無条件予測であることに注意したい．もし $\hat{X}_{T+1}$ にいかなる予測誤差でもあれば，信頼区間はより大きくなり，計算するのがより複雑になる．

先に述べたように，(15.13)式は1つの独立変数であることを仮定している．そして，1つより多い変数が使われた式でも同様であるが，より複雑になる．

---

(7) (15.13)式は，Y_t が標本期間内であろうが標本期間外であろうが有効である．しかし，個々の Y_t の点予測しか適用できない．もし Y の期待値 $E(Y_t)$ の信頼区間を望んでいるならば，修正された式は次の通りである．

$$S_F = \sqrt{s^2\left[1/T + (\hat{X}_{T+1} - \overline{X})^2 / \sum (X_t - \overline{X})^2\right]}$$

体重／身長当ての例に戻って予測における信頼区間の構築の例を見てみよう．特に，(15.1)式（便利なため繰り返し用いた）で計算された6フィート1インチに対する予測の95％信頼区間を作ってみよう．

体重の予測値＝103.4＋6.38・(13インチ：6フィート1インチ−5フィート) (15.1)

103.4＋82.9 もしくは186.3ポンドである．この予測の95％信頼区間を計算するために，(15.13)式を (15.11)式に代入すると以下の式を得る．

$$186.3 \pm \left(\sqrt{s^2 \left[1 + 1/T + (\hat{X}_{T+1} - \overline{X})^2 \Big/ \sum_{t=1}^{T}(X_t - \overline{X})^2 \right]} \right) t_c \quad (15.14)$$

そして (15.14)式に実際の数値を代入する．この例に対するデータセットから，$T=20$，X の平均が 10.35，X の平均偏差の2乗の合計が 92.50，そして $s^2=65.05$ であることがわかる．巻末統計表1から，自由度18の両側検定のt値の5％臨界点は2.101である．$\hat{X}=13$ という情報とこれらを組み合わせると，以下の結果を得る．

$$186.3 \pm \left(\sqrt{65.05 \left[(1+1/20) + (13.0-10.35)^2/92.50 \right]} \right) t_c \quad (15.15)$$

$$186.3 \pm 8.558(2.101) = 186.3 \pm 18.0 \quad (15.16)$$

別の言い方をすれば，6フィート1インチの大学生男子に対する95％信頼区間は 168.3 から204.3ポンドということになる．

同時方程式システムでの予測

14章で学んだように，実際にはほとんどの経済やビジネスモデルは本来同時的である．たとえば，15.2節で使われた投資方程式は14章における同時マクロモデルの一部として 2SLS で推定された．GDP は投資方程式の独立変数の1つなので，投資が上昇したときに，GDP は単一方程式で予測をした際にとらえることができないフィードバック効果を引き起こしながら上昇するであろう．同時方程式モデルではどのように予測はなされるべきであろうか？ システム内のどこかの方程式の右辺にラグつきの内生変数があるかどうかで，その問いに答える2つの方法がある．

もしシステムの中にラグつきの内生変数がないとき，特定の内生変数に対する誘導型の式を予測に使うことができる．なぜなら，それは予測される内生変数に対して同時方程式の解を表しているからである．誘導型の式はシステム内

の先決変数という観点で完全に表されている内生変数なので，どのような
フィードバックや同時性インパクトなしで内生変数の予測を可能にする．この
結果は，なぜ研究者が供給側と需要側の先決変数が兼ね備えているように思え
る単一方程式で，潜在的な同時独立変数を予測するかを説明している．実際に
は彼らは予測をするために修正された誘導型の式を使っている．

　もしシステムの中にラグつきの内生変数があるとき，そのときはラグつきの
内生変数によって引き起こされる動的な相互作用を考慮した上で作り変えなけ
ればならない．単純なモデルでは，ときどき誘導型の式に現れるラグつきの内
生変数に代入することで行われる．しかしながら，もしそのような操作が難し
いのであれば，シミュレーション分析とよばれるテクニックを使うことができ
る．シミュレーション (Simulation) は，誘導型の式に現れるすべての内生変
数を予測するために誘導型式を使うことによって，最初の事後標本期間につい
ての予測をともなう．しかしながら，2番目の事後標本期間の予測は，1期間
のラグがあるいかなる内生変数についてもラグの値として最後の期間からの内
生変数の*予測値*を使い，一方，2期もしくはそれ以上の期間のラグがある内生
変数については標本値を使い続ける．この過程は，前の期間からの予測値をラ
グつきの内生変数のデータとして使う誘導型の式の予測がすべて終わるまで続
く．そのような動的な分析はこの章の範囲を超えているが，同時方程式システ
ムで予測を考えるときには覚えておくことは重要である[8]．

15.3　ARIMA モデル

　これまでの2つの節の予測テクニックは，よく知っている回帰モデルの応
用である．我々は，独立変数の適当な値を推定された式に代入し，Y の予測
された値を計算しながら，従属変数を予測するために回帰方程式を使う．これ
は独立変数（そして他の推定された係数）に従属変数の予測の基礎を置いてい
る．

　ARIMA（この名前についてはすぐに説明される）は，予測の際に独立変数
を完全に無視する予測テクニックであり，ますます人気になりつつある．

---

[8]　この話題に対するさらなる情報は，Robert S. Pindyck and Daniel L. Rubinfeld, *Econometric Models and Economic Forecasts*（New York: McGraw-Hill, 1998）の第12～第14章を参照．

ARIMA は従属変数の現在と過去の値を使って,しばしばその変数の正確な短期予測を生み出すとても洗練された曲線当てはめ装置 (curve-fitting device) である.そのような予測の例は,株価の過去の動きに完全にもとづくブローカー分析者(チャーチストとかテクニカル分析者ともよばれる)によって作られた証券市場の価格予測である.

独立変数を無視する予測テクニックは,いずれも本質的には,分析中の変数は繰り返しのパターンがあるという仮説以外,すべての潜在的背景にある理論を無視する.これまで,推定を行う前に方程式の理論的な土台を啓発する利点を強調してきたにもかかわらず,なぜ ARIMA を擁護するのであろうか?この答えは以下の通りである.予測の対象となる従属変数に関して,ほとんどもしくはまったく情報がない場合,実際に重要であるとわかっている独立変数を効果的に予測できない,もしくは,必要なすべての予測が1期間もしくは2期間であるとき,ARIMA の利用は適切である.このような場合,ARIMA は,理論的に満足を与える回帰式よりも優れた短期予測をできる能力がある.さらに,ARIMA はときどき現存する回帰式(特に削除された変数や他の問題)からの誤差項のよりよい説明を与えることができる.他の状況では,ARIMA の利用は勧められない.ここでの ARIMA 入門は意識的に簡略化している.このトピックのより完全な対象範囲は,他の多くの情報源[9]から得ることができる.

ARIMA のアプローチは2つの異なる定式化(*過程* (processes) とよばれる)を1つの方程式へ結合することである.最初の定式化は*自己回帰* (autoregressive) 過程であり(ARMA の AR 部分),第2の定式化は*移動平均* (moving average) である(MA 部分).

自己回帰過程 (autoregressive process) は,従属変数 Y_t を従属変数の過去の値の関数として表している.これは9章の誤差項の系列相関の関数と同様であり,12章の動的モデルとも同じである.もし Y の p 期のラグの値をもつならば,その方程式はしばしば「p 次」の自己回帰過程とよばれる.

移動平均過程 (moving average process) は,誤差項の過去の値の関数として,従属変数 Y_t を表している.そのような関数は Y の過去の値の移動平均を得るための過去の誤差項の観測値の移動平均であり,Y の平均につけ加えること

---

[9] たとえば,Robert S. Pindyck and Daniel L. Rubinfeld, *Econometric Models and Economic Forecasts* (New York: McGraw-Hill, 1998) の第15〜第19章を参照.

ができる．もし ε が過去 q 期の値をもつならば，それを「q 次」の移動平均過程とよぶ．

ARIMA モデルを作るために，独立変数がない計量方程式（$Y_t=\beta_0+\varepsilon_t$）から始め，それに自己回帰と移動平均過程をつけ加える．

$$Y_t=\beta_0+\overbrace{\theta_1 Y_{t-1}+\theta_2 Y_{t-2}+\cdots+\theta_p Y_{t-p}}^{\text{自己回帰過程}}+\varepsilon_t \\ +\underbrace{\phi_1\varepsilon_{t-1}+\phi_2\varepsilon_{t-2}+\cdots+\phi_q\varepsilon_{t-q}}_{\text{移動平均過程}} \quad (15.17)$$

ここで，θ や φ はそれぞれ自己回帰過程と移動平均過程の係数であり，p と q はそれぞれ Y と ε の利用された過去の値の数を表している．

しかしながら，この方程式を時系列分析に適用する前に，その時系列は 12.4 節で定義されているような*定常*（stationary）であることが保証されなければならない．もし系列が非定常であれば，ARIMA を適用する前に定常時系列に変換するステップを行わなければならない．たとえばある非定常な系列は，しばしば方程式の変数の 1 階の階差をとることによって定常な系列に変換できる．

$$Y_t^*=\Delta Y_t=Y_t-Y_{t-1} \quad (15.18)$$

もし 1 階の階差を計算しただけで系列が定常系列にならないときは，この 1 階の階差系列に対してさらに 1 階の階差を計算する[10]．そのように計算されて出てきた系列は 2 階の階差変換となる．

$$Y_t^{**}=(\Delta Y_t^*)=Y_t^*-Y_{t-1}^*=\Delta Y_t-\Delta Y_{t-1} \quad (15.19)$$

一般的に，系列が定常になるまで連続的に階差を計算する．ある系列が定常になるまで計算された階差の数は d という文字によって表される．たとえば，GDP は毎年，かなり一貫している量で増大していると仮定しよう．GDP の時系列プロットは非定常系列を描くが，しかし，GDP の 1 階の階差系列はしっかりした定常系列を描くであろう．そのようなケースでは，1 階の階差が非定常系列から定常系列への変換に必要であったので，d は 1 と等しくなる．

---

[10] 絶対量よりもパーセントでの増加に対する変数に関しては，1 階の階差をとる前に対数を計算することが有意義である．

(15.17)式の従属変数は，定常でなければならない．そのためその式における Y は問題になっている変数によっては Y, Y* もしく Y** となるかもしれない[11]．Y* や Y** の予測を行うには，それを使う前に Y へ戻す変換をしなければならない．たとえば，d=1 ならば

$$\widehat{Y}_{T+1} = Y_T + \widehat{Y}^*_{T+1} \tag{15.20}$$

この変換過程は数学の積分と同じである．よって ARIMA の「I」は「積分された」を表している．ゆえに ARIMA は*自己回帰*（AutoRegressive）*積分された*（Integrated）*移動平均*（Moving Average）を表している（もし原系列が定常で，それゆえ d が 0 と等しいのであれば，これは短く ARMA という）．

略記として，特定化された p, d, q の ARIMA モデルを ARIMA（p, d, q）と書き，p, d, q の特定の選ばれた整数を入れる．ARIMA (2, 1, 1) は 2 つの自己回帰過程の項があり，1 階の階差をとって，1 つの移動平均があるモデルを示している．

$$\text{ARIMA}(2,1,1): Y^*_t = \beta_0 + \theta_1 Y^*_{t-1} + \theta_2 Y^*_{t-2} + \varepsilon_t + \phi_1 \varepsilon_{t-1} \tag{15.21}$$

ここで $Y^*_{t-1} = Y_t - Y_{t-1}$ である．

p と q の本当に小さな値で豊富な動きをモデル化できることは特筆すべきことである．

15.4 まとめと練習問題

1. 予測とは，標本のデータセットの一部でない観測値に対する従属変数の期待値の推定である．予測される独立変数に対して方程式を推定することによって（回帰を通じて）生成され，そしてそれぞれの独立変数（予測された観測値に対して）の値を方程式に代入することによって予測は行われる．

---

[11] もし (15.17)式の Y が Y* なら，β_0 は原系列の線形トレンドの係数を表している．そして Y が Y** なら，原系列の 2 階差分のトレンドを表している．そのような場合，たとえば，(15.21)式では，モデルの中に β_0 が必ずしもいつも必要というわけではない．

2. 予測方程式に対する標本範囲内での素晴らしい当てはまりは，その方程式が標本範囲外でよい予測をすることを保証しない．

3. すべての独立変数の値が確実に既知であるもとでの予測は無条件予測とよばれる．しかし，1つもしくはそれ以上の独立変数を予測しなければならないとき，それは条件つき予測とよばれる．条件つき予測はYの予測（Xの予測が不偏である限り）バイアスを生じさせない．しかし，予測誤差分散の増加は条件つき予測では避けることができない．

4. もし方程式の係数が（一次の系列相関を修正するために）GLSで推定されれば，予測方程式は以下のようになる．

$$\widehat{Y}_{T+1} = \widehat{\rho} Y_T + \widehat{\beta}_0 (1-\widehat{\rho}) + \widehat{\beta}_1 (\widehat{X}_{T+1} - \widehat{\rho} X_T)$$

ここでρは自己相関係数である．

5. 与えられたパーセントの確率（有意水準）で独立変数の実際の値が落ちる範囲である信頼区間をともなったとき，予測はしばしばより役に立つ．

$$\widehat{Y}_{T+1} = \pm S_F t_c$$

ここで，S_Fは予測の推定された標準誤差であり，t_cは望んでいる信頼水準に対するt分布の両側の臨界値である．

6. ARIMAはその変数の正確な短期予測をしばしば生み出す従属変数（そして唯一の従属変数）の現在と過去の値を使うとても洗練された曲線当てはめ装置である．ARIMAを使う際の第一段階は，平均と分散をもつような変数に変換されるまで，d回差分を計算して，定常な従属変数を作ることである．ARIMA (p, d, q) は，d回差分計算された従属変数を説明するために，p次の自己回帰（$\theta_1 Y_{t-1}$の項）とq次の移動平均過程（$\phi_1 \varepsilon_{t-1}$）を組み合わせたものである．

練習問題

以下の無条件予測を計算しなさい．

a．新しいウッディーズ・レストランのために，3つの将来可能性のある用地における期待される小切手量と上巻3章の (3.5)式と下記のデータがあり，もし新店舗が1つしか建てることができないとき，この3つの用地の中でどこに建設するか？（他の条件は同じである）

用地	競合店舗数	人口	所得
Richburg	6	58,000	38,000
Nowheresville	1	14,000	27,000
Slick City	9	190,000	15,000

b．8章の (8.23)式と下記のデータを用いて，1971年から1974年までのアメリカにおける1人当たりの魚の消費量を予測しなさい．

年	鮮魚価格	牛肉価格	1人当たり実質可処分所得
1971	130.2	116.7	2679
1972	141.9	129.2	2767
1973	162.8	161.1	2934
1974	187.7	164.1	2871

第16章　実験データとパネルデータ

> **16.1** 経済学における実験的手法
> **16.2** パネルデータ
> **16.3** 固定効果 vs. 変量効果
> **16.4** まとめと練習問題

　この章は，実験データ分析とパネルデータ分析の簡単な入門である[1]．第1節は経済学における実験的手法の説明に当てられる[2]．実験的アプローチにもとづけば，回帰分析が因果性の証拠を立証できる可能性が拓ける．その理由から，実験的アプローチは重要である．

　いま，特定の政策（増税や価格の引き下げなど）が1つのグループに対し施行され，制御グループには施行されなかったとしよう．もし両グループ間の行動に実質的な差が見られれば，それは当該政策が差異を引き起こしたという証拠となる．このような実験は，いくつかの研究分野，たとえば米国食品医薬品局による新薬の安全性と効果のテストでは，すでに標準的手法になっている．

　この章の残りの部分では，パネルデータが焦点となる．11章で言及したように，パネルデータは，クロスセクションと時系列のデータセットを1つのデー

---

[1] この章の初稿は，Lafayette University の Susan Averett 教授によって書かれた．
[2] よい言い回しとは言えないが，実験経済学というすでに存在する分野との混同を避けるために，実験的手法というフレーズを使う．実験経済学者は，実際に，人間を被験者とする実験室での実験を行う．現実世界でのインセンティブ（多くは金銭）を与えることにより，実験経済学者は供給と需要の均衡を再現し，経済理論をテストし，そして観測困難な市場における現象を研究する．実験経済学についてより詳しくは，次の文献を参照．Daniel Friedman and Allesandra Cassar, *An Introduction to Experimental Economics* (London: Routledge, 2004). また，経済学の実験的手法の詳細は，次の文献を参照．James Stock and Mark Watson, *Introductory Econometrics* (Boston: Addison-Wesley, 2007), pp. 468-521.

タセットに結合することで形成される．研究者の中にはサンプル数を増やすためにパネルデータを用いる者もいるが，パネルデータを使って分析することの主な目的は，時系列データだけ，またはクロスセクション・データだけでは答えることのできない分析上の問いに対して洞察を与えることである．

16.1 経済学における実験的手法

よい統計学者なら誰でも，相関は必ずしも因果を意味しないことを知っている．しかし経済政策の有効性や，ビジネスの実践の収益性，非営利のプログラムの価値を評価しようとするならば，因果性を理解することは重要である．この問題を解決しようとして，一部の計量経済学者たちは，医学や心理学から実験のテクニックを取り入れてきた．実験的手法は，経済学の分野での因果性の証拠を立証することができるだろうか？

無作為割り当て実験

医学分野の研究者たちが新薬の効果を検証したいとき，彼らは無作為割り当てとよばれる実験デザインを用いる．医療の研究はほぼ毎週ニュースで取り上げられるので，あなたは無作為割り当て実験をよく知っているかもしれない．この実験は，一般的に次のように進められる．まず被験者サンプルが選択または募集され，次いで彼らは無作為に2つのグループのうちいずれか——すなわち*制御群*（control group）か，または*処置群*（treatment group）——に割り振られる．処置群には検証の対象となる薬品が与えられ，制御群には害も効果もない偽薬（プラシーボ）が与えられる．経済学でも，類似の実験が可能である．たとえば，職業訓練プログラムが賃金にインパクトを与えるかどうかを検証するために，処置群には訓練を受けさせ，制御群は訓練を受けさせない，という具合である．処置群と制御群が無作為に選ばれるなら，そのような実験は**無作為割り当て実験**（random assignment experiments）とよばれる．

研究者の中には，因果性を立証する上で，無作為割り当ての手法を金科玉条のごとく考えている人たちがいるが，その理由を理解するのはさほど難しいことではない．制御群と処置群の間の結果（outcome）のいかなる差も因果的である．すなわち，結果の差は処置によって引き起こされ，単なる処置との相関ではない．無作為化はこの点を確実にする上で役立つ手法である．

処置群と制御群の間に観測される差異の唯一の*系統的*（systematic）な理由は処置にある．被験者の両グループへの無作為割り当ては，この点を保証する上で十分なものでなければならない．それ以外の差異は，無作為割り当ての偶然の産物である．たとえば，無作為割り当ての結果，一方のグループはもう一方のグループよりも男性が多い，あるいは被験者の1人が研究対象の薬品や病理と無関係な理由で死ぬ，といったことがあるかもしれない．合理的により分けられたサンプルを使えば，そのようなランダムな変動は相殺され，一方が処置を受けもう一方は受けないという点を除き，両グループは，平均的に同じになるはずである．サンプルが大きいほど，ランダムな変動はより相殺されやすくなるだろう．

処置以外で結果に影響しうる要因は誤差項に押しやられ，その結果回帰式は

$$\text{OUTCOME}_i = \beta_0 + \beta_1 \text{TREATMENT}_i + \varepsilon_i \tag{16.1}$$

ただし，

OUTCOME$_i$ ＝i番目の個人の望ましい結果の尺度
TREATMENT$_i$＝個人が処置群にいれば1，制御群にいれば0をとるダミー変数

β_1は，処置群の平均結果と制御群の平均結果の差を測るので，しばしば*差分推定量*（difference estimator）とよばれる．もし推定されたβ_1の値が理論通りの符号で実質的にゼロと異なるならば，結果の期待される方向への変化を処置が引き起こした，という証拠を立証したことになる．

しかしながら，無作為割り当ては，必ずしも処置の有無以外の可能性のあるすべての要因をコントロールできるわけではないが，中にはそうした要因の一部を識別し，回帰式に入れることが可能な場合もある．職業訓練の例で，無作為割り当てにより偶然，一方のグループが他方よりも男性が多く，やや年齢も高くなったとしよう．もし性別と年齢が賃金の決定で重要ならば，性別と年齢を回帰式にいれることで，両グループの構成の相違をコントロールできる．

$$\text{OUTCOME}_i = \beta_0 + \beta_1 \text{TREATMENT}_i + \beta_2 X_{1i} + \beta_3 X_{2i} + \varepsilon_i \tag{16.2}$$

ここで，X_1は個人の性別ダミー，X_2は年齢である．

もし重要な追加的要因が観測可能ならば，(16.1)式ではなく (16.2) 式を使うことが推奨される．β_1 の推定値が結局どちらの式でも同様ならば，(16.2)式の選択は重要ではない．しかしながら，推定値が異なるならば，無作為割り当てが，処置以外の要因を処置群・制御群に均等に振り分けることに失敗した証拠と言える．この場合，これら要因を ((16.2)式のように) 式に含めることで，処置に起因する差異のよりよい推定量を得ることになるだろう．

残念ながら，経済学では，無作為割り当て実験はそれほど一般的でない．それは，経済学の無作為割り当て実験が，医療の実験では起こりえないような問題にさらされているからである．たとえば，

1. *非無作為標本*．医療実験では，被験者の処置群・制御群への割り当てをコントロールできる．しかし経済学の実験では，被験者はボランティアであり，ボランティアの標本は，しばしばランダムでない．まず，誰もが進んでボランティアになるわけではない．また，一部の潜在的な被験者は，処置群に入れるなら喜んで参加するが，制御群にはなりたがらない．別の被験者たちは実験中に気が変わり，実験から脱落する．ボランティアの標本の属性が必ずしも母集団を代表しないことは，驚くに値しない．たとえば，学生の成績に対する金銭的インセンティブは，実際に学生の試験の点数を上げることができるか否かを研究したいとしよう．この実験に進んで参加する教授・学生は，母集団全体を代表しないかもしれない．その結果，その研究で得た結論を，すべての人に当てはめることはできないだろう．

2. *観測できない個体差*．(16.2)式では，除外変数バイアスを回避するため，観測可能な要因が追加された．しかし経済学で除外要因がすべて観測できるわけではない．「観測できない除外変数」の問題は，*観測できない個体差*（Unobservable heterogeneity）とよばれる．

3. *ホーソン効果*．人間である被験者は，通常，彼らが観察されていることを認識し，さらに自分自身が処置群と制御群のどちらにいるのかも知っている．被験者自身が観測下にあることを認識するという事実は，ときに彼らの行動を変化させ，この行動上の変化は，実験の結果に明白な影

響を及ぼしうる．例として，ウエスタン・エレクトリック・カンパニーのホーソン・ワークス工場の労働者は，以前に特別な部屋に配置されたことがある．この部屋は，制御された環境下で，労働者の生産性を研究者たちが分析できるようになっていた．ある研究では，部屋の明かりが落とされた環境下にあっても，労働者たちはより勤勉に働くように見えた．なぜなら，より勤勉に働くかどうか観察されていることを労働者たちが知っていたからである！　観察されていることを認識することにより，人々の行動が変化する事実は，現在では，*ホーソン効果*（Hawthorne Effect）とよばれている．

4. *不可能な実験*．経済学ではしばしば，無作為割り当て実験を実行すること自体が不可能（あるいは非倫理的）である．結婚が賃金に与えるインパクトを分析するために，無作為割り当て実験を使うことがいかに困難かを考えてみよう．学歴や就業経験をコントロールしたとしても，平均的に，既婚男性は独身男性よりも所得が高い．残念なことに，観測できない個体差を生む多くの原因が存在する．たとえば，女性は，高い将来所得を得ると判断される男性と結婚する可能性が高い．無作為割り当て実験は，こうした問題を除去するかもしれないが，そのような実験が必然的に何をともなうかを考えてみよう．ある男性には結婚を，また別の男性には独身で留まるよう命じなければならないのである！　もはや明らかであるが，この実験は，経済学におけるその他の無作為割り当て実験と同様，単純に言って実行不可能なのである．

自然実験

経済学で無作為割り当て実験が必ずしも実行可能ではないとすれば，代替策として何がよいだろうか？　1つのアプローチは，自然実験によるデータを使用し，因果性に関する問題を明らかにすることである．**自然実験**（natural experiment）（または擬似実験）は，分析者による無作為割り当ての代わりに，観測個体が（外生的なイベントにより）「自然に」処置群と制御群に割り振られる点を除けば，無作為割り当て実験と同様である．このアプローチでは，あたかも無作為割り当て実験での処置であるかのように扱うことのできる，自然なイベントや政策の変更を見つけることが必要となる．自然イベントが外生的（たとえば，両グループ

ともにそれを制御することができない)である限り，自然実験は，無作為割り当て実験の模倣に非常に近づくことができる．したがってキーポイントは，無作為割り当て実験を模倣する自然発生的なイベントを見つけることである．

たとえば，ニュージャージー州は1992年に最低賃金を大幅に引き上げたが，ペンシルバニア州は最低賃金改定をしなかった．これにより，一部の経済学者は，ニュージャージーのファーストフード店(および労働者に最低賃金を支払ったその他業種)の雇用の減少を予想した．カルド(David Card)とクルーガー(Alan Krueger)は，その著名な研究において，ニュージャージー(「処置群」)のファーストフード店と，隣接するペンシルバニア(「制御群」)の同様の店を比較し，最低賃金の上昇が雇用を減少させる証拠がないことを示した[3]．彼らの研究は自然実験である！

厳密な自然実験のアプローチは，処置変数および観測可能で回帰式に入れることのできるその他要因を除き，系統的な違いのない等価な「処置群」と「制御群」を見つけることを要求しているようである．しかしながら，経済学では，処置群と制御群は，処置を施す前の時点で，結果で測って異なる水準にある可能性が高い．加えて，観測不可能な個体差やランダムでないサンプルは，グループ間の異なった結果の値をもたらすことになろう．処置の開始時点で同等の水準の結果でないのならば，処置後の結果の比較は，処置のインパクトの正しい計測をもたらさないだろう．これがなぜ問題なのか理解するために，職業訓練の所得(結果)に与えるインパクトの問題を考えてみよう．さらに，処置を施す前の時点で，処置群は平均で年間30,000ドル，制御群は29,000ドル稼いでいるとする．職業訓練という処置を施した後に，処置群の所得が1,000ドルだけ制御群より高かったということになれば，これはこの処置(職業訓練)が所得に対し正の因果効果をもつという説得的な証拠となるだろうか？　もちろんならない！

この問題に対処するため，自然実験を行う経済学者は，処置群と制御群の結果の水準の比較を行わない．その代わり，彼らは結果の変化を比較する．このアプローチに従い，我々は処置によって生じた処置群の変化を，制御群における変化と比較する．結果として変化の差，すなわち，「差分の差分」は，自然実験における処置が結果に与えるインパクトを測ることになる．

---

[3] David Card and Alan Krueger, "Minimum Wages and Employment: A Case Study of the Fast-food Industry in New Jersey and Pennsylvania," *American Economic Review*, Vol. 84, No. 4, pp. 772-793.

回帰式で表すと，そのような自然実験における適切な従属変数は，(16.2)式で用いたような結果の水準ではなく，結果の差分（変化分）である．(16.2)式に調整を施すことにより，次式を得る．

$$\Delta OUTCOME_i = \beta_0 + \beta_1 TREATMENT_i + \beta_2 X_{1i} + \beta_3 X_{2i} + \varepsilon_i \quad (16.3)$$

ここで $\Delta OUTCOME_i$ は，i番目の観測の処置後の結果から，処置前の結果を引くことで定義される．β_1 のOLS推定量は，差分の**差分推定量**（difference-in-differences estimator）とよばれ，X_1 と X_2 を一定としたもとでの，処置群と制御群の変化の差を測る．β_1 の推定値が期待通りの方向性で有意にゼロと異なれば，処置が変化を引き起こした証拠を得たことになる．

差分の差分推定量は本質的に，制御群の変化を，もし処置群において処置がなされなければ起きたであろう変化の尺度として利用する．したがって，このアプローチの正当性は，もし処置がなければ処置群と制御群の変化は同じであるという仮定に依存する．

しかしながら，注意しよう．従属変数は (16.2)式から (16.3)式で変更されているので，独立変数とその係数の解釈も変更されるべきである．いまや β_2 は，（他の独立変数を一定として）X_1 の1単位の増加が結果の変化に与える効果を測っているのであり，結果の水準への効果ではない．この点を踏まえて，(16.3)式の独立変数は，従属変数が差分である点を考慮して選ばれるべきである．

最後のコメント．自然実験を遂行する際は，適切な「事前」と「事後」の時間の流れをよく考えることが肝要である．制御群と処置群のデータは，政策変更（処置）が起こる十分前の時点から取り，当該政策変更の予測が与える影響を含まないようにしなければならない．たとえば，もし郵便局が，将来，切手の価格を引き上げることをアナウンスしたら，多くの人々はお金を節約するため，価格引き上げが実施される直前の，1〜2日前に郵送をするだろう．結果として，価格引き上げの直前に集められたデータは，真の「事前」の数量を過大評価することになる．同様に「事後」のデータは，政策の変化に適応する猶予を個人と企業に与えるために，政策変更から十分に時間をとって収集されるべきである．

自然実験の一例

自然実験の例を見てみよう．石油精製とガソリン小売における世界で最も大

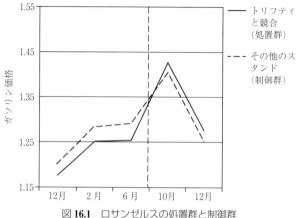

図 16.1　ロサンゼルスの処置群と制御群
処置群のガソリン価格は，買収の前は制御群より低く，買収以降は制御群より高い．

きな会社の1つである ARCO は，1997年に，南カリフォルニアにおける独立系ガソリンスタンドチェーンの最大手，トリフティ・オイル・カンパニーを買収した[4]．経済学者と消費者は，この買収が競争を減退させ，したがって ARCO が価格を吊り上げるのではないかと危惧した．

このトピックは，よい自然実験となる素地をもっている．なぜならば，ガソリンスタンドを，処置群（買収前は互いに競合していたガソリンスタンド）と制御群（買収前は競合などしていなかったガソリンスタンド）に区分することができるからである．買収のガソリン価格に与えるインパクトを測るため，ある研究者は，処置群と制御群について，買収前と買収後の価格差を比較した．

処置群は，半径1マイル以内でトリフティと競争していた ARCO のガソリンスタンドからなり，制御群は直接トリフティと競争状態になかった ARCO ガソリンスタンドで構成された．データはスタンドごとに収集され，買収前の価格がその後の価格と比較された．

買収前，処置群の価格は，平均2から3セントほど制御群より安かった．これは，ARCO のスタンドが近隣にあるトリフティのスタンドと競争しなければならないことを考えれば，納得のいく結果である．しかしながら，買収後，

---

(4) この例は，次の文献による．Justine Hastings, "Vertical Relationships and Competition in Retail Gasoline Markets: Empirical Evidence from Contract Changes in Southern California," *American Economic Review*, March 2004, pp. 317-328.

処置群の価格は2～3セントほど制御群より高くなったのである！

　ロサンゼルスの結果を示した図 **16.1** を見てもらいたい．この図で見られるように，処置群の価格は買収前には制御群より低く，買収以降は制御群より高い．本質的に，トリフティと競争していた ARCO のスタンドの価格は，買収後急激に上昇した．

　ここまでの結果は，買収がガソリン価格競争を弱めた証拠となるだろうか？図 **16.1** を別の角度から眺め，2つの線の傾きを比較してみよう．処置群・制御群の価格のトレンドは，買収時点以外の期間ではほとんど平行である．こうした結果は，独立系の競争相手がいなくなったことが市場価格を4～6セントほど上昇させたという暫定的な証拠を示唆するものである[5]．

16.2　パネルデータ

　もう1度，前節の ARCO ガソリン価格の例のデータを考えよう．これは時系列データだろうか？　それともクロスセクション・データだろうか？　このデータセットは5つの異なる月のガソリン価格を含むため，時系列の要素をもつ．しかしながら，このデータセットはまた，各月の何百ものガソリンスタンドの価格を含むため，明らかにクロスセクションの要素ももつ．時系列とクロスセクションの次元をもつので，このデータは時系列でもクロスセクションでもない．パネルデータセットである！

パネルデータとは何か？

　パネル（または*縦断的*，longitudinal）データは，非常に特殊な様式で，時系列とクロスセクション・データを結合する．**パネルデータ**（panel data）は，同一の変数について，同じクロスセクション標本の，2時点かそれ以上の異なる時点における観測を含む．たとえば，あなたが，200人の学生に卒業時に調査を行い，5年後，同じ質問項目を同じ学生に尋ねたならば，パネルデータを構築したことになる．

　時系列データとクロスセクション・データを組み合わせたデータならどのよ

---

[5]　前述の p.323 参照．Hastings 教授は2期間ではなく5期間のデータを得たので，彼女は回帰式を本章の差分の差分法で推定しなかった．彼女は代わりに，16.2節の固定効果モデルによる手法を使った．

うなデータも，パネルデータの定義を満たすわけではない．とりわけ，異なる変数が異なる時点で観測されたり，異なる時点で異なる標本からデータがとられたりすると，それらはパネルデータとみなされない[6]．

いくつかのパネルデータセットは，大規模な，長期間にわたる縦断的調査によって作成されている．その一例が1979年の青年全国縦断調査（National Longitudinal Survey of Youth, NLSY）である．NLSYは労働統計局を通じて利用可能で，1979年に14歳から22歳だった12,686名の男女のサンプル群を追跡調査している．彼ら・彼女らは，1979年から1994年までは毎年，それ以降は1年おきに調査を受けている[7]．多くの個人についてこれほど長きにわたって収集されたパネルデータが，労働力に関する非常に豊富な情報を与えてくれることは言うまでもない．これ以外の有名な長期調査として，米国所得動態パネル調査（U. S. Panel Study of Income Dynamics, PSID），英国家計パネルデータ調査（British Household Panel Data Survey），そして，カナダ国立公衆衛生調査（Canadian National Public Health Survey）がある．

なぜパネルデータを使うのか？ 先に述べたように，パネルデータはたしかにサンプル数を増やすだろう．しかし，それだけではない．パネルデータのもう1つの利点は，時系列のみ，あるいはクロスセクションのみのデータでは答えることのできない分析上の問題を考察できることである[8]．たとえば，パネルデータによって分析者は，同一個人が毎年失業状態にあるのか，それとも年ごとに異なる個人が失業状態に陥るのかを明らかにすることができる．こうしたパネルデータによる検証は，政策当局が失業を減らすことを目標とするプログラムを立案する際に役立つ[9]．パネルデータの最後のメリットは，クロスセ

---

(6) 代わりに，そのようなデータセットは「時点を通じてプールされたクロスセクション」とよばれる．たとえば，あなたが2009年に卒業する200人の学生に対し調査を行い，その結果を2004年の卒業生の結果と結合したような場合がそれである．ここで結合されたデータは，異なる時点で標本が変わっているので，パネルデータではない．プールされたクロスセクション・データによる回帰式は，前節の差分の差分推定量の一種で推定できる．より詳しくは，次の文献を参照．Jeff Wooldridge, *Introductory Econometrics* (Mason, OH: South-Western, 2009), pp. 445-455.

(7) http://www.bls.gov/nls/nlsy79.htm.

(8) パネルデータの利点に関するより詳細な議論は，次の文献を参照．Badi H. Baltagi, *Econometric Analysis of Panel Data* (Chichester, UK: John Wiley & Sons, 2008), pp. 6-11.

(9) Peter Kennedy, *A Guide to Econometrics* (Malden, MA: Blackwell, 2008), p. 282.

クションの研究でバイアスを引き起こし得る除外変数の問題を回避することができる点である．我々はすぐに，このトピックに立ち戻ることになる．

　パネルデータを扱う際，我々は4種類の変数のタイプに直面する．第1のタイプとして，性別や民族，人種のように，個人間で異なるが時間を通じて変化しない変数がある．第2のタイプに，小売物価や国の失業率など，時間を通じて変化するが同一時点の個人間で同一の変数がある．第3のタイプに，所得や婚姻状態のように，時間・個人で異なる変数もある．第4のタイプは，個人の年齢のように，完全に予測が可能な方向で変化するトレンド変数である．

　パネルデータを使って回帰式を推定するには，データが正しい順序で並んでいることが決定的に重要である．EViewsやStataのような回帰分析用のパッケージでは，各観測値がどの時点のどのクロスセクションに属するのかを認識できなければならない．そのためにはデータの並び方が重要である．通常，パネルデータは，1番目のクロスセクションの個体に関する全期間のデータからスタートし，次いで，2番目のクロスセクションの個体に関する全期間のデータが並ぶ．さらに，3番目のクロスセクション個体の全期間のデータが続く．このフォーマットは，比較的横に狭く縦に長いデータファイルとなるため，通常，「ロングフォーム（long form）」とよばれる．しかしながら，必ずしもすべてのコンピュータプログラムがロングフォームを採用するわけではない．したがってあなたのデータの並び方が回帰プログラムの要求する形式と合致するかどうか確かめることが重要である．

　例として，50州，2時点を含むパネルデータが，ロングフォームに従うとどのように並べられるかを見てみよう．データの1行目は最初の州の1年目，データの2行目は最初の州の2年目である．ここまでは順調である！　しかしながら，データの3行目は第2の州の1年目，4行目は第2の州の2年目と続く．表16.1は，ロングフォームの州レベルのパネルデータの完成例である．

　最後に，パネルデータの利用は，記号の若干の拡張を要する．過去に我々は，添え字iをクロスセクション・データの観測番号として使っており，したがってY_iはi番目の観測のYを指す．同様に我々は，添え字tを時系列データの観測番号に当て，Y_tはt時点目の観測のYを指す．しかしパネルデータでは，変数はクロスセクションと時系列の要素をもつので，我々は両方の添え字を使うことになろう．結果としてY_{it}は，i番目のクロスセクションのt時点目におけるYを指す．この記号の拡張は，説明変数と誤差項にも適用される．

固定効果モデル

パネルデータの回帰式は,どのように推定できるだろうか? たくさんの代替的な手法が存在する中で[10],多くの分析者に使われているのが固定効果モデルである. **固定効果モデル**(fixed effects model)とは,各クロスセクションの個体が,異なる切片をもつ回帰式を推定する手法である.

$$Y_{it}=\beta_0+\beta_1 X_{it}+\beta_2 D2_i+\cdots+\beta_N DN_i+v_{it} \qquad (16.4)$$

ここで$D2_i$は,2番目のクロスセクション個体であれば1,そうでなければ0をとる切片ダミー,またDN_iは,N番目のクロスセクション個体であれば1,そうでなければ0をとる切片ダミーである.パネルデータで予想される通り,Y,X,vは2つの添え字をもつ.(16.4)式には独立変数はXだけしかないが,複数の独立変数をもつように容易に拡張できる.

ここで我々は,各クロスセクション個体の切片が異なることを許容している.βは個体間で同一なので,基本的に我々は,N本の平行な回帰直線を得る.ある個体の異なる時点の観測値は,その個体に固有のベースラインの水準のまわりを変動する.

固定効果モデルの1つの大きなメリットは,(人種や性別のように)時間を通じて変化しない変数を除外することで生じるバイアスを回避することができる点である.そのような時間を通じて不変な除外変数はしばしば,観測できない個体差,または固定効果とよばれる.固定効果モデルによっていかにバイアスが回避されるかを理解するために,(16.4)式で2年間のデータしかないケースを見てみよう.

$$Y_{it}=\beta_0+\beta_1 X_{it}+\beta_2 D2_i+v_{it} \qquad (16.5)$$

いま,しばし誤差項v_{it}について考える.時間で変化しない除外変数が,(16.5)式に存在するとしよう.このとき,これら除外変数の観測できない効果は誤差項に押し込まれ,v_{it}は2つの要素,すなわち古典的な誤差項(ε_{it})と,時間による変化のない除外変数の観測不可能な効果(a_i)で構成されると考えることができる.

---

[10] そのうちの1つ,*変量効果モデル*(random effects model)は,16.3節で非常に簡単に紹介される.

$$v_{it} = \varepsilon_{it} + a_i \qquad (16.6)$$

(多くのパネルデータ変数と誤差項がそうであるように) v と ε には2つの添え字がついているが，a_i にはクロスセクションの添え字のみである．これは，a_i が時間で変動しない変数 (人種や性別など) の関数であるためである．(16.6)式を (16.5)式に代入することで，次式を得る．

$$Y_{it} = \beta_0 + \beta_1 X_{it} + \beta_2 D2_i + \varepsilon_{it} + a_i \qquad (16.7)$$

固定効果モデルにおいて，どうすれば (16.7)式から a_i を排除できるだろうか？ キーポイントは，変数の各観測値が，その*平均値* (average) とどれだけ異なるかに着目することである．各観測値 i について，(16.7)式の時間を通じた平均をとることから始めれば，

$$\overline{Y}_i = \beta_0 + \beta_1 \overline{X}_i + \beta_2 D2_i + \overline{\varepsilon}_i + a_i \qquad (16.8)$$

ただし変数の上についているバーは，その変数の時間に関する平均を指す．a_i，$\beta_2 D2_i$，そして β_0 は，時間を通じて一定なので，バーがついていないことに気をつけよう．

(16.7)式から (16.8)式を差し引けば，次の通り．

$$Y_{it} - \overline{Y}_i = \beta_1(X_{it} - \overline{X}_i) + \varepsilon_{it} - \overline{\varepsilon}_i \qquad (16.9)$$

(16.9)式を，別の角度から眺めてみよう．両式で同一な a_i，$\beta_2 D2_i$，β_0 は，除されて消えている．かくして，パネルデータによる固定効果モデルの推定は，たしかに a_i を式から消し去り，これにより時間で変化しない除外変数に起因するバイアスが起こらないことが示された！

記号 θ で「平均値除去変数」(ある変数自身から，その変数の平均値を差し引いた変数) を示し，さらに (16.9)式に β_0 を加えて古典的仮定 II を満たすようにすることで，我々は次式を得る[11]．

$$\theta Y_{it} = \beta_0 + \beta_1 \theta X_{it} + \theta \varepsilon_{it} \qquad (16.10)$$

---

[11] 必ずしもすべての統計パッケージが自動的に β_0 を加えるわけではないが，Stata と EViews は自動的に加える．これら以外のソフトを使う研究者は，定数項が加えられるかどうかチェックすべきである．

ただし，

$$\theta Y_{it} = \text{平均が除去された } Y = Y_{it} - \overline{Y}_i$$
$$\theta X_{it} = \text{平均が除去された } X = X_{it} - \overline{X}_i$$
$$\theta \varepsilon_{it} = \text{平均が除去された } \varepsilon_i = \varepsilon_{it} - \overline{\varepsilon}_i$$

　固定効果モデルは，(16.10)式に OLS を適用すれば推定できるのだが，実際の運用では多くの研究者が(16.4)式を使う．このショートカット法で，回帰分析を行う前に平均の除去を行う手間を省くことができる．これら2つのアプローチは，数学的に同値の結果を生み出す．(16.4)式でパネルデータの回帰モデルを推定する研究者は，彼らの研究レポートにすべての切片ダミー（固定効果）の推定値を載せない傾向にある．

　固定効果モデルには，いくつかの欠点がある．時間平均の除去のため，1つのクロスセクションの観測当たり自由度が1失われ，これにより固定効果モデルの自由度は小さくなりがちである．それに加えて，ある個体の時間で変化しない重要な説明変数はみな固定効果と完全に多重共線性の関係となるので，我々はこれら変数をモデルに入れることも，係数を推定することもできない．しかしながら，これらの欠点は，固定効果モデルの利点と比べれば小さいものである．ゆえに本書の読者は，パネルデータで推定を行う際はいつでも，固定効果モデルを積極的に使ってみることだ．

固定効果推定の例

　固定効果モデルの簡単な応用例を確認しよう．あなたは死刑と殺人発生率の関係に興味があり，50州の殺人発生率のデータを集めたとする．

　年間の殺人発生率を，過去3年間で死刑が執行された殺人犯の関数として，クロスセクションのモデル（図 **16.2**）を推定したならば，次の結果となる．

$$\widehat{\text{MURDER}}_i = 6.20 + 0.90 \text{EXECUTIONS}_i \tag{16.11}$$
$$(0.22)$$
$$t = \quad 4.09$$
$$N = 50(\text{states in } 1990) \quad \overline{R}^2 = 0.24$$

ここで，

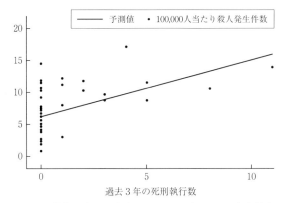

図 16.2 単年のクロスセクション・モデルでは，殺人発生率が死刑執行とともに増えるように見える．

1990年のクロスセクション・モデルでは，殺人率が死刑執行数とともに増えるように見えるが，これは除外変数バイアスのせいであろう．

$MURDER_i=$ i 番目の州の1990年における，100,000人当たり殺人発生件数
$EXECUTIONS_i=$ i 番目の州の1987-89年における，死刑執行数

1990年のクロスセクション・モデルでは，死刑執行数とともに殺人発生率が増えるように見えるが，これはおそらく除外変数バイアスのせいであろう．この結果は，死刑が執行されるほど，殺人が増えることを意味する！　このような結果は，完全に我々の予想に反するものである．悪いことに，この結果は偶然ではない．別の年，1993年のクロスセクション・データを集め1時点の回帰モデルを推定すると，また正の傾きが得られる．

しかし，2つのクロスセクション・データセットを組み合わせ，表 **16.1** のパネルデータセットを作成することで，(16.10)式の「平均除去」形式に従った固定効果モデルを推定することができる．

$$\widehat{\theta MURDER}_{it}=7.15+0.35D93-0.10\theta EXECUTIONS_{it} \quad (16.12)$$
$$\phantom{\widehat{\theta MURDER}_{it}=7.15+}(0.16)(0.04)$$
$$t=2.23-2.38$$
$$N=50(\text{states in 1990})\quad \bar{R}^2=0.15$$

ただし，

表 16.1 殺人の例のデータ

OBS	STATE	YEAR	MRDRTE	EXEC	D93
1	AL	90	11.6	5	0
2	AL	93	11.6	2	1
3	AK	90	7.5	0	0
4	AK	93	9	0	1
5	AZ	90	7.7	0	0
6	AZ	93	8.6	3	1
7	AR	90	10.3	2	0
8	AR	93	10.2	2	1
9	CA	90	11.9	0	0
10	CA	93	13.1	2	1
11	CO	90	4.2	0	0
12	CO	93	5.8	0	1
13	CT	90	5.1	0	0
14	CT	93	6.3	0	1
15	DE	90	5	0	0
16	DE	93	5	0	1
17	DC	90	77.8	0	0
18	DC	93	78.5	0	1
19	FL	90	10.7	8	0
20	FL	93	8.9	7	1
21	GA	90	11.8	2	0
22	GA	93	11.4	3	1
23	HI	90	4	0	0
24	HI	93	3.8	0	1
25	ID	90	2.7	0	0
26	ID	93	2.9	0	1
27	IL	90	10.3	0	0
28	IL	93	11.4	0	1
29	IN	90	6.2	0	0
30	IN	93	7.5	0	1
31	IA	90	1.9	0	0
32	IA	93	2.3	0	1
33	KS	90	4	0	0
34	KS	93	6.4	0	1
35	KY	90	7.2	0	0
36	KY	93	6.6	0	1
37	LA	90	17.2	4	0
38	LA	93	20.3	2	1
39	ME	90	2.4	0	0
40	ME	93	1.6	0	1
41	MD	90	11.5	0	0
42	MD	93	12.7	0	1
43	MA	90	4	0	0
44	MA	93	3.9	0	1
45	MI	90	10.4	0	0
46	MI	93	9.8	0	1
47	MN	90	2.7	0	0
48	MN	93	3.4	0	1
49	MS	90	12.2	1	0
50	MS	93	13.5	0	1
51	MO	90	8.8	5	0
52	MO	93	11.3	6	1
53	MT	90	4.9	0	0
54	MT	93	3	0	1

OBS	STATE	YEAR	MRDRTE	EXEC	D93
55	NE	90	2.7	0	0
56	NE	93	3.9	0	1
57	NV	90	9.7	3	0
58	NV	93	10.4	0	1
59	NH	90	1.9	0	0
60	NH	93	2	0	1
61	NJ	90	5.6	0	0
62	NJ	93	5.3	0	1
63	NM	90	9.2	0	0
64	NM	93	8	0	1
65	NY	90	14.5	0	0
66	NY	93	13.3	0	1
67	NC	90	10.7	0	0
68	NC	93	11.3	2	1
69	ND	90	0.8	0	0
70	ND	93	1.7	0	1
71	OH	90	6.1	0	0
72	OH	93	6	0	1
73	OK	90	8	1	0
74	OK	93	8.4	2	1
75	OR	90	3.8	0	0
76	OR	93	4.6	0	1
77	PA	90	6.7	0	0
78	PA	93	6.8	0	1
79	RI	90	4.8	0	0
80	RI	93	3.9	0	1
81	SC	90	11.2	1	0
82	SC	93	10.3	1	1
83	SD	90	2	0	0
84	SD	93	3.4	0	1
85	TN	90	10.5	0	0
86	TN	93	10.2	0	1
87	TX	90	14.1	11	0
88	TX	93	11.9	34	1
89	UT	90	3	1	0
90	UT	93	3.1	1	1
91	VT	90	2.3	0	0
92	VT	93	3.6	0	1
93	VA	90	8.8	3	0
94	VA	93	8.3	11	1
95	WA	90	4.9	0	0
96	WA	93	5.2	1	1
97	WV	90	5.7	0	0
98	WV	93	6.9	0	1
99	WI	90	4.6	0	0
100	WI	93	4.4	0	1
101	WY	90	4.9	0	0
102	WY	93	3.4	1	1

出所：U. S. Department of Justice, FBI Annual, www.deathpenaltyinfo.org/execution
(Datafile=MURDER16)

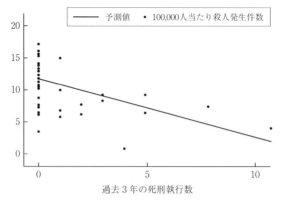

図16.3 パネルデータモデルでは，殺人率が死刑執行とともに減る

1990年と1993年のパネルデータで固定効果モデルを推定すると，予想通り，殺人率が死刑執行数とともに減る．

θMURDER$_{it}$ = i 番目の州の第 t 年における，「平均除去」された100,000人当たり殺人発生件数

θEXECUTIONS$_{it}$ = i 番目の州の第 t 年より過去3年の，「平均除去」された死刑執行数

(16.12)式と図 **16.3** にみられるように，1990年と1993年のパネルデータによる固定効果モデルの推定では，殺人発生率と死刑執行数の間に統計的に有意に負の傾きが得られた[12]．この例は，観測不可能な個体属性による除外変数バイアスが，いかにしてパネルデータと固定効果モデルにより弱められるかを示している．

(16.12)式に，年固定効果の D93 が含まれる点に注意しよう．年固定効果は，所与の年の国全体の死刑執行水準を変える，どのようなインパクトをもとらえる．たとえば，最高裁があるタイプの死刑執行の方法に対し執行の猶予を宣言したとしよう．すると我々は，そのタイプの死刑執行の方法を用いている州では，当該年での殺人発生率と死刑執行の関係とは無関係な理由で，死刑執行の

---

[12] この例はパネルデータの価値と，固定効果モデルをパネルデータに適用する方法を示すために，努めて簡略化がなされている．したがってこの結果から死刑の効果に関するいかなる推測もされるべきではない．正しい定式化は，確実に多くの説明変数を要する．加えて，この標本では，テキサス州が係数の決定に非常に大きな役割をはたしている．1987年から1993年の間，テキサス州以外の多くの州において死刑が禁止されたことが理由の1つとして考えられる．

減少を見ることになろう[13].

ここでの例で我々は2時点のみを使ったが，固定効果モデルはより多くの時点に拡張できる．固定効果推定は，多くの計量ソフトウェアで標準的な統計ルーチンとなっており，とりわけ分析者にとって使いやすい．前述の例では，定数項が示されている点に注意してもらいたい．固定効果モデルの推定のために，あなたがどのソフトウェアを使うかによって，定数項の推定値が出力されることもされないこともある．

16.3 固定効果 vs. 変量効果

固定効果モデルはパネルデータの推定でうまく働き，また，観測できない個人属性による除外変数バイアスを回避するのに役立つ．ゆえに，固定効果モデルは本書の読者に対し最も推奨されるパネルデータの推定法である．

しかしながら，パネルデータに関する文献を読んでみると，多くの経験豊かな研究者たちが，変量効果とよばれる上級のパネルデータ分析法を使っていることに気づくだろう．我々は，初学者が変量効果モデルを使うことを勧めないものの，このモデルに関し一般的な理解をもつことは重要であると考える．

変量効果モデル

固定効果モデルに代わるモデルとして，変量効果モデルがある．固定効果モデルが，各クロスセクション個体が固有の切片をもつ，という仮定にもとづくのに対し，**変量効果モデル**（random effects model）は，各クロスセクション個体の切片は，平均的な切片のまわりを中心とする確率分布から抽出される，と仮定する．したがって各切片は，ある「切片分布」からの無作為抽出であり，それゆえいかなる観測の誤差項とも独立である．

変量効果モデルは，固定効果モデルと比べいくつかの明確なメリットがある．特に，変量効果モデルは固定効果モデルよりもはるかに多くの自由度をもつ．それは，実質的に各クロスセクション個体の定数項を推定する代わりに，変量効果では切片の分布を描写するパラメータを推定するだけで済むからである．もう1つの好ましい性質は，（人種や性別のように）時間で変化しない変数の係数を推

---

[13] Doug Steigerwald に感謝を述べる．

定できる点である．しかし，もし我々の目的が除外変数バイアスの回避であれば，変量モデルのa_iが説明変数Xと独立であるという仮定は，大きな欠点となる．

固定効果と変量効果の選択

固定効果の変量効果のどちらを使うべきかを，どのようにして決めればよいだろうか？ 1つのキーポイントは，a_iとXの関係に関する性質である．もしそれらが相関していると思われるならば，固定効果モデルを使うのが理にかなっている．固定効果モデルは，a_iを除去するとともに，潜在的な除外変数バイアスを回避できるからである[14]．

多くの分析者はハウスマン検定（Hausman test）を使う．ハウスマン検定は，本書のレベルをはるかに超えるが，a_iとXの相関があるかどうかを見るものである．基本的にこの手法は，固定効果モデルのもとでの回帰係数と，変量効果モデルの回帰係数が，統計的に有意に異なるか否かを検定する[15]．もし両者が異なれば，たとえそれがより多くの自由度を要するとしても，固定効果モデルが選択される．互いの係数がそれほど異ならなければ，（自由度を節約するため）変量効果を使うか，あるいは固定効果と変量効果双方の推定値を与えるかのどちらかである．

16.4 まとめと練習問題

1. 無作為割り当て実験は，処置から結果への因果効果を立証する場合には，最適なアプローチであると考えられる．無作為に選ばれた処置群に処置が与えられ，制御群には与えられない．そして両グループの間で結果が有意に異なるかどうか，テストされる．残念ながら，経済学の多くの分野では，そのような実験は実行不可能である．

2. 処置の無作為割り当てを模倣するような自然発生のイベント（または政

---

[14] 固定効果と変量効果の選択に関する優れた説明が，次の文献にある．Peter Kennedy, *A Guide to Econometrics* (Malden, MA: Blackwell, 2008), pp. 284-292.

[15] ハウスマン検定の使い方の例として，次の論文を参照．E. DiCioccio and P. Wunnava, "Working and Educated Women: Culprits of a European Kinder-Crisis," *Eastern Economic Journal*, April 2008, pp. 213-222.

策の変更）が見つかるならば，自然実験により，経済学における因果性の証拠を与えることができる．あるイベントにおいて，処置群の平均結果が制御群の平均結果を上回っていれば，その処置が結果に対する因果効果をもつという証拠となる．

3. 自然実験からのデータによる回帰式は，処置群の変化と制御群の変化を比較する，差分の差分モデルで推定できる．

4. パネルデータ（長期データともよばれる）は，同一変数に関する，同一個体の異なる時点の観測値を含めることで，時系列データとクロスセクション・データを結合する．パネルデータはしばしば，巨大な，複数年にわたる社会調査プロジェクトで作成され，計量分析のための豊富な材料を与える．

5. パネルデータの回帰式は，固定効果モデルや，より高度なテクニックである変量効果モデルで推定できる．

練習問題

イーストンの町は，10年前，その町の高卒者がより高い賃金が得られるよう，教育に関する年間支出を増加させることを決定した．いまあなたは，イーストン町よりこの支出増加の有効性を評価するよう依頼されているものとしよう．彼らのデータによれば，支出増加の前には，直近の高卒者の平均給与は25,000ドルだったが，それが現在では平均給与は28,000ドルに上昇した．あなたの分析にとって幸いなことに，近隣地域（アレンタウン）は年間教育支出を変更しなかった．10年前，アレンタウンの直近の高卒者は平均22,500ドル稼ぎ，いまその平均は23,750ドルである．

 a．差分の差分推定を使い，イーストンの支出増加が高卒者の賃金上昇を引き起こしたかどうかを判定しなさい．
 b．あなたの推定値が正当なものであるためには，どのような仮定が必要だろうか？　その仮定が成り立たなくなる要因はいかなるものか？
 c．このデータセットには，たった2つの観測値しかない．仮にbの前

提条件が満たされるとしても，この 2 つの観測値による結論に対しどれだけの信頼が置けるだろうか？

練習問題解答

第8章

a.

	EMP_i	$UNITS_i$	$LANG_i$	EXP_i
H_0	$\beta_1 \leq 0$	$\beta_2 \leq 0$	$\beta_3 \leq 0$	$\beta_4 \leq 0$
H_A	$\beta_1 > 0$	$\beta_2 > 0$	$\beta_3 > 0$	$\beta_4 > 0$
	$t_{EM} = -0.098$	$t_U = 2.39$	$t_L = 2.08$	$t_{EX} = 4.97$
	$t_c = 1.725$	$t_c = 1.725$	$t_c = 1.725$	$t_c = 1.725$

最後の3つの係数については，帰無仮説 H_0 を棄却することができる．なぜなら，いずれの係数のt値も絶対値で臨界値 $t_C = 1.725$ を超えている．符号も対立仮説 H_A の符号を満たしている．しかし，EMP_i については，帰無仮説 H_0 を棄却することはできない．なぜなら，係数は符号条件を満たしておらず，係数のt値も絶対値で臨界値 $t_C = 1.725$ を下回っている．

b. 関数型は左辺の片対数（半対数）である（片対数 lnY）．左辺の片対数は，給与を従属変数とする方程式にとって適正な関数型である．なぜなら，経験年数のような独立変数は1単位ごとに増えるが，従属変数の給与はしばしばパーセントの単位で増えるからである．

c. 除外変数バイアスがあるとすれば，EMPの係数を低下させるバイアスが考えられる．EMPとEXPは余分な変数である．EMPとEXPは多重共線性を引き起こす可能性がある（なぜなら，要するに，それらは同じものを測定しているからである）．

d. EMPとEXPは余分であるというcの解答を支持するものである．

e. この小学区は教員年数に対して評価を与えないということであれば，EXPを省くことは意味のあることだろう．しかし，そうでなければ，一般的に教員年数EXPは特定の学区での勤続年数EMPを含むので，EMPを省いた方がよい．

f. *理論*：EMPは明らかに給与に理論的に強い影響を与える．しかし，EMPとEXPの2つは余分であり，1つだけでよい．

*t*検定：EMP の推定係数は符号条件を満足せず，t 値も有意ではない．

$\bar{R}^2$：方程式の全般的な当てはまり（自由度修正済決定係数）は，変数 EMP を方程式から省くと改善する．

バイアス：練習問題は t 値だけを与えているが，さかのぼって標準誤差 $SE(\hat{\beta})$ を計算することができる．計算すれば，EXP の係数は，EMP を方程式から省いたときの標準誤差以上に変化する．これはたしかに余分な変数が回帰方程式から省かれる場合に生ずると予想されるものである．すなわち，EXP の係数は EXP，EMP 双方の変数の効果を取り込んだ値となる．

定式化基準の 2 つは EMP を回帰方程式に残すことを支持する．しかし，現実には，4 つの基準を総合すると，EXP，EMP は余分で，EMP は取り除かれるべきであるとの結論を支持する．結果として，(8.22)式の方が(8.21)式よりも優れているといえる．

第9章

a.

	Y_t	PB_t	PRP_t	D_t
H_0	$\beta_1 \leq 0$	$\beta_2 \geq 0$	$\beta_3 \leq 0$	$\beta_4 \geq 0$
H_A	$\beta_1 > 0$	$\beta_2 < 0$	$\beta_3 > 0$	$\beta_4 < 0$
	$t_Y = 6.6$	$t_{PB} = -2.6$	$t_{PRP} = 2.7$	$t_D = -3.17$
	$t_c = 1.714$	$t_c = 1.714$	$t_c = 1.714$	$t_c = 1.714$

t 値が期待した符号条件を満たし，絶対値で臨界値 1.714（自由度が 23 で，片側 5 ％の t 値の臨界値）より大きいので，4 つすべての係数は帰無仮説を棄却することができる．

b. 5 ％の有意水準で，片側検定，N=28，K=4 であるから，臨界値 d_L=1.10 は，d_U=1.75 である．d=0.94<1.10 なので，正の系列相関がないという帰無仮説は棄却される．

c. 正の系列相関があるので，GLS 推定が示唆される．

d. 経済的に意味のある係数推定値を保っている一方，強い正の系列相関を方程式から取り除いたので，GLS 推定が望ましい．2 つの方程式の従属変数が異なることに注意せよ．当てはまりの改善はよりよい方程式の証拠ではない．

第10章

a．P が従属変数のときよりも，CV が従属変数のときの方が不均一分散となりやすい．理由は，集計された薬消費量は，薬の価格よりも国によって大きく変化するだろうからである．

b．パーク検定：$t_{PARK}=2.14>t_c=2.042$．したがって，均一分散の帰無仮説が棄却される．ホワイト検定：$NR^2=28.62>$ 臨界カイ二乗値 16.92．したがって均一分散の帰無仮説が棄却される．この場合，自由度は，N，P，IPC，それらの二乗，そうして交差項の 9 となり，16.92 はそのときの臨界値である．

c．N の HC 標準誤差は 0.107，P のそれは 0.127，そうして IPC のそれは 10.61 である．

d．
$$\widehat{\ln CV_i} = -8.21 + 1.11\ln N_i + 1.46\ln P_i + 0.88 IPC_i$$
$$\qquad\qquad\quad (0.14)\quad\ (0.44)\quad\ (0.48)$$
$$t=\qquad\quad 7.94\qquad 3.30\qquad 1.82$$
$$N=32\qquad \overline{R}^2=0.71$$

e．
$$\widehat{CVN_i} = 10.89 + 1.17 GDPN_i - 0.36 P_i - 1.95 IPC_i$$
$$\qquad\qquad\ (0.13)\qquad\ (0.11)\ \ (5.52)$$
$$t=\qquad\quad 9.22\qquad -3.23\ -0.35$$
$$N=32\qquad \overline{R}^2=0.80$$

ここで，CVN＝CV/N，そして GDPN＝GDP/N．

f．最も経験のある計量経済学者は不均一分散を扱うとき，HC 標疑似型誤差を使うので，最も明らかな回答は，この方法を選ぶことである．しかし，再定義による方法は，期待されない符号条件の有意性を期待された符号条件の有意性へと変えることができる（これは，IPC の係数が有意でなくなるという費用を払うことになる）．

g．古典的仮定Ⅴはこの章の中心となる議論であるが，この状況では，古典的仮定Ⅲも満たされないかもしれないことを心配すべきである．P が CV の関数で，かつ CV が P の関数であるとき，同時体系となり，誤差項はもはや独立変数と独立とはならない．これに関しては，14章を参照のこと．

第12章

a. 両対数型の場合であっても,(12.3)式のような動学モデルであるという事実は変化しない.その結果,YとMはほとんど確実に分布ラグによって関係している.動学モデルから繰り返し代入を実行すれば,分布ラグモデル

$$\widehat{\ln M_t} = 2 + (0.6) \times 2 + (0.6)^2 \times 2 + \cdots + (0.6)^p \times 2$$
$$+ (-0.1)\ln R_t + 0.6(-0.1)\ln R_{t-1} + (0.6)^2(-0.1)\ln R_{t-2} + \cdots + (0.6)^p(-0.1)\ln R_{t-p}$$
$$+ 0.7\ln Y_t + (0.6)(0.7)\ln Y_{t-1} + (0.6)^2(0.7)\ln Y_{t-2} + \cdots + (0.6)^p(0.7)\ln Y_{t-p} + (0.6)^p \ln M_{t-p}$$

を得る.今期の実質 GDP の 1 %変化が貨幣量を0.7%変化させ,前期の実質 GDP の 1 %変化が貨幣量を 0.6×0.7=0.42% 変化させる.

b. M との関係において,Y と R の両方が,時間を通じて同一の分布ラグパターンをもっている.それは,0.60 の λ が Y と R の両方に適用されるからである.今期の長期金利の 1 %上昇が貨幣量を0.1%減少させ,前期の長期金利の 1 %上昇が貨幣量を 0.6×0.1=0.06% 減少させる.実質 GDP の変化も長期金利の変化も,今期から遡っていけば,係数は 0.6 の p 乗数倍されていき,同一のパターンで減衰していく.

c. 動学モデルにおいて系列相関は常に心配事である.多くの学生は,1.80 のダービン=ワトソン(DWd)統計量を見て,この式には正の系列相関はないと結論づけるであろう.しかし,ラグつき従属変数がある場合,DWd 統計量は 2 へと偏る.理想的には,ラグランジュ乗数系列相関検定を使いたい.しかし,それを実行するデータをもち合わせていない.本書の範囲を超えるが,ダービンの h 検定が,式の中に実際に系列相関が存在することを示す.より詳しくは,Robert Raynor, "Testing for Serial Correlation in the Presence of Lagged Dependent Variables," *The Review of Economics and Statostocs*, Vol. 75, No. 4, pp. 716-721. を参照せよ.

第13章

a. WN:女性が認識される形の避妊を用いてきたことに対するオッズの対数値は,ME を一定として,さらに子供を望まない女性はそうでない女性より 2.03 高い.

ME:女性に知られている避妊法の数の 1 単位の増加は,WN を一定とし

て，彼女が認識されている形で避妊をしてきたオッズの対数値を 1.45 増加させる．
　　LPM：もしモデルが線形確率モデルであれば，それぞれの個々の傾き係数は，他の独立変数を一定として，i 番目の女性が避妊を認識される形で行ってきた確率に対する，独立変数の 1 単位の増加の効果を示しているだろう．
b．満たしている．しかし，我々は $\hat{\beta}_{ME}$ が $\hat{\beta}_{WN}$ より有意であることを期待する．
c．前から言ってきたように，β_0 は実質的に理論的な重要性をもたない．上巻7.1節を参照こと．
d．我々は多くの潜在的に適切である変数の 1 つを加える．たとえば，i 番目の女性の教育水準，i 番目の女性が農村地域に住んでいるかどうか，などなど．

第14章

a．GDP の上にあるハット記号は，二段階最小二乗法（2SLS）が使われたことを示唆する．誘導型方程式は，投資と政府支出の関数として GDP で実行された．誘導型から推定された GDP は，GDP の代理（操作変数）の役割を果たすため，貨幣供給式の右辺に現れる GDP の代わりとなる．
b．2SLS 式は，理論的な観点から，かなり整合的である．ほとんどの経済学者は，GDP が貨幣供給に影響を与え，貨幣供給はまた GDP に影響を与えていることに合意している．これは，選択のモデルとなっている同時モデルにつながる．
c．OLS 式は，バイアスのある係数をもつ傾向にあるが，2SLS モデルもまた小標本で潜在的なバイアスに直面する．OLS モデルにおけるバイアスは正になりやすいが，2SLS モデルにおけるバイアスは，負になりやすい（絶対値でより小さい）．
d．広範囲で 2SLS が好ましい．その理由は，理論的に説得力があり，予想されるバイアスが小さいためである．
e．たしかに，この場合，2SLS と OLS 推定値が視覚的に同一だが，理論的かつ計量経済学的観点から 2SLS が好ましい．

第15章

a. 177,276；132,863；107,287；Nowheresville
b. 15.13；15.56；16.35；17.11．

第16章

a.
$$\Delta \text{OUTCOME}_{\text{Easton}} = 28{,}500 - 25{,}000 = 3{,}500$$
$$\Delta \text{OUTCOME}_{\text{Allentown}} = 23{,}750 - 22{,}500 = 1{,}250$$

b. この推定が正当であるためには，処置群と制御群で，仮に処置がなかったときの結果の変化が同一である，という仮定を要する．しかしながら，処置が施される前に，平均所得の差が2,500ドルもあるので，両グループにはさまざまな違いがありそうである．

c. 仮にｂの仮定が満たされるとしても，我々の結論の解釈には注意を要する．たった２つの観測値しかないデータはあまりにも少なく，偶然ではない正確な結果を導くとは考えにくい．

巻末統計表

以下の統計表は，主に仮説検定で使われる各種統計量の臨界値が示されている．各統計量の主要な応用が説明され，かつ例証される．以下がその表である．

統計表 1　t 分布の臨界値

統計表 2　F 統計量の臨界値：5％有意水準

統計表 3　F 統計量の臨界値：1％有意水準

統計表 4　ダービン＝ワトソン検定統計量の臨界値 d_L と d_U：
　　　　　　5％有意水準

統計表 5　ダービン＝ワトソン検定統計量の臨界値 d_L と d_U：
　　　　　　2.5％有意水準

統計表 6　ダービン＝ワトソン検定統計量の臨界値 d_L と d_U：
　　　　　　1％有意水準

統計表 7　正規分布

統計表 8　カイ二乗分布

統計表1：t分布

　t分布は，回帰分析で推定された傾き係数（たとえば，$\hat{\beta}_K$）が仮説の値（たとえば，β_{H_0}）と有意に異なるかどうかを検定するために使われる．t統計量は以下で計算される．

$$t_k = (\hat{\beta}_k - \beta_{H_0})/SE(\hat{\beta}_k)$$

ここで$\hat{\beta}_K$は推定された傾き係数であり，$SE(\hat{\beta}_K)$は$\hat{\beta}_K$の標準誤差である．片側検定のためには，次の仮説が置かれる．

$$H_0 : \beta_K \leq \beta_{H_0}$$
$$H_A : \beta_K > \beta_{H_0}$$

計算されたt値は，臨界t値t_cと比較される．臨界値は，統計表1から以下のようにして見つける．表の各列には片側検定（通常は5％）に必要な有意水準が，各行には自由度（$N-K-1$）が表示されている．ここで，Nは観察数，Kは独立変数の数である．もし$|t_k|>t_c$で，t_Kが対立仮説により示されている符号ならば，帰無仮説H_0を棄却し，そうでなければ棄却しない．多くの計量経済学の応用例では，β_{H_0}はゼロであり，ほとんどの回帰分析ソフトが，$\beta_{H_0}=0$のときのt_Kを計算する．たとえば，自由度15で5％の片側検定のとき，$t_c=1.753$であり，したがって1.753よりも大きいt_Kは帰無仮説H_0を棄却し，5％の水準での仮説検定で$\hat{\beta}_K$は統計的に有意になる．

　両側検定では，$H_0 : \beta_K = \beta_{H_0}$かつ$H_A : \beta_K \neq \beta_{H_0}$であり，その方法は有意水準の両側臨界値に対応する統計表の列の値を使うことを除いて，片側検定の場合と同じである．たとえば，自由度15で5％の両側検定のとき，$t_c=2.131$であり，したがってt_Kの絶対値が2.131よりも大きい場合，帰無仮説H_0は棄却されることになり，$\hat{\beta}_K$が5％の有意水準でβ_{H_0}と有意に異なることを宣言することになる．t検定についてのさらに詳しい説明は，上巻5章を参照のこと．

統計表1　t分布の臨界値

自由度	片側検定: 両側検定:	10% 20%	5% 10%	2.5% 5%	1% 2%	0.5% 1%
	有意水準					
1		3.078	6.314	12.706	31.821	63.657
2		1.886	2.920	4.303	6.965	9.925
3		1.638	2.353	3.182	4.541	5.841
4		1.533	2.132	2.776	3.747	4.604
5		1.476	2.015	2.571	3.365	4.032
6		1.440	1.943	2.447	3.143	3.707
7		1.415	1.895	2.365	2.998	3.499
8		1.397	1.860	2.306	2.896	3.355
9		1.383	1.833	2.262	2.821	3.250
10		1.372	1.812	2.228	2.764	3.169
11		1.363	1.796	2.201	2.718	3.106
12		1.356	1.782	2.179	2.681	3.055
13		1.350	1.771	2.160	2.650	3.012
14		1.345	1.761	2.145	2.624	2.977
15		1.341	1.753	2.131	2.602	2.947
16		1.337	1.746	2.120	2.583	2.921
17		1.333	1.740	2.110	2.567	2.898
18		1.330	1.734	2.101	2.552	2.878
19		1.328	1.729	2.093	2.539	2.861
20		1.325	1.725	2.086	2.528	2.845
21		1.323	1.721	2.080	2.518	2.831
22		1.321	1.717	2.074	2.508	2.819
23		1.319	1.714	2.069	2.500	2.807
24		1.318	1.711	2.064	2.492	2.797
25		1.316	1.708	2.060	2.485	2.787
26		1.315	1.706	2.056	2.479	2.779
27		1.314	1.703	2.052	2.473	2.771
28		1.313	1.701	2.048	2.467	2.763
29		1.311	1.699	2.045	2.462	2.756
30		1.310	1.697	2.042	2.457	2.750
40		1.303	1.684	2.021	2.423	2.704
60		1.296	1.671	2.000	2.390	2.660
120		1.289	1.658	1.980	2.358	2.617
(正規分布) ∞		1.282	1.645	1.960	2.326	2.576

出所：Hafner, the Macmillan Publishing Company, Inc. の許可を得て所収：表 IV, Sir Ronald A. Fisher, *Statistical Methods for Research Workers*, 14th ed. (©1970, University of Adelaide)

統計表2：F分布

F分布は，係数のグループについて，複数か単一の仮定を含む帰無仮説を扱うために回帰分析で使われる．最も典型的な複合仮説（回帰の全般的な有意性に関する検定）を行うために，次の仮説を置く．

$$H_0 : \beta_1 = \beta_2 = \cdots = \beta_K = 0$$
$$H_A : H_0 は真でない．$$

計算されたF値は，以下の2つの統計表（統計表2は5％有意水準で，統計表3は1％有意水準の表である）の1つの表を使って見つけた臨界F値と比較される．F統計量は2種類の自由度をもっている．分子の自由度（列に表示）と分母の自由度（行に表示）である．上記の帰無仮説と対立仮設に関して，分子の自由度はK（帰無仮説による制約の数）であり，分母の自由度は$N-K-1$である．ここで，Nは観察数で，Kは回帰方程式に含まれる独立変数の数である．この特定のF統計量は多くの回帰プログラムによってプリントアウトされる．たとえば，$K=5$と$N=30$のとき，分子の自由度5と分母の自由度24の場合，統計表2から5％有意水準の臨界F値は2.62となる．計算されたF値が2.62よりも大きい場合，帰無仮説は棄却され，そうして回帰方程式は5％水準で統計的に有意である．F検定についての詳細は，上巻5.6節を参照のこと．

統計表2　F統計量の臨界値：5％有意水準

		|v_1 = 分子の自由度										
		1	2	3	4	5	6	7	8	10	12	20	∞
	1	161	200	216	225	230	234	237	239	242	244	248	254
	2	18.5	19.0	19.2	19.2	19.3	19.3	19.4	19.4	19.4	19.4	19.4	19.5
	3	10.1	9.55	9.28	9.12	9.01	8.94	8.89	8.85	8.79	8.74	8.66	8.53
	4	7.71	6.94	6.59	6.39	6.26	6.16	6.09	6.04	5.96	5.91	5.80	5.63
	5	6.61	5.79	5.41	5.19	5.05	4.95	4.88	4.82	4.74	4.68	4.56	4.36
	6	5.99	5.14	4.76	4.53	4.39	4.28	4.21	4.15	4.06	4.00	3.87	3.67
	7	5.59	4.74	4.35	4.12	3.97	3.87	3.79	3.73	3.64	3.57	3.44	3.23
	8	5.32	4.46	4.07	3.84	3.69	3.58	3.50	3.44	3.35	3.28	3.15	2.93
	9	5.12	4.26	3.86	3.63	3.48	3.37	3.29	3.23	3.14	3.07	2.94	2.71
	10	4.96	4.10	3.71	3.48	3.33	3.22	3.14	3.07	2.98	2.91	2.77	2.54
	11	4.84	3.98	3.59	3.36	3.20	3.09	3.01	2.95	2.85	2.79	2.65	2.40
	12	4.75	3.89	3.49	3.26	3.11	3.00	2.91	2.85	2.75	2.69	2.54	2.30
v_2 = 分母の自由度	13	4.67	3.81	3.41	3.18	3.03	2.92	2.83	2.77	2.67	2.60	2.46	2.21
	14	4.60	3.74	3.34	3.11	2.96	2.85	2.76	2.70	2.60	2.53	2.39	2.13
	15	4.54	3.68	3.29	3.06	2.90	2.79	2.71	2.64	2.54	2.48	2.33	2.07
	16	4.49	3.63	3.24	3.01	2.85	2.74	2.66	2.59	2.49	2.42	2.28	2.01
	17	4.45	3.59	3.20	2.96	2.81	2.70	2.61	2.55	2.45	2.38	2.23	1.96
	18	4.41	3.55	3.16	2.93	2.77	2.66	2.58	2.51	2.41	2.34	2.19	1.92
	19	4.38	3.52	3.13	2.90	2.74	2.63	2.54	2.48	2.38	2.31	2.16	1.88
	20	4.35	3.49	3.10	2.87	2.71	2.60	2.51	2.45	2.35	2.28	2.12	1.84
	21	4.32	3.47	3.07	2.84	2.68	2.57	2.49	2.42	2.32	2.25	2.10	1.81
	22	4.30	3.44	3.05	2.82	2.66	2.55	2.46	2.40	2.30	2.23	2.07	1.78
	23	4.28	3.42	3.03	2.80	2.64	2.53	2.44	2.37	2.27	2.20	2.05	1.76
	24	4.26	3.40	3.01	2.78	2.62	2.51	2.42	2.36	2.25	2.18	2.03	1.73
	25	4.24	3.39	2.99	2.76	2.60	2.49	2.40	2.34	2.24	2.16	2.01	1.71
	30	4.17	3.32	2.92	2.69	2.53	2.42	2.33	2.27	2.16	2.09	1.93	1.62
	40	4.08	3.23	2.84	2.61	2.45	2.34	2.25	2.18	2.08	2.00	1.84	1.51
	60	4.00	3.15	2.76	2.53	2.37	2.25	2.17	2.10	1.99	1.92	1.75	1.39
	120	3.92	3.07	2.68	2.45	2.29	2.18	2.09	2.02	1.91	1.83	1.66	1.25
	∞	3.84	3.00	2.60	2.37	2.21	2.10	2.01	1.94	1.83	1.75	1.57	1.00

出所：Abridged from M. Merrington and C. M. Thompson, "Tables of percentage points of the inverted beta (F) distribution," *Biometrika*, Vol. 33, 1943, p. 73.

統計表 3：F 分布

F 分布は，一連の係数についての，複数か単一の仮定を含む帰無仮説を扱うために回帰分析で使われる．最も典型的な複合仮説（回帰の全般的な有意性に関する検定）を行うために，以下の仮説を置く．

$$H_0: \beta_1 = \beta_2 = \cdots = \beta_K = 0$$
$$H_A: H_0 は真でない．$$

計算された F 値は，統計表 2 と 3 の 2 つの統計表（統計表 2 は 5 ％有意水準で，統計表 3 は 1 ％有意水準の表である）を使って見つけられた臨界 F 値と比較される．F 統計量は 2 種類の自由度をもっている．分子の自由度（列に表示）と分母の自由度（行に表示）である．上記の帰無仮説と対立仮設に関して，分子の自由度は K（帰無仮説による制約の数）であり，分母の自由度は $N-K-1$ である．ここで，N は観察数で，K は回帰方程式に含まれる独立変数の数である．この特定の F 統計量は多くの回帰プログラムによってプリントアウトされる．たとえば，$K=5$ と $N=30$ のとき，分子の自由度 5 と分母の自由度 24 の場合，統計表 2 から 1 ％有意水準の臨界 F 値は 3.90 となる．計算された F 値が 3.90 よりも大きい場合，帰無仮説は棄却され，そうして回帰方程式は，1 ％水準で統計的に有意である．F 検定の詳細については，上巻5.6節を参照のこと．

統計表3　F統計量の臨界値：1％有意水準

		\multicolumn{11}{c}{$v_1 =$ 分子の自由度}
		1	2	3	4	5	6	7	8	10	12	20	∞

$v_2=$ 分母の自由度	1	4052	5000	5403	5625	5764	5859	5928	5982	6056	6106	6209	6366
	2	98.5	99.0	99.2	99.2	99.3	99.3	99.4	99.4	99.4	99.4	99.4	99.5
	3	34.1	30.8	29.5	28.7	28.2	27.9	27.7	27.5	27.2	27.1	26.7	26.1
	4	21.2	18.0	16.7	16.0	15.5	15.2	15.0	14.8	14.5	14.4	14.0	13.5
	5	16.3	13.3	12.1	11.4	11.0	10.7	10.5	10.3	10.1	9.89	9.55	9.02
	6	13.7	10.9	9.78	9.15	8.75	8.47	8.26	8.10	7.87	7.72	7.40	6.88
	7	12.2	9.55	8.45	7.85	7.46	7.19	6.99	6.84	6.62	6.47	6.16	5.65
	8	11.3	8.65	7.59	7.01	6.63	6.37	6.18	6.03	5.81	5.67	5.36	4.86
	9	10.6	8.02	6.99	6.42	6.06	5.80	5.61	5.47	5.26	5.11	4.81	4.31
	10	10.0	7.56	6.55	5.99	5.64	5.39	5.20	5.06	4.85	4.71	4.41	3.91
	11	9.65	7.21	6.22	5.67	5.32	5.07	4.89	4.74	4.54	4.40	4.10	3.60
	12	9.33	6.93	5.95	5.41	5.06	4.82	4.64	4.50	4.30	4.16	3.86	3.36
	13	9.07	6.70	5.74	5.21	4.86	4.62	4.44	4.30	4.10	3.96	3.66	3.17
	14	8.86	6.51	5.56	5.04	4.70	4.46	4.28	4.14	3.94	3.80	3.51	3.00
	15	8.68	6.36	5.42	4.89	4.56	4.32	4.14	4.00	3.80	3.67	3.37	2.87
	16	8.53	6.23	5.29	4.77	4.44	4.20	4.03	3.89	3.69	3.55	3.26	2.75
	17	8.40	6.11	5.19	4.67	4.34	4.10	3.93	3.79	3.59	3.46	3.16	2.65
	18	8.29	6.01	5.09	4.58	4.25	4.01	3.84	3.71	3.51	3.37	3.08	2.57
	19	8.19	5.93	5.01	4.50	4.17	3.94	3.77	3.63	3.43	3.30	3.00	2.49
	20	8.10	5.85	4.94	4.43	4.10	3.87	3.70	3.56	3.37	3.23	2.94	2.42
	21	8.02	5.78	4.87	4.37	4.04	3.81	3.64	3.51	3.31	3.17	2.88	2.36
	22	7.95	5.72	4.82	4.31	3.99	3.76	3.59	3.45	3.26	3.12	2.83	2.31
	23	7.88	5.66	4.76	4.26	3.94	3.71	3.54	3.41	3.21	3.07	2.78	2.26
	24	7.82	5.61	4.72	4.22	3.90	3.67	3.50	3.36	3.17	3.03	2.74	2.21
	25	7.77	5.57	4.68	4.18	3.86	3.63	3.46	3.32	3.13	2.99	2.70	2.17
	30	7.56	5.39	4.51	4.02	3.70	3.47	3.30	3.17	2.98	2.84	2.55	2.01
	40	7.31	5.18	4.31	3.83	3.51	3.29	3.12	2.99	2.80	2.66	2.37	1.80
	60	7.08	4.98	4.13	3.65	3.34	3.12	2.95	2.82	2.63	2.50	2.20	1.60
	120	6.85	4.79	3.95	3.48	3.17	2.96	2.79	2.66	2.47	2.34	2.03	1.38
	∞	6.63	4.61	3.78	3.32	3.02	2.80	2.64	2.51	2.32	2.18	1.88	1.00

出所：Abridged from M. Merrington and C. M. Thompson, "Tables of percentage points of the inverted beta (F) distribution," *Biometrika*, Vol. 3, 1943, p. 73.

統計表 4, 5, 6：ダービン＝ワトソン d 統計量

ダービン＝ワトソン d 統計量は，残差の 1 階の系列相関の検定のために用いられる．1 階の系列相関は $\varepsilon_t = \rho \varepsilon_{t-1} + u_t$ で表示され，ε_t は回帰式の誤差項であり，u_t は系列相関を含まない古典的誤差項である．$\rho = 0$ は，系列相関なしを意味する．多くの経済やビジネスモデルは，系列相関があるとすれば正の系列相関なので，典型的な仮説は次のようになる．

$$H_0 : \rho \leq 0$$
$$H_A : \rho > 0$$

正の系列相関なしの帰無仮説を検定するために，ダービン＝ワトソン d 統計量は，統計表 4, 5 と 6 に掲載されている，説明変数の数 (K) と観察数 (N) に依存する異なる 2 種類の臨界値 d 統計量，d_L と d_U と比較されねばならない．たとえば，2 説明変数と 30 観察数の場合，1％の片側検定の臨界値は，$d_L = 1.07$ と $d_U = 1.34$ である．したがって，1.07 以下のダービン＝ワトソン統計量は帰無仮説を棄却することになるだろう．1.07 と 1.34 の間に計算されたダービン＝ワトソン d 統計量があるとき，検定は不決定であり，1.34 よりも大きな値に対しては，1％水準で正の系列相関があるという証拠がないと言うことができる．これらの範囲は，以下の図に描かれている．

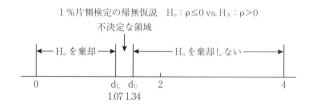

両側検定も片側検定の場合と同様である．$4-d_U$ と $4-d_L$ は 2 と 4 の間の臨界ダービン＝ワトソン d 値である．表 5 と表 6（片側検定での 2.5％と 1％の有意水準の表）が 5 個の説明変数についてまで表示されている．したがって，それ以上の個数の説明変数への拡張（そうして掲載されている観察点の間の補完）に関しても十分準備されている．

統計表 4 ダービン＝ワトソン検定統計量の臨界値 d_L と d_U：5％片側検定有意水準
（10％両側検定有意水準）

	K=1		K=2		K=3		K=4		K=5		K=6		K=7	
N	d_L	d_U	d_L	d_U	d_L	d_U	d_L	d_U	d_L	d_U	d_L	d_U	d_L	d_U
15	1.08	1.36	0.95	1.54	0.81	1.75	0.69	1.97	0.56	2.21	0.45	2.47	0.34	2.73
16	1.11	1.37	0.98	1.54	0.86	1.73	0.73	1.93	0.62	2.15	0.50	2.39	0.40	2.62
17	1.13	1.38	1.02	1.54	0.90	1.71	0.78	1.90	0.66	2.10	0.55	2.32	0.45	2.54
18	1.16	1.39	1.05	1.53	0.93	1.69	0.82	1.87	0.71	2.06	0.60	2.26	0.50	2.46
19	1.18	1.40	1.07	1.53	0.97	1.68	0.86	1.85	0.75	2.02	0.65	2.21	0.55	2.40
20	1.20	1.41	1.10	1.54	1.00	1.68	0.89	1.83	0.79	1.99	0.69	2.16	0.60	2.34
21	1.22	1.42	1.13	1.54	1.03	1.67	0.93	1.81	0.83	1.96	0.73	2.12	0.64	2.29
22	1.24	1.43	1.15	1.54	1.05	1.66	0.96	1.80	0.86	1.94	0.77	2.09	0.68	2.25
23	1.26	1.44	1.17	1.54	1.08	1.66	0.99	1.79	0.90	1.92	0.80	2.06	0.72	2.21
24	1.27	1.45	1.19	1.55	1.10	1.66	1.01	1.78	0.93	1.90	0.84	2.04	0.75	2.17
25	1.29	1.45	1.21	1.55	1.12	1.66	1.04	1.77	0.95	1.89	0.87	2.01	0.78	2.14
26	1.30	1.46	1.22	1.55	1.14	1.65	1.06	1.76	0.98	1.88	0.90	1.99	0.82	2.12
27	1.32	1.47	1.24	1.56	1.16	1.65	1.08	1.76	1.00	1.86	0.93	1.97	0.85	2.09
28	1.33	1.48	1.26	1.56	1.18	1.65	1.10	1.75	1.03	1.85	0.95	1.96	0.87	2.07
29	1.34	1.48	1.27	1.56	1.20	1.65	1.12	1.74	1.05	1.84	0.98	1.94	0.90	2.05
30	1.35	1.49	1.28	1.57	1.21	1.65	1.14	1.74	1.07	1.83	1.00	1.93	0.93	2.03
31	1.36	1.50	1.30	1.57	1.23	1.65	1.16	1.74	1.09	1.83	1.02	1.92	0.95	2.02
32	1.37	1.50	1.31	1.57	1.24	1.65	1.18	1.73	1.11	1.82	1.04	1.91	0.97	2.00
33	1.38	1.51	1.32	1.58	1.26	1.65	1.19	1.73	1.13	1.81	1.06	1.90	0.99	1.99
34	1.39	1.51	1.33	1.58	1.27	1.65	1.21	1.73	1.14	1.81	1.08	1.89	1.02	1.98
35	1.40	1.52	1.34	1.58	1.28	1.65	1.22	1.73	1.16	1.80	1.10	1.88	1.03	1.97
36	1.41	1.52	1.35	1.59	1.30	1.65	1.24	1.73	1.18	1.80	1.11	1.88	1.05	1.96
37	1.42	1.53	1.36	1.59	1.31	1.66	1.25	1.72	1.19	1.80	1.13	1.87	1.07	1.95
38	1.43	1.54	1.37	1.59	1.32	1.66	1.26	1.72	1.20	1.79	1.15	1.86	1.09	1.94
39	1.43	1.54	1.38	1.60	1.33	1.66	1.27	1.72	1.22	1.79	1.16	1.86	1.10	1.93
40	1.44	1.54	1.39	1.60	1.34	1.66	1.29	1.72	1.23	1.79	1.18	1.85	1.12	1.93
45	1.48	1.57	1.43	1.62	1.38	1.67	1.34	1.72	1.29	1.78	1.24	1.84	1.19	1.90
50	1.50	1.59	1.46	1.63	1.42	1.67	1.38	1.72	1.34	1.77	1.29	1.82	1.25	1.88
55	1.53	1.60	1.49	1.64	1.45	1.68	1.41	1.72	1.37	1.77	1.33	1.81	1.29	1.86
60	1.55	1.62	1.51	1.65	1.48	1.69	1.44	1.73	1.41	1.77	1.37	1.81	1.34	1.85
65	1.57	1.63	1.54	1.66	1.50	1.70	1.47	1.73	1.44	1.77	1.40	1.81	1.37	1.84
70	1.58	1.64	1.55	1.67	1.53	1.70	1.49	1.74	1.46	1.77	1.43	1.80	1.40	1.84
75	1.60	1.65	1.57	1.68	1.54	1.71	1.52	1.74	1.49	1.77	1.46	1.80	1.43	1.83
80	1.61	1.66	1.59	1.69	1.56	1.72	1.53	1.74	1.51	1.77	1.48	1.80	1.45	1.83
85	1.62	1.67	1.60	1.70	1.58	1.72	1.55	1.75	1.53	1.77	1.50	1.80	1.47	1.83
90	1.63	1.68	1.61	1.70	1.59	1.73	1.57	1.75	1.54	1.78	1.52	1.80	1.49	1.83
95	1.64	1.69	1.62	1.71	1.60	1.73	1.58	1.75	1.56	1.78	1.54	1.80	1.51	1.83
100	1.65	1.69	1.63	1.72	1.61	1.74	1.59	1.76	1.57	1.78	1.55	1.80	1.53	1.83

出所：N. E. Savin and Kenneth J. White, "The Durbin-Watson Test for Serial Correlation with Extreme Sample Sizes or Many Regressors," *Econometrica*, November 1977, p. 1994.

注：N＝観察数，K＝定数項を除いた独立変数の数．回帰式は定数項をもつが，ラグつき説明変数をもたないと仮定されている．

統計表 5　ダービン=ワトソン検定統計量の臨界値 d_L と d_U：2.5%片側検定有意水準
（5％両側検定有意水準）

N	K=1 d_L	K=1 d_U	K=2 d_L	K=2 d_U	K=3 d_L	K=3 d_U	K=4 d_L	K=4 d_U	K=5 d_L	K=5 d_U
15	0.95	1.23	0.83	1.40	0.71	1.61	0.59	1.84	0.48	2.09
16	0.98	1.24	0.86	1.40	0.75	1.59	0.64	1.80	0.53	2.03
17	1.01	1.25	0.90	1.40	0.79	1.58	0.68	1.77	0.57	1.98
18	1.03	1.26	0.93	1.40	0.82	1.56	0.72	1.74	0.62	1.93
19	1.06	1.28	0.96	1.41	0.86	1.55	0.76	1.72	0.66	1.90
20	1.08	1.28	0.99	1.41	0.89	1.55	0.79	1.70	0.70	1.87
21	1.10	1.30	1.01	1.41	0.92	1.54	0.83	1.69	0.73	1.84
22	1.12	1.31	1.04	1.42	0.95	1.54	0.86	1.68	0.77	1.82
23	1.14	1.32	1.06	1.42	0.97	1.54	0.89	1.67	0.80	1.80
24	1.16	1.33	1.08	1.43	1.00	1.54	0.91	1.66	0.83	1.79
25	1.18	1.34	1.10	1.43	1.02	1.54	0.94	1.65	0.86	1.77
26	1.19	1.35	1.12	1.44	1.04	1.54	0.96	1.65	0.88	1.76
27	1.21	1.36	1.13	1.44	1.06	1.54	0.99	1.64	0.91	1.75
28	1.22	1.37	1.15	1.45	1.08	1.54	1.01	1.64	0.93	1.74
29	1.24	1.38	1.17	1.45	1.10	1.54	1.03	1.63	0.96	1.73
30	1.25	1.38	1.18	1.46	1.12	1.54	1.05	1.63	0.98	1.73
31	1.26	1.39	1.20	1.47	1.13	1.55	1.07	1.63	1.00	1.72
32	1.27	1.40	1.21	1.47	1.15	1.55	1.08	1.63	1.02	1.71
33	1.28	1.41	1.22	1.48	1.16	1.55	1.10	1.63	1.04	1.71
34	1.29	1.41	1.24	1.48	1.17	1.55	1.12	1.63	1.06	1.70
35	1.30	1.42	1.25	1.48	1.19	1.55	1.13	1.63	1.07	1.70
36	1.31	1.43	1.26	1.49	1.20	1.56	1.15	1.63	1.09	1.70
37	1.32	1.43	1.27	1.49	1.21	1.56	1.16	1.62	1.10	1.70
38	1.33	1.44	1.28	1.50	1.23	1.56	1.17	1.62	1.12	1.70
39	1.34	1.44	1.29	1.50	1.24	1.56	1.19	1.63	1.13	1.69
40	1.35	1.45	1.30	1.51	1.25	1.57	1.20	1.63	1.15	1.69
45	1.39	1.48	1.34	1.53	1.30	1.58	1.25	1.63	1.21	1.69
50	1.42	1.50	1.38	1.54	1.34	1.59	1.30	1.64	1.26	1.69
55	1.45	1.52	1.41	1.56	1.37	1.60	1.33	1.64	1.30	1.69
60	1.47	1.54	1.44	1.57	1.40	1.61	1.37	1.65	1.33	1.69
65	1.49	1.55	1.46	1.59	1.43	1.62	1.40	1.66	1.36	1.69
70	1.51	1.57	1.48	1.60	1.45	1.63	1.42	1.66	1.39	1.70
75	1.53	1.58	1.50	1.61	1.47	1.64	1.45	1.67	1.42	1.70
80	1.54	1.59	1.52	1.62	1.49	1.65	1.47	1.67	1.44	1.70
85	1.56	1.60	1.53	1.63	1.51	1.65	1.49	1.68	1.46	1.71
90	1.57	1.61	1.55	1.64	1.53	1.66	1.50	1.69	1.48	1.71
95	1.58	1.62	1.56	1.65	1.54	1.67	1.52	1.69	1.50	1.71
100	1.59	1.63	1.57	1.65	1.55	1.67	1.53	1.70	1.51	1.72

出所：N. E. Savin and Kenneth J. White, "The Durbin-Watson Test for Serial Correlation with Extreme Sample Sizes or Many Regressors," *Econometrica*, November 1977, p. 1994.
注：N= 観察数，K= 定数項を除いた独立変数の数．回帰式は定数項をもつが，ラグつき説明変数をもたないと仮定されている．

統計表6　ダービン=ワトソン検定統計量の臨界値 d_L と d_U：1％片側検定有意水準
（2％両側検定有意水準）

N	K=1 d_L	K=1 d_U	K=2 d_L	K=2 d_U	K=3 d_L	K=3 d_U	K=4 d_L	K=4 d_U	K=5 d_L	K=5 d_U
15	0.81	1.07	0.70	1.25	0.59	1.46	0.49	1.70	0.39	1.96
16	0.84	1.09	0.74	1.25	0.63	1.44	0.53	1.66	0.44	1.90
17	0.87	1.10	0.77	1.25	0.67	1.43	0.57	1.63	0.48	1.85
18	0.90	1.12	0.80	1.26	0.71	1.42	0.61	1.60	0.52	1.80
19	0.93	1.13	0.83	1.26	0.74	1.41	0.65	1.58	0.56	1.77
20	0.95	1.15	0.86	1.27	0.77	1.41	0.68	1.57	0.60	1.74
21	0.97	1.16	0.89	1.27	0.80	1.41	0.72	1.55	0.63	1.71
22	1.00	1.17	0.91	1.28	0.83	1.40	0.75	1.54	0.66	1.69
23	1.02	1.19	0.94	1.29	0.86	1.40	0.77	1.53	0.70	1.67
24	1.04	1.20	0.96	1.30	0.88	1.41	0.80	1.53	0.72	1.66
25	1.05	1.21	0.98	1.30	0.90	1.41	0.83	1.52	0.75	1.65
26	1.07	1.22	1.00	1.31	0.93	1.41	0.85	1.52	0.78	1.64
27	1.09	1.23	1.02	1.32	0.95	1.41	0.88	1.51	0.81	1.63
28	1.10	1.24	1.04	1.32	0.97	1.41	0.90	1.51	0.83	1.62
29	1.12	1.25	1.05	1.33	0.99	1.42	0.92	1.51	0.85	1.61
30	1.13	1.26	1.07	1.34	1.01	1.42	0.94	1.51	0.88	1.61
31	1.15	1.27	1.08	1.34	1.02	1.42	0.96	1.51	0.90	1.60
32	1.16	1.28	1.10	1.35	1.04	1.43	0.98	1.51	0.92	1.60
33	1.17	1.29	1.11	1.36	1.05	1.43	1.00	1.51	0.94	1.59
34	1.18	1.30	1.13	1.36	1.07	1.43	1.01	1.51	0.95	1.59
35	1.19	1.31	1.14	1.37	1.08	1.44	1.03	1.51	0.97	1.59
36	1.21	1.32	1.15	1.38	1.10	1.44	1.04	1.51	0.99	1.59
37	1.22	1.32	1.16	1.38	1.11	1.45	1.06	1.51	1.00	1.59
38	1.23	1.33	1.18	1.39	1.12	1.45	1.07	1.52	1.02	1.58
39	1.24	1.34	1.19	1.39	1.14	1.45	1.09	1.52	1.03	1.58
40	1.25	1.34	1.20	1.40	1.15	1.46	1.10	1.52	1.05	1.58
45	1.29	1.38	1.24	1.42	1.20	1.48	1.16	1.53	1.11	1.58
50	1.32	1.40	1.28	1.45	1.24	1.49	1.20	1.54	1.16	1.59
55	1.36	1.43	1.32	1.47	1.28	1.51	1.25	1.55	1.21	1.59
60	1.38	1.45	1.35	1.48	1.32	1.52	1.28	1.56	1.25	1.60
65	1.41	1.47	1.38	1.50	1.35	1.53	1.31	1.57	1.28	1.61
70	1.43	1.49	1.40	1.52	1.37	1.55	1.34	1.58	1.31	1.61
75	1.45	1.50	1.42	1.53	1.39	1.56	1.37	1.59	1.34	1.62
80	1.47	1.52	1.44	1.54	1.42	1.57	1.39	1.60	1.36	1.62
85	1.48	1.53	1.46	1.55	1.43	1.58	1.41	1.60	1.39	1.63
90	1.50	1.54	1.47	1.56	1.45	1.59	1.43	1.61	1.41	1.64
95	1.51	1.55	1.49	1.57	1.47	1.60	1.45	1.62	1.42	1.64
100	1.52	1.56	1.50	1.58	1.48	1.60	1.46	1.63	1.44	1.65

出所：N. E. Savin and Kenneth J. White, "The Durbin-Watson Test for Serial Correlation with Extreme Sample Sizes or Many Regressors," *Econometrica*, November 1977, p. 1994.

注：N=観察数，K=定数項を除いた独立変数の数．回帰式は定数項をもつが，ラグつき説明変数をもたないと仮定されている．

統計表7：正規分布

　回帰式の誤差項は，通常，正規分布が仮定されている．統計表7は，標準正規分布（平均＝0，分散＝1）から無作為に取られた値が，見出しにZ値として示されている値よりも大きいか等しい確率を示している．平均μと分散σ_2をもつ正規分布に関しては，Zは$Z=(\varepsilon-\mu)/\sigma$で定義される．行ラベルは小数第1位を，列ラベルはZに追加すべき小数第2位を示している．

統計表 7　正規分布

z	.00	.01	.02	.03	.04	.05	.06	.07	.08	.09
0.0	.5000	.4960	.4920	.4880	.4840	.4801	.4761	.4721	.4681	.4641
0.1	.4602	.4562	.4522	.4483	.4443	.4404	.4364	.4325	.4286	.4247
0.2	.4207	.4168	.4129	.4090	.4052	.4013	.3974	.3936	.3897	.3859
0.3	.3821	.3873	.3745	.3707	.3669	.3632	.3594	.3557	.3520	.3483
0.4	.3446	.3409	.3372	.3336	.3300	.3264	.3228	.3192	.3156	.3121
0.5	.3085	.3050	.3015	.2981	.2946	.2912	.2877	.2843	.2810	.2776
0.6	.2743	.2709	.2676	.2643	.2611	.2578	.2546	.2514	.2483	.2451
0.7	.2420	.2389	.2358	.2327	.2296	.2266	.2236	.2206	.2217	.2148
0.8	.2119	.2090	.2061	.2033	.2005	.1977	.1949	.1922	.1894	.1867
0.9	.1841	.1814	.1788	.1762	.1736	.1711	.1685	.1660	.1635	.1611
1.0	.1587	.1562	.1539	.1515	.1492	.1469	.1446	.1423	.1401	.1379
1.1	.1357	.1335	.1314	.1292	.1271	.1251	.1230	.1210	.1190	.1170
1.2	.1151	.1131	.1112	.1093	.1075	.1056	.1038	.1020	.1003	.0985
1.3	.0968	.0951	.0934	.0918	.0901	.0885	.0869	.0853	.0838	.0823
1.4	.0808	.0793	.0778	.0764	.0749	.0735	.0721	.0708	.0694	.0681
1.5	.0668	.0655	.0643	.0630	.0618	.0606	.0594	.0582	.0571	.0559
1.6	.0548	.0537	.0526	.0516	.0505	.0495	.0485	.0475	.0465	.0455
1.7	.0446	.0436	.0427	.0418	.0409	.0401	.0392	.0384	.0375	.0367
1.8	.0359	.0351	.0344	.0366	.0329	.0322	.0314	.0307	.0301	.0294
1.9	.0287	.0281	.0274	.0268	.0262	.0256	.0250	.0244	.0239	.0233
2.0	.0228	.0222	.0217	.0212	.0207	.0202	.0197	.0192	.0188	.0183
2.1	.0179	.0174	.0170	.0166	.0162	.0158	.0154	.0150	.0146	.0143
2.2	.0139	.0136	.0132	.0129	.0125	.0122	.0119	.0116	.0113	.0110
2.3	.0107	.0104	.0102	.0099	.0096	.0094	.0091	.0089	.0087	.0084
2.4	.0082	.0080	.0078	.0075	.0073	.0071	.0069	.0068	.0066	.0064
2.5	.0062	.0060	.0059	.0057	.0055	.0054	.0052	.0051	.0049	.0048
2.6	.0047	.0045	.0044	.0043	.0041	.0040	.0039	.0038	.0037	.0036
2.7	.0035	.0034	.0033	.0032	.0031	.0030	.0029	.0028	.0027	.0026
2.8	.0026	.0025	.0024	.0023	.0023	.0022	.0021	.0020	.0020	.0019
2.9	.0019	.0018	.0018	.0017	.0016	.0016	.0015	.0015	.0014	.0014
3.0	.0013	.0013	.0013	.0012	.0012	.0011	.0011	.0011	.0011	.0010

出所：Based on *Biometrika Tables for Statisticians*, Vol. 1, 3rd ed., 1966.
注：表は累積確率 Z＞z を示している．

統計表8：カイ二乗分布

カイ二乗分布は，誤差項の分散の推定値の分布を表す．それはまた，10.3節のホワイト検定や12.2節のラグランジュ乗数系列相関検定を含んでいる．表の行は自由度を表し，表の列は，カイ二乗分布から無作為に選んだ数値が，表の中に示された数値に等しいか，あるいは大きい値の確率を示している．たとえば，カイ二乗分布から無作為に選んだ数値が，自由度15で22.3に等しいか大きい値の確率は10%である．

分散不均一性のホワイト検定を実行するためには，NR^2を計算する．ここでNは標本サイズでR^2は (10.9)式から計算される決定係数（自由度修正なしのR^2）である（この回帰式は，検定すべき回帰式の二乗誤差を被説明変数としてもち，さらに検定すべき回帰式の独立変数の二乗や交差積を独立変数としてもつ）．

検定統計量NR^2は，(10.9)式の傾き係数の数に等しい自由度をもつカイ二乗分布になる．もしNR^2が，統計表8から見つける臨界カイ二乗値よりも大きいとき，帰無仮説は棄却され，分散不均一性をもっているかもしれない，と結論づけられる．もしNR^2が臨界カイ二乗値よりも小さいとき，分散不均一性の帰無仮説は棄却できない．

統計表 8　カイ二乗分布

自由度	有意水準 (表中の値に等しいか，大きい値の確率)			
	10%	5%	2.5%	1%
1	2.71	3.84	5.02	6.63
2	4.61	5.99	7.38	9.21
3	6.25	7.81	9.35	11.34
4	7.78	9.49	11.14	13.28
5	9.24	11.07	12.83	15.09
6	10.64	12.59	14.45	16.81
7	12.02	14.07	16.01	18.48
8	13.36	15.51	17.53	20.1
9	14.68	16.92	19.02	21.7
10	15.99	18.31	20.5	23.2
11	17.28	19.68	21.9	24.7
12	18.55	21.0	23.3	26.2
13	19.81	22.4	24.7	27.7
14	21.1	23.7	26.1	29.1
15	22.3	25.0	27.5	30.6
16	23.5	26.3	28.8	32.0
17	24.8	27.6	30.2	33.4
18	26.0	28.9	31.5	34.8
19	27.2	30.1	32.9	36.2
20	28.4	31.4	34.2	37.6

出所：Based on *Biometrika Tables for Statisticians*, Vol. 1, 3rd ed., 1966.
注：表は累積確率 Z＞z を示している．

索 引

(nを含む数字で脚注番号を示した)

ア 行

当てはまりの尺度　150, 179
1階の系列相関　58
1階の自己相関係数　58
一般化最小二乗法（GLS）　73-77
移動平均過程　246
インパクト乗数　205
ウッディーズ・レストラン　94
英国家計パネルデータ調査　260

カ 行

回帰　73
　——係数の標準誤差　91
階数条件　222n11
外生変数　87, 200-202, 204, 208, 211, 222-224
カイ二乗検定　97, 158, 159
カイ二乗分布　97, 105, 159, 240
加重最小二乗法　101n14
カナダ国立公衆衛生調査　260
完全多重共線性　1-5, 15
観測できない個体差　254-256, 262
感応度分析　129, 130
寛容指数　15
幾何級数型ウエイト　153
疑似系列相関　60, 61, 64, 65, 69, 73, 79, 89, 150
疑似不均一分散　89
供給と需要の同時性　203
供給と需要モデル　202
共線性　2n1
共分散定常性　164n11
共和分　170-174, 218, 226
　——検定　170
均一分散　84, 179n1

グレンジャー因果性　160-162, 174
　——検定　162
クロスセクション（横断面）データセット　86
係数ダミー　103n15, 143, 146
系列相関　57-80, 156-160
ケインズモデル　214n7, 216
構造方程式　201
コクラン＝オーカット法　75
誤差修正モデル（ECM）　172n19
固定効果モデル　262-265, 268-271
古典的仮定　6, 11, 62, 110, 128, 132, 156, 206, 224, 228

サ 行

最小二乗法（OLS）　73, 179, 186, 199, 206, 210
　——のバイアス　199, 206
最少分散推定量　90
採択域と棄却域　70, 72
最尤推定法　185, 186n4
差分推定量　253
差分の差分推定量　257
サンプルサイズ　19
識別問題　219-224
時系列モデル　83, 88, 118, 149, 218, 232
自己回帰
　——過程　246
　——の条件つき不均一分散検定　96n11
　——モデル　152
自己相関　57
支出関数　100
次数条件　222-225
自然実験　255-258, 271
実験経済学　251n2
実験的手法　252-259

時点を通じてプールされたクロスセクション
　　260n6
支配変数　4
弱定常性　164n11
自由度　105
条件数　14n5
条件つき予測　238
消費者物価指数（CPI）　117
処置群　252-259, 270, 271
シミュレーション　245
深刻な多重共線性　7-9, 12, 13, 15-17, 19, 21-23, 151, 155, 216
真正系列相関　58-60, 62, 66, 68, 73-75, 77-80, 157n3
真正不均一分散　84-89
信頼予測　238
正規分布　208
制御群　252-259
青年全国縦断調査（NLSY）　260
正の系列相関　59, 69-72, 76, 79, 240, 286
狭い分布　86
線形
　　――回帰式　64
　　――確率モデル　177-179, 181-190, 192, 193, 195
　　――ケインズ・マクロモデル　213
先決変数　201-205, 210, 211, 214, 217, 219-225, 245
先行指標　239
先行性　161
全体的な当てはまり　179
双因果性　200
操作変数　160, 210-211, 213, 216, 224, 228, 277
測定誤差　61, 89, 226-228

タ 行

ダービン＝ワトソンd検定　68-73, 79, 80, 140, 157, 158, 173
代理変数　61, 120, 130, 146, 160, 200
単相関係数　10, 11, 13, 14, 16, 17, 21, 23, 30,

58
多項ロジット（モデル）　177, 192, 194-196
ダミー従属変数　189
ダミー独立変数　98, 188
単位根　165-169, 171-174
単純ラグ　150
逐次二項ロジット　194
調査　119, 121, 122, 132, 142-144, 158n5, 259, 260
定常　163, 164, 167, 168, 170, 171, 247-249
　　――時系列　247
　　――性　164n11
定数項　155n2
ディッキー＝フラー検定　167-174
データ
　　――・マイニング　127
　　――セット　260n6
　　――の欠損　120
　　――の収集　116
動学モデル　66n2, 149-162, 216, 218, 276
投資関数　216, 239
同時性　199
　　――バイアス　206, 207, 226-229
同時方程式（モデル）　132, 161, 199, 200, 203, 205, 209, 219, 224, 228, 238, 244
特殊（アドホック）分布ラグ　151
　　――回帰式　151

ナ 行

内生変数　200-207, 210, 211, 213, 214, 216, 217, 220, 222-224
2階の系列相関　60, 159
二段階最小二乗法　209-218
二項プロビット（モデル）　192, 193
二項ロジット（モデル）　183-192
二段階最小二乗法（2SLS）　199, 205, 207, 209-219, 224, 225, 277
ニューウィー＝ウェストの標準誤差　73, 77, 78, 80, 98, 99n13, 133, 140
ノンパラメトリックな近似　97n12

索　引　297

ハ行

パーク検定　91, 93-98, 103, 105, 108, 133
ハウスマン検定　270
パネルデータ　121, 122, 251, 259-269
非定常性　163-173
非無作為標本　254
比例要因　87
広い分布　86
広義の定常性　164n11
フィードバック効果　200
不可能な実験　255
不完全多重共線性　4, 5
不均一分散　83-110, 133, 146, 147, 158, 168, 179, 275
　　──検定　92
　　──修正（HC）標準誤差　98, 99, 102
負の棄却値　169n16
負の系列相関　59, 69, 73, 79
ブルーシュ＝ペイガン検定　96n11
分散膨張要因（VIF）　14-16
分布ラグモデル　150-153, 155, 156, 160, 162, 173, 201, 216, 276
分離不均一分散　85, 86
「平均」観察値　188
平均二乗誤差基準（RMSE）　235
平均絶対パーセント誤差（MAPE）　235, 241
米国所得動態パネル調査　260
べき級数展開　97n12
ヘドニックモデル　142, 146
変数の因果関係　200
変数の測定誤差　226
偏微分　188
変量効果モデル　262n10, 269-271
ホーソン効果　254
ホワイト検定　91, 96-99, 105, 158n5

マ行

マルコフ過程　58
見せかけの回帰　163, 165-167, 170-172

見せかけの相関　100, 107, 163, 164, 174
未知の X　237, 238
無作為割り当て実験　252-255
無条件予測　238
無制限性　181, 183, 184, 192, 195
モンテカルロ実験　207n3

ヤ行

誘導型係数　204, 205
誘導型方程式　204, 205
尤度比検定　158n5
予測　231, 232
余分な変数　18, 19, 23, 52-54, 147, 238, 273, 274

ラ・ワ行

ラグ　149
ラグランジュ乗数（LM）　96n9
　　──系列相関（LMSC）検定　158, 159, 276, 292
　　──検定　68n4, 158-160, 174
ランダムウォーク（酔歩）　165
ランダムな変動　253
離散不均一分散　85, 86
労働統計局　260
ロジット係数　187-190
　　推定された──　187
ワルド検定　158n5

欧文

AR(1)法　76
ARIMA モデル　245-248
Census Catalog　119
Economagic　119
F 検定　162, 282, 284
GDP　117
HCCM　99n13
HCSE　98, 99, 102
Koyck 分布ラグモデル　153n1
t 分布　242, 249, 279, 280, 281
WebEC　119

ρ   58

人名

Amatya, Ramesh   196n9
Amemiya, T.   192n8
Averett, Susan   251n1
Baltagi, Badi H.   260n8
Campbell, J.   164n12, 167n15
Card, David   256, 256n3
Cochren, D.   75n9
Dickey, D. A.   167n14
Durbin, J.   68n4
Engle, Rob   96n11, 158n5, 169n16, 171n18
Fuller, W. A.   167n14
Goodman, Allen   143, 143n22
Granger, C. W. J.   161n7, 166n13, 169n16, 171n18, 232n3
Grether, G. M.   142, 142n19, 146
Griliches, Zvi   158n5, 229n13
Gujarati, Damodar   225, 225n12
Ihlanfeldt, Keith   143, 143n21

Kennedy, Peter   123n6, 127n12, 171n17, 180n3, 235n5, 260n9, 270n14
Koyck, L. M.   153n1
Krueger, Alan   256, 256n3
Leamer, Ed   128n15, 129n17, 162n9
Linneman, Peter   142, 143, 143n20, 147
MacKinnon, J. G.   169n16, 171n18
Maddala, G. S.   186n5, 192n8
Martinez-Vasquez, Jorge   143, 143n21
Mieszkowski, Peter   142, 142n19, 146
Newey, W. K.   77n11
Orcutt, G. H.   75n9
Pindyck, Robert S.   186n4, 245n8, 245n9
Rubenfeld, Daniel I.   186n4, 245n8, 246n9
Shiller, Robert J.   232n2
Steigerwald, Doug   269n13
Watson, G. S.   68n4
West, K. D.   77n11
White, Halbert   96n10, 127n13
Wooldridge, Jeffrey M.   96n11, 189n7

《著者紹介》

A. H. ストゥデムント（A. H. Studenmund）
オクシデンタル・カレッジ（Occidental College）教授（Laurence de Rycke Distinguished Professor of Economics）．専門は公共政策，応用計量分析．ハミルトン・カレッジで学び，1970年にコーネル大学 Ph.D.(Economics)．

《翻訳者紹介》（翻訳順，＊は監訳者）

＊髙橋青天（たかはし・はるたか）訳者まえがき，まえがき，第1章，第10章，巻末統計表
現　　職：明治学院大学経済学部教授
専門分野：経済成長理論，公共経済学
主な著作・論文：
「日本におけるバブル崩壊後の財政政策の効果——共和分分析による計測」『財政研究第6巻』（日本財政学会，2010年）
"Nonbalanced growth in a neoclassical two-sector optimal growth model," Ch. 14 in *Sunspot and Non-Linear Dynamics* eds. by K. Nishimura, A. Venditti and N. Yannelis (Springer Nature, 2017)

牧　　大樹（まき・だいき）第0章，第14章
現　　職：同志社大学商学部准教授
専門分野：計量経済学，時系列分析
主な著作・論文：
"Wild bootstrap tests for unit root in ESTAR models," *Statistical Methods & Applications*, Vol. 24, Issue 3, pp. 475-490, 2015.
"Detecting cointegration relationships under nonlinear models : Monte Carlo analysis and some applications," *Empirical Economics*, Vol. 45, Issue 1, pp. 605-625, 2013.

室　　和伸（むろ・かずのぶ）第2章，第12章
現　　職：明治学院大学経済学部教授
専門分野：マクロ経済学
主な著作・論文：
"Structural Change and Constant Growth Path in a Three-Sector Growth Model with Three Factors", *Macroeconomic Dynamics*, Vol 21(2), pp. 406-438, March, 2017, (Cambridge University Press)
"Individual Preferences and the Effect of Uncertainty on Irreversible Investment", *Research in Economics*, Vol 61(3), pp. 191-207, December, 2007, (Elsevier)

北岡孝義（きたおか・たかよし）第3章，第8章
現　　職：明治大学商学部教授
専門分野：金融・証券市場の実証分析
主な著作・論文：
『EViews で学ぶ実証分析の方法』（共著，日本評論社，2013年）
『EViews で学ぶ実証分析入門　基礎編，応用編』（共著，日本評論社，2008年）

齋藤隆志（さいとう・たかし）第4章，第6章付録，第11章
現　　職：明治学院大学経済学部准教授
専門分野：労働経済学，企業経済学
主な著作・論文：
　"Business Integration and Corporate Performance under the Pure Holding Company System in Japan," (共著) *Japanese Research in Business History*, Vol. 29, pp. 55-76, 2013年9月
　「企業内賃金格差が労働者の満足度・企業業績に与える影響」『日本労働研究雑誌』No. 670, pp. 60-74, 2016年5月

鹿野繁樹（かの・しげき）第5章，第16章
現　　職：大阪府立大学大学院経済学研究科准教授
専門分野：応用計量経済学
主な著作・論文：
　『新しい計量経済学——データで因果関係に迫る』（日本評論社，2015年）
　「経済学の成績に対する数学学習の効果——コントロール関数アプローチによる推定と予備検定」（共著）『統計数理』第59巻第2号，2011年

佐竹光彦（さたけ・みつひこ）第6章，第9章，第13章
現　　職：同志社大学経済学部教授
専門分野：計量経済学，マクロ経済学
主な著作・論文：
　「日本におけるフィッシャー仮説の検証——構造変化を考慮した共和分分析」『経済学論叢』（同志社大学）第65巻第4号，pp. 667-683, 2014年3月
　Satake, M., D. Maki, and Y. Nishigaki (2009), "Limit Cycles in Japanese Macroeconomic Data: Policy Implications from the View of Business Cycles," *International Journal of Economic Policy Studies*, Vol. 4. pp. 37-54.

得津康義（とくつ・やすよし）第7章，第15章
現　　職：広島経済大学経済学部教授
専門分野：計量経済学
主な著作・論文：
　『経済・経営系のためのよくわかる統計学』（共著，朝倉書店，2014年）
　"Cumsum Test for Parameter Change in GARCH(1,1) Models with Application to Tokyo Stock Data" (共著) 2006年，*Far East Journal of Theoretical Statistics*, Vol. 18 No. 1

計量経済学の使い方 下［応用編］
——実践的ガイド——

2018年1月30日　初版第1刷発行　　　　　〈検印省略〉

定価はカバーに
表示しています

監訳者　髙　橋　青　天
発行者　杉　田　啓　三
印刷者　坂　本　喜　杏

発行所　株式会社　ミネルヴァ書房
　　　607-8494　京都市山科区日ノ岡堤谷町1
　　　電話代表　（075）581-5191
　　　振替口座　01020-0-8076

© 髙橋ほか，2018　　　冨山房インターナショナル・藤沢製本

ISBN 978-4-623-08226-1
Printed in Japan

Stata で計量経済学入門　第2版
　　　　　　　　　　筒井淳也ほか 著　Ａ5判　278頁　本体3000円
Stata ユーザー必携の入門書．最新の Stata version11 にあわせ全面改訂．計量計算の出発点となる OLS 回帰分析の章を刷新し，新たに制限従属変数（LDV）の分析の章を加える．

家計による社会的活動の計量分析
　　　　　　　　　　　福重元嗣 著　四六判　186頁　本体3000円
ボランティア活動や生活協同組合活動，地域通貨の発生に関する実証分析を通じて，計量経済学の実践的な使い方を学ぶ．

社会科学のための計量分析入門
　　　　　　　　松田憲忠／竹田憲史 編著　Ａ5判　258頁　本体3500円
●データから政策を考える　政策について深く考えたい学生のために，政治，経済，国際関係などを社会科学的に研究するために役立つエクセルを使った計量分析の手法を，基礎からわかりやすく解説．

経営のための統計学入門
　　　　　　　　　　　　福田公正 著　Ａ5判　252頁　本体2800円
高校までの数学が苦手な学生へのアンケート調査結果をもとに，初歩から始めて短期間に優れた研究レポートを書くために必要な経営統計学の理論と実践を解説した教科書．

1歩前からはじめる「統計」の読み方・考え方
　　　　　　　　　　　　神林博史 著　Ａ5判　340頁　本体2200円
統計リテラシー教育の重要性が高まるなか，ユーモアたっぷりの内容で，分かりやすく解説．統計情報を正確に読み，理解し，情報を正しく他者に伝える力が身につく一冊．

―――――― ミネルヴァ書房 ――――――
http://www.minervashobo.co.jp/